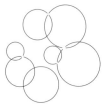

중독 공화국

중독 공화국

사회는 경제성장 중독, 개인은 일중독! 중독 시스템으로부터 모두 해방되는 길

초판 1쇄 인쇄 2021년 7월 2일
초판 1쇄 발행 2021년 7월 9일
–

지은이 강수돌
펴낸이 이방원
편 집 조상희·김명희·안효희·정조연·정우경·송원빈·최선희
디자인 양혜진·손경화·박혜옥   **영 업** 최성수
–

펴낸곳 세창미디어

신고번호 제2013-000003호 **주소** 03736 서울시 서대문구 경기대로 58 경기빌딩 602호

전화 02-723-8660 **팩스** 02-720-4579 **이메일** edit@sechangpub.co.kr **홈페이지** http://www.sechangpub.co.kr

블로그 blog.naver.com/scpc1992 **페이스북** fb.me/Sechangofficial **인스타그램** @sechang_official

–

ISBN 978-89-5586-683-4   03300

중독 공화국

· 강수돌 지음 ·

세창미디어
MEDIA

'중독 공화국' 직시하기

한때 "부자 되세요!"가 국민 인사말이었던 적이 있다. 2008년 이후 이명박 대통령 시기다. 텔레비전이나 신문, 라디오에서도 "부자 되세요!"라는 인사말을 예사로 주고받았다. 현실은 '모두 부자 되기'와 거리가 멀지만, 당연히 부자가 가난이나 궁핍보다 낫다는 생각에서 다수가 이런 말을 거부하기보다는 그저 평범하게 받아들였다.

문제는 바로 그 대통령이 뇌물죄 등으로 옥살이를 하는 지금에도 '부자 되기' 열망이 일종의 전 국민적 중독증이 되어 사람들의 의식과 행동을 지배한다는 점이다. 일례로, '영끌투자'라 불리는 20~30대 젊은이들의 주식 올인, 예사롭게 수십억 대를 호가할 정도로 폭등한 아파트값, 한번 빠지면 헤어나지 못하는 도박 중독이나 부동산 투기 광풍 등은 모두 돈 중독, 재물 중독이라 할 만한 질병이다. 2021년 3월부터 봇물처럼 터져 나온 공기업 LH공사 직원들에 의한 제3기 신도시(광명, 시흥 등) 개발 토지 투기 스캔들은 그 생생한 증거다! 물론, 이는 사태의 출발점 또는 빙산의 일각일 뿐이다. 너 나 할 것 없이 쉽게 빠져드는 이 뿌리 깊은 질병들은 곧 광기 어린 중독의 결과다.

어디 그뿐인가? 버스, 기차, 지하철, 광장, 버스 정류장, 길거리 등에서 흔히 보는 풍경은 스마트폰 중독(이하 '폰중독' 혼용)이다. 오죽하면 (스마트폰과 좀비라는 말의 결합어로) '스몸비'라는 말까지 나왔을까? 군중이 스마트폰을 들여다보며 복잡한 횡단보도를 건너는, 좀비 영화에나 나올 법한 풍경, 식당이나 카페에서도 친밀한 인간관계나 사람다운 감정 교류 없이 한결같이 스마트폰에 빠져든 모습이 우리의 일상 깊숙이 자리 잡았다. 청소년, 심지어 유아들까지 스마트폰에 빠진다. 무서운 일이다. 중독이 되면 다른 사람에 대한 관심도 사라지고 대화나 친밀한 관계도 사라진다. 눈과 목도 이상해지고, 집중력도 떨어진다. 의학자들은 두뇌 자체가 변한다고 말한다. 기술이 팔팔하게 살아나는 반면, 사회는 서서히 죽어 간다. 디지털 자본이 활성화되는 대신 사람이나 인간관계는 시나브로 굳어진다. 우리가 단편적으로 느끼는 문제들이지만, 그 전체 그림을 통찰하면 정말 무섭다. 바로 우리 앞에서, 우리 자신의 적극적인 참여 아래, 사람 사는 사회가 붕괴하는 중이라니….

그래서인가? 이른바, 민주·진보 진영에 속한다는 언론인들조차 "코로나19에도 경제, 수출 선방"을 소리 높여 외친다. 경제성장 중독증, 짧게, 성장 중독증! 냉정히 따지고 보면, 메르스나 사스 등에 이어 등장한 코로나19의 뿌리 역시 맹목적 성장 논리와 맞닿아 있다. 이는 실제로 자본주의의 대량생산과 대량소비 체계와 연결되어 있다. 그러나 '중독'에 빠지면 우리는 실상을 있는 그대로 파악하지 못한다. 우리의 감수성, 느낌 자체가 이미 왜곡되기 때문이다. 예컨대, 대량소비와 연결된 대량 쓰레기(미세플라스틱, 미세먼지 포함)에 대해 우리는 어떻게 느끼고 행동하는가? 느낌도 중요하고 행동도 중요하다!

이 책은 대한민국이 이런저런 형태의 중독에 빠져 일종의 '집단 불감증'을 앓고 있음을 고발한다. 모두가 바라는 민주적이고 평등한 나라, 아이들이 하고 싶은 공부를 해도 생계의 걱정이 없는 복지 사회, 자신의 행복 추구가 사회 전체의 행복과 조화되는 나라, 이런 나라를 만들기 위해선 우리가 집단적으로 앓고 있는 질병들을 직시하고 인정해야 한다. 더 이상 은폐하거나 기만해선 안 된다. 아직은 아니라며 더 이상 시간을 끌어서도 곤란하다. 개인이나 조직, 사회 전체, 그 모든 차원에서 중독이라는 질병을 앓고 있음을, 그 질병으로 인해 그리 길지 않은 인생조차 진짜배기 삶을 살지 못함을 정직하게 고백해야 한다. 이게 모두가 원하는 자유 내지 해방의 출발점이다.

그러나 현실은 어떤가? 전체 사회가 중독자처럼 비정상적으로 생각하고 행위하는 가운데 대부분의 사회 구성원들 역시 최소한 하나 이상에 중독되어 비정상적인 삶을 산다. 실은, 능동적으로 산다기보다 수동적으로 떠밀리며 산다. ('중독'이라는 말 자체가 노예와 연관이 있다.) 전체 사회가 중독자라는 것은, 예컨대, "부자가 반드시 행복한 건 아니다"라고 말하면서도 실제로는 마음속에 부자 되기 열망을 강하게 갖고 있는 점, 그리하여 너도나도 돈 중독이나 일중독에 빠져 있는 걸 통해 알 수 있다.

이뿐만 아니라 우리의 일상 의식과 사회구조가 상호 상승작용을 하면서 나라 전반이 중등도 이상의 중독자가 되고 말았다. 일례로, 학교에선 아이들이 저마다 개성을 살리고 인성을 잘 기르기를 바라지만 동시에 공부를 경쟁적으로 해서 일류대에 진학하기를 열망하는 일상 의식이 강하다. 사회구조 역시, 예컨대 대형 참사를 예방하는 데 무능하고 무책임하며 무감각하다. 실제로 1970년 와우아파트 붕괴, 1980년 광주민중학살, 1994년 성수대교 붕괴, 1995년 삼풍백화점 붕괴, 2003년 대구 지하철 참사, 2014년 세월호 참사 등 사회적 재앙과 재난이 부단히 반복되는데도, 또한 산업 현장에선 하루에만도 10명 내외가 죽어 가고 250명 내외가 산재 부상을 당하는데도 여전히 온 사회엔 구조적인 안전 불감증, 인권 불감증이 만연해 있다. 더욱 한심한 것은, 판사나 검사, 국회의원, 교수, 의사, 언론인, 장차관, 공공기관 구성원 등 우리 사회의 가장 엘리트라 불리는 집단이 돈과 권력 앞에 양심이나 정의를 굽히고 갈수록 더 많은 재물, 더 강한 권력을 추구하는 점이 온 사회를 더 깊은 병으로 내몬다는 것이다.

이렇게 사회 전체가 일종의 중독자가 되다 보니, 개개인이 중독자가 되는 건 마치 '별일' 아닌 것처럼 보인다. 그러나 실은 이 두 측면이 상호 긴밀히 연결돼 있다. '인간은 사회적 동물'인데, 병든 사회에서 그 구성원들이 병들지 않기란 정말 어렵지 않겠는가? 오히려 병든 구성원들은 병든 사회를 고발하기보다 자연스럽게 여기고, 자기도 모르게 병든 사회를 계속 지지하며 또 그런 사회 속에서의 자기 역할을 매우 자랑스럽게 여기며 산다. 사는 게 아니라 떠밀리는데도….

사회 전체가 빠진 중독 중 가장 심각한 것이 성장 중독 또는 돈 중독이라면, 개인들이 가장 심각히 빠져 있는 것은 단연코 일중독과 폰 중독이다. 경제협력개발기구(OECD) 회원국 중에서 가장 오래 일하는 나라는 멕시코에 이어 2위가 대한민국이다. 한국인은 휴가 일수도 세계적으로 가장 짧고, 수면 시간도 짧다. 식사 시간도 초고속이다. 특히 가부장주의는 '남성 부양자 모델'을 강화, 지속한다. 가족 행사나 친구 모임이 있어도 '일 때문'이라 하면 대체로 용서가 된다. 직장인의 배우자는 (자녀들이나 이웃들 앞에서) 직장인의 일중독을 문제 삼기보다 오히려 칭송, 옹호한다. 전형적인 '동반 중독(co-dependency)'이다. 이미 (남녀를 불문) 중·고교 시절부터 '야간자율학습' 등으로 오랜 기간 훈련이 잘되었고, 대학생이 되어선 취업 준비 과정에서 스스로 장시간 열공하는 '자기 규율'에 익숙하기에 나중에 노동 현장에 진출해서 잔업, 철야 노동을 하는 것이 그리 낯설진 않다. 이런 면에서 일중독 일터를 만들어 내기 위한 긴 사회적 여정이 짧게는 12년간, 길게는 16년 내지 20년 내외의 학교 교육 과정으로 편성된다. 무한 성장에 필요한 인간 노동력을 길러 내기 위한 길고 값비싼 과정….

이렇게 가정과 유치원, 학교와 일터, 군대와 병원 등 중요한 삶의 공간들이 온통 '성과주의'로 무장되어 있기에 한 개인이 일중독으로부터 벗어나기는 쉽지 않다. 그러나 일중독은 심신을 피곤하게 만들고 스트레스를 증가시키기에, 성취도가 높건 낮건 모두 지치기 쉽다.

고백하건대, 이 책을 쓰는 나 역시 언젠가부터 일중독자로 살아왔고 이제 심신이 소진되어 2021년 2월 말 명예퇴직을 했다. 아차, 하면서 쓰러지기보다 '살기 위해' 퇴직을 결심한 것!

많은 경우, 직장인들은 그렇게 누적된 스트레스를 풀기 위해 술에 의존한다. '딱 한 잔'으로 시작하지만, 처음엔 사람이 술을 마시지만, 갈수록 술이 술을 마신다. '주거니 받거니'가 예의 내지 의례가 된다. 게다가 도수가 약한 것에서 시작해서 점차 높이 올라간다. 오죽하면 '폭탄주'라는 말까지 대중화됐을까? 나중엔 마침내 술이 사람을 마신다! 그런 식으로 일중독은 자연스레 알코올 중독을 부른다. 그렇게 시작된 술자리는 심한 경우, 2차, 3차까지 이어지면서 성 중독을 부르기 쉽다. 사회 전반에 가정불화나 이혼이 증가하는 배경이기도 하다.

한편, 일중독은 남녀노소, 성취도를 구분 않고 온 사회로 퍼진다. 일이나 성과가 자신의 존재감, 자기 가치를 표현하는 것으로 수용되기 때문이다. 구조조정 반대 투쟁 때 등장하는 "해고는 죽음!"이라는 말은 비단 경제적 차원만 가리키는 게 아니다. 수입 상실도 문제지만 정체성 상실, 존재 의미 상실이 더 큰 문제다. 실직자 내지 퇴직자가 자신의 존재 가치를 상실한 채 허둥지둥하거나 그 상실감과 공허감을 견디지 못해 무슨 일자리건 얼른 새로이 찾아 일과 자신을 동일시하면서 편해졌다고 하는 것이 바로 그 증거다. 온 사회가 (더불어 사는 사회를 꿈꾸기보다) '노인 일자리 창출'에 매달리는 건 이런 맥락에서 일중독 사회의 자기 고백일 뿐!

남성들이 (자본주의 경쟁이 초래하는) 일중독과 알코올 중독에 더 쉽게 빠진다면 여성들은 쇼핑 중독과 성형 중독에 빠지기 쉽다. 물론, 중독들이 그 자체로 성별 구분이 있는 건 아니다. 역으로, 성별 차이가 서로 다른 중독을 낳는 것도 아니다. 성 구분 없이 모든 중독에 얼마든 빠진다. 그럼에도 우리 현실은 상당한 쏠림 현상을 보인다. 사회적 맥락이 중요한 셈이다.

여성들이 쇼핑 중독에 잘 쏠리는 것은 주로 (소외된 가정에서 또는 '조건 없는 사랑'의 결핍에서 기인하는) 공허감과 외로움을 달래고 자신의 존재감을 느끼기 위해서다. 또 성형 중독에 쉽게 빠지는 것은, 주로 남성들 내지 온 사회가 외모 지상주의에 빠져 있기 때문이다. 그렇게 되면 여성들 스스로 외모 지상주의에 저항할 힘을 잃고 그것을 당연시하게 된다. 그런 사회 분위기 속에선 자신을 드러내고 인정받고 싶은 욕망이 쉽게 성형 중독에 이끌린다.

앞의 중독들이 성인의 세계를 주로 이야기한다면, 10대 청소년의 세계에서는 게임 중독 내지 폰중독의 현상이 두드러진다. 특히, '조건 없는 사랑'이 결여된 가정, 점수·등수 경쟁이 낳은 학업 스트레스나 좌절감 등으로부터 탈출을 꿈꾸는 청소년들은 스마트폰이나 컴퓨터가 제공하는 게임 세계가 일종의 해방구로 보인다. 심한 경우, 호기심을 자극하고 금기를 자유롭게 깨는, 게다가 짜릿한 쾌감까지 제공하는 야동(야한 동영상) 중독에 빠지기도 한다.

물론 폰중독은 2008년경 스마트폰 출시 이래 다른 어느 나라보다 한국에서 가장 빨리 퍼졌다. 이 또한 한국 사회가 (경제성장 중독의 부산물인) 기술 중독 사회임을 암시한다. 그 뒤 10여 년이 흐른 오늘날 남녀노소를 불문, 전 국민적 폰중독이 문제다. 심지어 세 살 미만 아이들조차 폰에 중독된 듯 보이는 현실이 우려스러울 정도다.

휴대폰 내지 스마트폰은 (다른 중독보다 더욱) '나 홀로' 중독이 불가능하다. 그것이 '소통' 즉, '연결'의 도구이기 때문이다. 나 자신조차 처음엔 휴대폰을 거부하다가 마을 운동(고층아파트 반대 투쟁)을 하기 위해 2005년경 '어쩔 수 없이' 휴대폰을 사야 했다. 한번 쓰기 시작하니 계속 의존하게 되었고, 스마트폰으로의 이동은 자연스럽게 진행됐다. 고백하건대, 2021년 나는 일중독자이자 폰중독자이다. 다만, 중독의 본질을 알고 치유의 길을 걷는 중이다.

그렇다. 고백! 이 고백이야말로 치유와 회복의 출발점이다. 고백의 핵심은 정직이다. 정면으로 응시하고 올곧게 말하는 것이다. 속임도 과장도 없어야 한다. 고백을 하는 까닭은 건강성 회복을 위해서다. 거듭나기 위해서, 아니, 살기 위해서!

이 책과 더불어 나는 독자들도 '함께' 살길을 찾아 나서길 바란다. 나 홀로 고백이 아니라 더불어 고백이 출발점이다. "대한민국은 중독 사회"라는 고백, 이게 사회적 치유의 출발점이다. 무엇이 어떻게 뒤틀렸는지, 우리가 무엇에, 왜 집단적으로 중독되어 살아가는지 차분히 말하기 시작하자. 시스템도 문제지만, 그 속에 사는 우리 자신도 문제다. 이 모두를 치유하여 건강한 사회, 건강한 삶을 영위하려면 무엇을 어떻게 해야 할까? 이런 질문에 성실히 응답하는 것이 우리의 책임성 있는 모습이다. 이것이 이 책의 화두다.

부족한 원고를 멋진 책으로 만들어 준 세창미디어 편집진 모두에게 깊이 감사드린다. 이 책에 깃든 이론적 배경은, 독일 브레멘대학교의 스승이자 친구인 홀거 하이데 교수에게 배운 바 크다. 그와의 30년 이상에 걸친 학술적 소통과 교류는 늘 나에게 큰 영감을 주었다. 깊이 감사한다. 이제 이 책이 독자들과 더불어 '중독 공화국 대한민국'을 건강하게 만드는 데 작은 촛불 역할을 하면 좋겠다. 이 책을 계기로 중독 문제에 대한 사회적 토론이 더 활성화되길 소망할 뿐이다.

2021년 2월
고려대 연구실을 정리하며
강수돌

차례

프롤로그 – '중독 공화국' 직시하기 • 004

1부 대한민국은 중독 공화국이다!

영화 〈브이 포 벤데타〉와 중독 공화국의 탄생 • 021

대한민국이 '중독 공화국'이 되는 과정 • 024

일본이 '중독 공화국'이 되는 과정 • 031

중독 사회가 중독 조직, 중독 개인을 낳는다 • 037

자본주의에서 민초들의 삶이 뒤틀리는 까닭 • 043

재벌, 언론, 개인들이 체득한 중독 행위 • 046

2부 중독이란 무엇인가

중독의 정의 • 059

중독의 발생, 중독의 뿌리 • 060

중독의 종류 • 067

중독 발생의 메커니즘: 폭력–트라우마–두려움–회피–중독 • 070

중독의 특성과 과정 • 075

중독의 결과 • 077

중독의 치유와 건강성 회복 • 080

3부 스마트폰 중독과 게임 중독

스마트폰 중독 • 087

스마트폰과 호르몬 변화 • 092

스마트폰과 정신 건강 • 094

스마트폰 중독이 삶 전반에 미치는 영향 • 099

스마트폰 중독 사회의 또 다른 면 • 101

청소년 스마트폰 중독 치유 프로그램 – 부천시 사례 • 109

스마트폰 중독 자가 진단법 • 110

4부 알코올 중독과 약물 중독

알코올 중독의 정의 • 119

알코올 중독의 원인 • 123

한국 사회의 음주 문화와 알코올 중독 • 126

알코올 중독의 사회적 비용 • 134

알코올 중독의 치유와 예방 • 136

5부 쇼핑 중독과 성형 중독

쇼핑 중독의 정의 • 145

성형 중독 • 149

영국인 '올리 런던'(30세) 사례 • 152

쇼핑 중독의 영향 • 156

성형 중독의 영향 • 161

쇼핑 중독 · 성형 중독 대처법 • 165

6부 일중독과 동반 중독

일중독의 정의와 기원 • 173

일중독의 현실 • 178

한국형 일중독 측정도구(K-WAQ)와 일중독 수준 • 183

일중독자의 세 유형과 '보이지 않는' 감옥 • 192

기존 일중독 대처법의 함정들 • 197

7부 재물 중독과 종교 중독

재물 중독 • 207

재물 중독의 뿌리 • 211

물신주의의 결정체, 부동산 공화국 • 213

대학조차 재물 중독에 빠질 때 • 221

이스털린의 역설 – 얼마나 벌어야 행복할까 • 224

종교 중독 • 228

왜 사람들은 종교 중독에 빠지나? • 231

8부 관계 중독과 성 중독

관계 중독이란 • 237

사람들이 관계 중독에 빠지는 까닭 • 240

동반 중독의 정의 • 244

동반 중독의 특성 • 246

성 중독의 정의와 원인 • 249

성 중독의 실상 • 253

9부   **경제성장 중독**

경제성장 중독 • 261

'신성장 동력' 담론과 안철수 신드롬 • 265

성장 중독증의 이면 – 행정도시 건설, 난개발, 투기 • 273

'한국판 뉴딜'과 재난 자본주의 • 284

부채 공화국. 빚 아니면 성장 불가. 순 채권국? • 293

2020년 코로나 팬데믹과 성장 중독증 • 299

'마이너스 성장'에 대한 우려를 넘어 • 301

10부   **중독 시스템과 그 극복**

중독 시스템 • 311

가정이라는 이름의 중독 시스템 • 314

학교라는 이름의 중독 시스템 • 319

기업이라는 이름의 중독 시스템 • 322

은행이라는 이름의 중독 시스템 • 327

노동조합이라는 이름의 중독 시스템 • 330

종교라는 이름의 중독 시스템 • 333

검찰이라는 이름의 중독 시스템 • 339

중독 시스템의 극복 • 344

에필로그 – '중독 공화국' 벗어나기 • 349

1부

대한민국은
중독 공화국이다!

"자본과
권력의
패러다임 속
대한민국"

영화 〈브이 포 벤데타〉와
중독 공화국의 탄생

〈브이 포 벤데타〉라는 영화엔 이런 대사가 나온다. 오늘날 저항의 상징이 된, '가이 포크스' 마스크를 쓴 사람이 영국 방송국 마이크를 통해 전 국민에게 호소하는 장면에서이다. 좀 길지만 우리의 문제의식을 너무나 잘 표현하기에 찬찬히 들어 보자.

"(정부가 경찰이나 특공대를 통해 막으려는 건 진실입니다.) 그 진실이란 이 나라가 단단히 잘못됐단 겁니다. 잔학함, 부정, 편협함, 탄압이 만연하고, 한땐 자유로운 비판과 사고, 의사 표현이 가능했지만, 이젠 온갖 감시 속에 침묵을 강요당하죠.

어쩌다 이렇게 됐죠? 누구 잘못입니까? 물론, 가장 큰 책임은 정부에 있고 이 지경이 되도록 방관한 건 바로 여러분입니다.

이유는 간단해요. 두려웠던 거죠. 누군들 아니겠습니까? 전쟁, 테러, 질병 등 수많은 문제가 연쇄작용을 일으켜 여러분의 이성과 상식을 마비시켰죠. 공포에 사로잡힌 여러분은 '서틀러' 의장한테 구원을 요청했고 그는 질서와 평화를 약속하며 침묵과 절대복종을 요구했지요. 400여 년 전(1605년) 한 위대한 시민(가이 포크스)이 11월 5일을 우리 뇌리에 각인시켰습니다. (1605년 11월, 영국 국교회를 강요하고 가톨릭을 탄압하는 제임스 1세에 반발, 가이 포크스 등 여러 사람들이 의사당 건물을 폭파하려 했던 일명 '화약음모사건'이 있었다.) 세상 사람들에게 공평함, 정의, 자유가 단순한 단어가 아닌 관점임을 알리길 원했죠.

그간 눈을 가리고 살았고 정부의 범죄를 알지 못한다면 11월 5일을 무시하고 지나가십시오. 그러나 내가 느끼는 것과 추구하는 것에 공감한다면 들고 일어나십시오!"

'중독 공화국 대한민국'을 논하려는데, 굳이 〈브이 포 벤데타〉라는 영화를 인용하는 까닭은 무엇인가? 그것은 산업 자본주의의 원조인 영국에서 벌어진 일이 결코 예외적인 사건이 아니라 보편 법칙처럼 우리나라에서도 관찰되기 때문이다. 실은, 〈브이 포 벤데타〉 영화에 나오는 가이 포크스 외에도 수많은 저항자들이 있었고, 그것은 일제하 조선이나 이승만과 박정희 통치하 대한민국 역시 마찬가지로 해당된다. 그 숱한 사례들을 관통하는 보편 법칙은 무엇인가?

첫째, 한편에는 사람답게 살고 싶어 하는 민초들의 소박한 소망이 있었고, 다른 편에는 민초들을 억압·지배하고 착취·수탈하여 자기들끼리만 잘 먹고 잘 살고 싶어 하는 지배층이 있었다.

둘째, 억압적인 착취자들에게 저항하는 민초들이 있었고, 이들은 저항할 때마다 폭력적으로 저지, 진압되었다.

셋째, 저항의 방법이나 진압의 방식이 갈수록 고도화됐지만, 대체로 지배층과 진압자들이 승리하고 말았다.

넷째, 1871년의 파리 코뮌, 1917년의 러시아 혁명, 1934년의 스페인 혁명, 1970년의 칠레 (아옌데) 혁명 등과 같이 (일시적으로나마) 승리한 민중 혁명도 있지만, 대다수 혁명 시도들은 사람들에게 깊은 트라우마를 남기며 실패로 끝났다.

다섯째, 혁명이 실패하면 (자본가, 군부, 검찰과 경찰, 보수 우익 정당과 폭력 조직 등에 의해) 더욱 무자비한 탄압이 시작되고, 민초들 역시 더욱 움츠러든다. 트라우마로 인한 두려움이 개인의 심신과 사회 분위기를 모두 사로잡는다.

여섯째, 여전히 극소수의 저항가가 존재하고 또 민초들의 마음 일각엔 저항심이 싹트기도 하지만, 대부분의 사람들은 생존을 위해 '강자 동일시' 전략을 선택한다.

일곱째, '강자' 행세를 하는 정치경제의 권력자들은 민초들을 향해 침묵과 굴종, 순응과 복종을 강제한다. 한편에선 폭력, 부정, 잔학성, 편협성, 가짜 뉴스와 아전인수가 만연하는데, 다른 편에선 온갖 감시와 침묵, 두려움과 불안이 만연한다.

여덟째, 그 와중에 자본은 새로운 상품이나 신약 개발을 위해 옥에 갇힌 저항가나 죄수들, 나아가 일반 소비자들을 실험 대상으로 삼는다. 그리하여 한편에선 다양한 상품이, 다른 편에선 고도의 감시가 전체 사회를 지배한다.

아홉째, 두려움과 불안에 사로잡힌 사람들은 삶의 고통을 회피하기 위해 (달콤한 맛이나 일시적 쾌감을 제공하는) 중독물이나 중독 행위에 곧 잘 빠진다.

열째, 돈과 권력을 추구하는 전체 시스템의 지배자들은 그 구성원들에게 중독물이나 중독 행위를 적절히 조장하며, 그 구성원들 역시 중독에 빠져 일시적 쾌감을 즐기면서 자기도 모르게 중독 시스템을 지지, 지탱하게 된다.

바로 이 원리들의 총체가 중독 사회, 중독 세계를 만든 근본 메커니즘이다. 오늘날 우리가 개인적으로 빠진 폰중독, 일중독, 쇼핑 중독, 알코올 중독, 게임 중독, 성 중독 역시 이런 중독 사회 전반의 메커니즘을 제대로 이해해야만 비로소 올바르게 치유할 수 있다.

대한민국이
'중독 공화국'이 되는 과정

14세기부터 20세기 초까지 약 600년 동안 이어진 조선시대 사람들의 삶, 그리고 20세기부터 21세기 현재까지 이어진 우리들의 삶(그동안 길게 보아 약 100년 진행된 역사)은 어떤 점에서 근본적으로 다를까?

우선, 도시화나 기술 발전, 대중 교육 확대, 대중 소비 확산 등 다양한 측면이 있겠으나 나는 '삶의 속도'가 갈수록 빨라진 점을 강조하고 싶다. 삶의 속도는 말이나 걸음걸이에서 확연히 드러난다. 조선시대 양반이 말도 느긋하게 하고 걸음도 유유자적 걸었다면, 쌍놈일수록 말도 빨랐고 걸음도 촐랑댔다. 물론, 근본적으로 보면, 쌍놈이 부지런히 움직여 일을 해 준 덕분에 양반들이 느긋한 삶을 즐길 수 있었지만…. 오늘날 공장에서 노동자들이 산업재해를 무릅쓰며 노동하고 있을 때, 많은 자본가나 정치가들이 초록빛 골프장에서 삶의 여유를 즐기고 있는 것과 같은 이치다.

하지만 이 근본적인 유사점에도 불구하고 사회 전체를 보면, 100년 전의 시대와 그 이후의 시대, 그리고 21세기를 사는 현재로 올수록 우리 삶의 속도가 기하급수적으로 증가해 왔음을 부인할 수 없다. 오늘날 시속 300km로 달리며 서울에서 부산까지 3시간도 안 걸리는 KTX도 모자라 2025년엔 단 16분밖에 걸리지 않는 초고속 기차 HTX의 개발이 예정됐을 정도다. 이런 시대가 왔으니, 조선시대 양반이 아니라 (불과 50년 전) 일반 농민의 삶조차 현재 우리들의 일상에 비하면 너무나 느긋했다. 지금은 가히 '빨리빨리' 문화가 우리네 삶을 지배한다고 하겠다.

그런데 이 삶의 속도는 단지 양적인 측면만 말하지 않는다. 그것은 대다수 사람들이 물질이나 행위에 중독되어 그 본연의 인간다움을 잃어버리게 된 현실을 말해 주기 때문이다. 그렇다면 전반적으로 느긋하던 삶이 왜 이토록 '빨리빨리' 문화에 지배당하게 되었는가?

이미 『중독의 시대』(강수돌, 홀거 하이데 공저, 개마고원, 2018)라는 책에서 상세히 해명된 바처럼, 대한민국은 일제 식민주의와 미군정, 이승만과 박정희, 전두환의 독재 등 '폭력의 역사'를 거치면서 사회 전체가 불가항력적이고 불가역적으로 '집단 트라우마'를 누적 경험했다. 특히 박정희식 '개발 독재'는 미국 주도하의 세계자본주의 체제와 대^對 아시아 전략의 일부라는 맥락을 지니면서 극우 반공주의를 기반으로 대한민국 자본주의를 발달시켰다. 그 과정에서 정치적 반공주의와 심리적 '레드 콤플렉스'는 쌍둥이처럼 같이 붙어 다니며 자본주의 체제를 자연스럽고도 바람직한 시스템으로 내면화하게 만들었고, 교육, 언론, 종교 등이 전 사회적으로 그 내면화 과정을 촉진, 강화해왔다.

크게 보아 이 '한국식' 자본주의 사회경제 발전이 가능했던 역사적 기초는 1894년 동학혁명에 대한 무자비한 탄압, 즉 동학혁명의 실패였다. 동학혁명은 명실상부 '아래로부터의' 혁명이었는데, 왕실과 탐관오리 등 위로부터의 탄압은 물론 청(중국)이나 일본이라는 외세로부터의 탄압으로 인해 좌절되고 말았다.

물론 그 뒤로도 '아래로부터의' 혁명 시도는 지속되었다. 일제하 자본주의 산업화와 더불어 노동자들이 주체적으로 각성하면서 1925년 노농총동맹이 건설되고 노동자와 농민이 주축이 되는 새 사회를 열망하기도 했다. 일제로부터의 광복 이후에도 전평이나 인민위원회 등을 중심으로 '아래로부터의' 혁명 시도가 이어졌다. 그러나 이런 노력들은 번번이 실패했다. 일본 제국주의와 그 앞잡이들, 그리고 미군정이 자본주의에 항거하는 움직임을 절대 허용하지 않았기 때문이다. 특히 1950년에서 1953년까지 이어진 한국전쟁은 단순한 '동족상잔의 비극'이 아니라 자본주의 사회경제 발전에 문제를 제기하는 그 모든 세력을 철두철미하게 제거하는 과정이었다.

1962년부터 시작된 박정희식 경제개발 계획과 그 이후의 한국 자본주의 발전은 바로 이런 역사적 맥락과 토대가 없이는 설명될 수 없다. 즉, '동족상잔의 비극'으로 표현된 전쟁 과정은 다른 말로, 자본주의 발전 전망에 해로울 것으로 보이는 모든 존재의 말살 과정이었고, 이는 남한 사회의 전체적인 '집단 트라우마'화 과정이었다. 사람들은 한편으로는 궁핍과 기아에 고통받았으며, 다른 편으로 공포와 불안에 고통받았다.

"모난 돌이 정 맞는다"라는 말은 바로 이런 사회적 분위기 속에서 비판이나 저항을 사전 차단하는 효과를 낳았다. 일제로부터의 해방 직후 온 사회가 열망했던 민족 해방과 통일, 민주주의 같은 가치는 오히려 사치로 여겨질 정도였다. 3년 이상의 전쟁을 거치면서 사람들의 마음속에는 커다란 공백이 생겼다. 그 공간엔 허기와 공포가 가득 찼다. 모두 '잘 살고' 싶은 욕망이 싹튼 것도 바로 그런 조건에서였다. '못 살겠다, 갈아 보자!'는 구호와 함께 1960년 '4·19 혁명'이 일어났으나, 대안 부재, 능력 부족으로 실패했다. 바로 그 지점에서 1961년 5월, 박정희의 쿠데타가 일어났고 다음과 같은 여섯 가지 '혁명 공약'이 내걸렸다.

1. 반공反共을 국시의 제일의第一義로 삼고 지금까지 형식적이고 구호에만 그친 반공태세를 재정비 강화한다.

2. 유엔 헌장을 준수하고 국제협약을 충실히 이행할 것이며 미국을

위시한 자유 우방과의 유대를 더욱 공고히 한다.

3. 이 나라 사회의 모든 부패와 구악을 일소하고 퇴폐한 국민도의와 민족정기를 바로잡기 위해 청신한 기풍을 진작시킨다.

4. 절망과 기아선상에서 허덕이는 민생고를 시급히 해결하고 국가 자주경제 재건에 총력을 경주한다.

5. 민족의 숙원인 국토 통일을 위해 공산주의와 대결할 수 있는 실력 배양에 전력을 집중한다.

6. 이와 같은 우리의 과업이 성취되면 참신하고도 양심적인 정치인 들에게 언제든지 정권을 이양하고 우리들은 본연의 임무에 복귀 할 준비를 갖춘다.

이를 보다 자세히 보면, 반공주의라는 기반 위에 "미국을 위시한 자유 우방과의 유대를 더욱 공고히" 하고 "국가 자주경제 재건에 총력을 경주"하면서 "민생고를 시급히 해결"하여 '잘 살게 해주겠다'는 것이 핵심 내용임을 알 수 있다. 이는 결국, 미국식 자본주의를 기본 모델로 하면서 대한민국 자본주의를 발전시키겠다는 이야기다. 미국 역시 박정희식 쿠데타가 썩 반갑진 않았지만, 박정희 일당이 "반공주의"와 "경제 재건"을 공약한 만큼, 미국식으로 잘 길들이기만 하면 자기들 국익에도 도움이 될 것이라 보았다. 그렇게 해서 지금까지 약 60년 동안 한국 자본주의는 '선진국' 내지 '세계 최고'를 모토로 쉼 없이 앞만 보고 내달렸다.

그러나, 특히 1970년 11월 전태일 분신 항거에서부터 1997년 12월

IMF 구제금융에 이르기까지 한국 자본주의 전개 과정은 고도의 성장 과정이었던 한편, 다른 편으론 농민과 노동자, 여성, 빈민 등의 민중, 그리고 자연(삼면의 바다와 농경지, 임야, 하천)을 체계적으로 희생시키는 과정이었다. 초중고교에서 대학에 이르는 공교육 과정은 철저히 국가주의, 자본주의, 학력주의를 중심으로 삼으며 갈수록 치열한 경쟁을 조장해 왔다. (주류) 언론이나 종교는 그런 사회경제 과정을 당연시하면서 사람의 삶이나 나라 전체의 방향에 대한 성찰을 등한시했다. 앞의 혁명 공약에서 말한 "민족정기" 내지 "청신한 기풍을 진작"한다는 것은, 다른 말로, 국가가 추구하는 자본주의 발전 외에는 딴생각 말고 오로지 충성과 복종을 하게 만든다는 것에 다름 아니었다.

그러나 "우리의 과업이 성취되면 참신하고도 양심적인 정치인들에게 언제든지 정권을 이양하고 우리들은 본연의 임무에 복귀할 준비"를 하겠다던 약속은 온데간데없이 박정희 집단은 '삼선개헌'과 '유신헌법' 등을 통해 독재의 야욕만 불살랐다. 일종의 권력 중독증! 이를 박정희와 그 집단이 온몸으로 증명한 셈이다. 그러나 모든 중독의 결말은 죽음(자살, 병사, 타살)이다. 박정희 역시 1979년 10월까지 꼬박 18년 동안 권력 중독의 맛을 즐기다가 측근인 김재규 비서실장의 총을 맞고 삶을 마감했다.

그사이, 전체 사회구조를 지휘·통제하던 '국가-재벌 복합체'가 1990년대 이후엔 '재벌-국가 복합체'로 변화했다. 권력의 내부 구조가 변한 것이다. 즉, 박정희와 전두환 군사 독재 시절 때는 국가가 정치경제를 주도하고 재벌은 하위 파트너로 따라가기 바빴다. 하지만 이러한 정세는 1980년대 민주화 운동 내지 노동 운동 급성장 과정을 거치면서 달라진다. 즉, 재벌이 정치경제를 주도하고 국가가 그 하위 파트너로서의 위상을 잡는 식으로 변해 간 것이다. 이러한 구조 변화를 잘 보여 주는 예는 '영화관'에서 볼 수 있다.

예전에 우리는 영화를 보기 전에 애국가와 국기에 대한 경례, 그리고 '대한뉴스'라는 이름의 대통령 소식을 반강제로 보아야 했다. 그러나 '민주화' 이후엔 그 대신 수많은 상품을 선전하는 광고를 반강제로 봐야 한다. 권력 물신주의 대신 상품 물신주의가 들어섰다. '국가-재벌 복합체' 대신 '재벌-국가 복합체'가 뿌리를 내리게 된 셈이다.

2005년 5월, 노무현 대통령은 "권력이 시장으로 넘어갔다"라고 한탄(?)했는데, 이 역시 이런 변화와 무관하진 않을 것이다. 그 10년 뒤인 2015년, 그리스의 혁명 정부(시리자)에서 9개월간 재무 장관을 했던 아테네 대학 경제학 교수 야니스 바루파키스 역시 '자본주의에서는 권력이 정치에서 경제로, 다시 경제 중에서도 산업이 아니라 금융으로 이동해 왔다'고 역설한 바 있다.[1] 그는 "오늘날 정치란 오히려 경제(기업, 시장, 화폐, 자본) 권력의 본질을 가리기 위한 은폐제 역할을 할 뿐"이라고 통렬히 비판한다.

물론, 그럼에도 불구하고 민주 정치의 역할은 여전히 중요하다. 오늘날 한국 사회는 검찰 개혁과 언론 개혁을 전제로, 교육, 노동, 복지, 농업 분야 등 사회 각 분야에서 근본 혁신이 필요하다. 왜냐하면 분야와 영역을 막론하고 돈 중독, 권력 중독, 성장 중독 시스템이 개인과 조직, 사회 전반을 지배하고 있기 때문이다. 이런 중독 시스템 아래서는 그 누구도 인간답게 살기 어렵다. 실제로 각 개인들은 어릴 때부터 스마트폰 중독, 일중독에 익숙해지고 게임 중독, 알코올 중독, 약물 중독, 쇼핑 중독, 성형 중독 등의 유혹에 시달리기 쉽다. 따라서 시스템 개혁과 혁신은 우리 모두가 진정으로 '잘 살기' 위해 더욱 필요하고도 절실하다.

일본이
'중독 공화국'이 되는 과정

한국과 지리적으로 가장 가까운 나라 일본은 세계 톱클래스를 달리는 그 경제력에 비해 정치 민주주의 수준이나 일반 국민의 삶의 질 수준은 정말 실망스러울 정도다. 오죽하면 '나라는 부유한데, 국민은 가난한 나라'라는 말도 있겠는가? (물론, 일본을 '퉁-' 쳐서 '아무것도 배울 점이 없는 나라'라고 무시하면 안 된다. 학계엔 훌륭한 연구자도 많고 특히 일상생활에선 생활협동조합 운동이 매우 활발한 편이다.)

여기서 문제 삼는 측면은 이런 것이다. 일례로, 일본은 미국 앞에서는 꼼짝을 못 하면서 한국이나 아시아 나라들 앞에서는 큰소리친다. 또, 일본은 진주만 습격이나 조선·아시아 침탈 등 명백한 가해자의 역사를 갖고 있으면서도 전쟁과 반인륜적 행위에 대한 사과와 반성보다는 미국의 핵폭탄 공격을 받고 패배한 '희생자(피해자) 코스프레'만 반복한다. 그러면서도 일본은 아시아의 제왕으로 군림하기 위해 자위대 재무장과 군사력 강화를 강박적으로 추구한다.

조선이나 그 이후의 대한민국은 부끄럽게도 이런 일본을 따라가고자 발버둥 쳤다. 해방 이후엔 미국 모방하기 움직임이 많은 영역에서 일어났으나 여전히 일본 모방하기도 질기게 존속해 왔다. 그것은 아무래도 '친일파 청산'이 제대로 되지 않았던 근현대사의 비극 때문일 것이다. 그러나 그것만은 아니다. 특히 보수 우익인 국민의힘 정당 소속 친일파 후손들의 행태에서도 잘 드러난바, 이들은 여전히 '일본이 아니었다면 한국 근대화나 사회경제 발전은 없었을 것'이라 굳게 믿는다. (일제가 없었고 동학혁명이 승리했다면, 지금쯤 우리나라는 엄청 '다른' 나라가 되었을 것이다.) 이런 점에서 일본이라는 중독 공화국에 대한 이해는 한국의 경로를 이해하는 데도 큰 도움이 된다.

일본에서는 1868년 메이지 유신이 전근대와 근대를 가르는 기준이다. 그 배경은 1854년 미국 페리 제독으로 상징되는 군사력이 일본에게 개항을 요구하며 폭력적 공세를 가한 역사에 있다. 수천 년 동안 봉건 막부 체제에서 상대적으로 평화를 누렸던 일본에게는 상당한 충격이었다. 일부 저항이 있었지만, 일본은 미국이라는 서양 세력 앞에 대패했다. 충격과 공포였다. 일본의 집단 트라우마는 바로 여기에 뿌리를 둔다.

이에 대한 일본의 대응은 '동도서기東道西器'였다. 이는 동양의 도덕, 윤리, 지배 질서를 그대로 유지한 상태에서 서양의 발달한 기술, 기계를 받아들여 '부국강병'을 이룩하자는 사상이다. 달리 말해, 기존 지배 질서를 고수하면서도 서양 강대국의 기술과 경제를 모방하여 스스로 강대국이 되자는 이야기다. '강자 동일시' 메커니즘이 여기서도 작동한다. 트라우마를 겪은 사회가 약육강식 세계 질서에서 살아남기 위한 전략이 곧 '강자 동일시' 심리다. 오늘날까지 개인은 물론 조직, 사회 차원에서도 이런 메커니즘이 뚜렷이 관찰된다.

1868년 이후 메이지 유신은 바로 이 '강자 동일시' 심리가 정치경제, 사회문화 개혁으로 실천되는 과정이었다. 강자인 미국이나 영국, 유럽 대륙 국가들 앞에서는 머리를 조아리되, 조선, 중국, 베트남, 필리핀 등의 아시아 여러 나라 앞에서는 큰소리쳤다. 강자 앞에선 충성을 맹세하되 약자 앞에선 군림하는 것이 '강자 동일시'의 양면이다. 일본은 아시아 전역에서 천연 자원과 농산물을 약탈하고 남녀 모두를 억압하고 (성)착취했다. 1894년 청일전쟁, 1905년 러일전쟁 등에서의 승리, 1910년 한일합방, 1937년 중일전쟁 등은 일본으로 하여금 '천하무적'이라는 착각을 하게 했다.

이런 맥락에서 1941년 12월 진주만 공격으로 '강자'이던 미국에게 도발을 감행했으나 결국 1945년 8월 두 차례의 미국 핵폭탄 공격 앞에 완전히 항복하고 말았다. 이로써 세계 최강을 꿈꾸었던 일본은 다시 집단 트라우마에 휩싸여 무릎을 꿇고 말았다.

그럼에도 일본 역시 '아래로부터의' 저항과 혁명 움직임이 있었고, 진보적인 노동 운동, 학생 운동, 시민 운동이 부단히 이어졌다. 그러나 노동 운동조차 서서히 체제내화, 제도화해 갔고, 특히 1960~1970년대 '전공투' 이후 일본의 사회 운동은 급격히 몰락했다. 갈수록 근본 변화를 위한 사회 저항은 사라지고 체제 속의 점진적, 부분적 개혁만

이 '현실적' 대안이라 여겨졌던 것이다. 이 역시 거듭된 저항과 패배 앞에서 더 이상 저항의 힘을 발휘하지 못해 사회 전반이 '(승리한) 체제와의 동일시'를 해 버리는 메커니즘으로 설명된다.

그 결과, 개인들 역시 체제 변화보다는 체제 내 평등화 내지 지위 상승 추구라는 식으로 삶의 목표가 변하고 말았다. 그 속에서 경쟁 중독, 일중독, 돈 중독, 권력 중독, 게임 중독, 폰중독 등이 온 사회에 만연하게 된다. 일본에서 나타나는 현상이 대한민국에도 매우 비슷하게 나타나는 것, 이 모두, 중독 공화국의 결과다.

권혁태 교수의 『일본의 불안을 읽는다』(교양인, 2010)에는 이러한 일본의 역사가 크게 네 가지 키워드, 즉 분열, 트라우마, 자기기만, 불안 등으로 설명된다. 특히, 1960년대 일본의 학생 운동은 대개 좌파 운동으로 기억되지만, 그 이면엔 이상한 '일탈'들도 있었다고 한다. 일례로, 극우파 작가 미시마 유키오를 대학에 초청, 강연을 듣고 전공투 학생들이 우레와 같은 박수를 보낸 일, 전후 민주주의에 대한 미시마의 우파적 공격에 좌파 대학생들이 동조한 일, 전후 평화주의의 최고 이론가인 마루야마 마사오 교수를 연구실에 감금한 일 등이다.

당시 도쿄 대학 전공투의 주요 멤버였던 작가 고사카 슈헤이는 당시를 회상하면서, "우리들의 머리가 '정상'이었는지 자신이 없다"라고 했다. 전공투 학생들은 일본 사회가 '공기'처럼 누리고 있는 평화와 민주주의가 사실은 미국의 침략 행위와 그 행위를 지지하는 일본의 전후 공간 그 자체이며, 따라서 허상에 불과하다고 했다. 그렇다면 전공투 학생들의 행동이 언론에서 지지를 받지 못한 까닭은 행동의 '과격함' 때문이 아니라 전후 공간의 '허상'을 꿰뚫어 본 점에 있었다고 봐야 할 것이다(권혁태, 위 책, 27~36쪽).

1996년 8월, 히로시마 평화공원과 원폭 위령비를 방문한 당시 자민당 국회의원 가메이 시즈카 중의원 의원은 "이곳 평화공원에 눈에 거슬리는 것이 하나 있다. '잘못을 반복하지 않을 테니까'라니! 일본군이 원폭을 투하하지도 않았는데!"라고 했다. 2005년 7월에는 27세의 우익 청년이 같은 원폭 위령비에 새겨져 있는 '잘못'이라는 부분을 망치로 훼손하는 사건까지 일어났다. 이 모두, '원폭 트라우마'로 인한 피해의식의 발로다. 그렇게 되면 (진주만 습격이라는) 원인 제공자 또는 (조선, 중국, 동남아 침략과 약탈이라는) 가해자로서의 자기 행위를 제대로 직시하지 못한다. 진정한 반성과 사죄, 책임감 있는 태도의 부재는 바로 이런 피해의식에의 집착에 기인한다.

반면, 일본은 스스로 작다고 자조하면서도, 미국 다음으로 강대국임을 내세우려는 강박증도 보인다. 일본이 스스로 자조적으로 '작다'고 말하는 데는 이유가 있다. 물론 스스로를 '작다'고 하는 것은 서양과의 비교 때문이다. 하지만 여기서 말하는 '작다'는 내심 부단히 '큰 것'을 지향하는 강박을 간접적으로 드러낸다. 즉, 일본이 스스로 '작다'고 표현하는 것은 강자에 대한 지향성을 겸손하게 드러내는 것이고, 그 구성원들(국민)에게는 끊임없이 강자로 거듭나기 위한 '긴장'을 환기시키는 장치로 작용해 왔다. 바로 여기서도 '강자 동일시' 메커니즘이 일본 사회 전반적으로 작동하고 있음이 드러난다.

즉, 서양 제국주의 열강에 대해 느끼는 위기와 서양을 향한 지향을 동시에 품고 있던 19세기 일본에게 '작은 나라 이데올로기'는 이런 배경 아래 만들어지고 교육되었다. 따라서 '작은 나라 이데올로기'는 19세기 서양에 대한 일본의 열등감의 표현이면서 동시에 부국강병이라는 국가적 지향성을 각인시키는 "팽창적 자기 규정"으로 봄이 마땅하다(권혁태, 위 책, 222~223쪽). 이런 맥락에서 보면 부국강병과 같은, 강자 동일시 심리에 기초한 국가적 지향에 방해가 되는 모든 요소는 '적'으로 인식되거나 불안 요인으로 규정되고 만다. 심하게는 한반도의 지형이 일본 열도를 공격적으로 찌르려는 형국이라며 선전 선동하기도 하고(우익 히스테리), 남북이 힘을 합쳐 일본을 침략할 것이라는 불안감을 부추기기도 한다.

실제로 몇 년 전, '새로운 역사 교과서를 만드는 모임'이라는 일본의 우파 단체가 만든 역사 교과서엔 한반도가 "일본을 향해 돌출한 흉기"라 표현되기도 했다. 검정 과정에서는 "흉기"라는 말이 지나치게 자극적이라는 지적을 받아 "팔뚝"으로 수정되었다. 표현이 달라져도 그 저변의 불안 심리엔 변화가 없다. 이런 마음을 극단화하면 자위대를 중무장하여 선제공격을 해서 한반도의 불안 요인을 사전에 차단해야 한다는 주장까지 나올 수 있다. 물론 이런 식의 공격성은 단순한 민족주의가 아니라 일본 자본의 이윤·욕망과 긴밀히 연결된다. 자본은 이윤을 위해 민족주의도, 인종주의도, 국제주의도 얼마든지 이용하고 활용하며 남용한다. 만일 그 약효가 다하면 가차 없이 버리고 또 다른 유익한 이념을 차용한다. "정치는 생물生物"이라는 정계의 그럴듯한 표현 역시 바로 이런 권력과 자본의 욕망(중독증)을 드러내는 것에 다름 아니다.

실제로, 1990년대 후반 이후 일본에서 우경화 흐름은 줄기차게 나타났다. 대표적으로, 야스쿠니 신사 참배, 왜곡된 역사 교과서의 검정 통과, 독도 영유권 주장에 더해 자위대의 국외 활동에 대한 법적 족쇄 완화 등을 들 수 있다. 이제 군사 무장을 금지하는 '평화헌법'만 개정하면 일본은 명실상부한 군사 대국이 되어 아시아의 제왕으로 다시 부상할 위험이 있다.

중독 사회가 중독 조직,
중독 개인을 낳는다

나라를 막론하고 어떤 사회 전체가 중독자가 되어 행위하기 시작하면 조직이나 개인 수준에서 중독 행위가 만연하게 되는 건 시간문제다. 가장 대표적 예로, 우리나라 원자력 발전에 대해 대학 교수, 검찰, 한국수력원자력(한수원)과 같은 공기업이나 원자력안전위원회(원안위), 심지어 노조나 노동자들이 흔히 취하는 중독적 대응방식을 들 수 있다.

2019년 5월, 어떤 교수가 말했다.[2] "미세먼지 해결을 위해 대기를 깨끗하게 해야 한다. 최근 탈원전으로 전력 부족분을 메우느라 화력발전 비율이 늘어 고밀도 이물질(CO_2)이 발생, 공기가 오염됐다."

미세먼지의 배경이 '탈원전'이라니, 이상했다. 물론 탈원전과 더불어 석탄발전의 비중이 증가한 것은 맞지만 '탈원전'이 미세먼지의 배경이라니, 원전 마피아 논법이었다.

내 답은 이랬다. "미세먼지 걱정은 좋으나, 탈원전이 미세먼지의 원인은 아니다. 석탄발전의 미세먼지·이산화탄소도 문제지만, 그렇다고 원전이 답인가? 1979년 미국 스리마일섬, 1986년 소련 체르노빌, 그리고 2011년 일본 후쿠시마 원전 붕괴를 상기하시라. 대안은 탈석탄, 탈원전, 자연 에너지다. 물론 우리의 일상생활에서 에너지 절약은 기본이다! 상상이 안 된다면 영화 〈체르노빌〉이나 〈판도라〉를 보시라."

내 반론에 여러 사람들이 나섰다. "해외 사례로 반핵을 논하는 건 우습다", "괴담 수준의 상상으로 만든 영화 〈판도라〉를 갖고 대학 교수님들을 놀리나?", "뭐니 뭐니 해도 원자력은 깨끗하고 싸다", "원자력은 생각보다 안전하다", "원자력 노동자의 자존심과 명예에 커다란 상처를 내는 이야기다"…[3] 시작은 미세먼지지만 결국 원전을 보는 눈(철학)이 문제다!

2020년 11월, 검찰(총장 윤석열)이 '원전 수사'에 나섰다. 한수원과 산업통상자원부(산자부)를 압수했다. 2018년 6월 '월성 1호기 폐쇄' 과정에 경제성 자료가 조작됐고, 관련 문건도 대량 폐기됐다는 것. 원래 월성 원전 1호기는 67만 kW급 발전 용량으로 1983년부터 30년 가동됐다. 허나 노후화·고장으로 2013~2015년 6월까지 중단됐다. 수리(7천억 소요) 후 원안위가 수명을 7년 연장했다. 2017년 2월, 행정법원은 이 연장을 "위법"이라 했다. 반복된 고장과 극도의 사고 위험 탓에 2018~2019년, 조기 폐쇄키로 했다.

이런 상황에서 2020년 뒤늦게 개시된 검찰 수사는 그 자체로 정치경제적이다. 시기도 한참 늦었고, 보수 야당(국힘당)에 가까운 감사원장이 참고로 준 자료가 수사의 출발점이었기 때문이다. 2020년 10월 당시 감사원의 감사 결과 발표는 그 초점이 원전의 경제성 문제였고, 그런 면에서 원전 조기 폐쇄에 오판이 있었다고 보았다. 그러나 언론은 이 수사를 '추-윤 갈등' 프레임 속에서 윤석열의 검찰이 추미애의 법무부에 맞서는 것으로 봤다. 이런 면에서 검찰 수사 자체는 정치권력의 문제이자 정치경제의 문제가 된다.

그사이 1월 7일, 포항MBC는 "경주 월성 원전 부지, 방사능에 광범위 오염"을 보도했다. 지하수 배수로에서 최대 71만 베크렐(Bq)의 삼중수소가 검출됐다. 차수막 파손이 7년이나 방치됐다고 한다. 1월 10일엔 "원전 주요 설비인 사용 후 핵연료 저장수조의 지하수에서 과도한 삼중수소가 검출됐다"라고 했다. 삼중수소는 내부피폭으로 암과 유전자 변이를 부르기도 한다.

여기서 우리는 원전의 정치경제학을 읽는다. 사실, 이 문제는 대단히 복잡하고 어렵다. 하지만 그중 몇 가지 중요 측면만 짚어 보자.

첫째, 원전 하나의 건설에 수조 원이 든다. 이 막대한 원자력 비즈니스 주변에 정치, 경제, 관료, 학계, 검찰, 언론 등, 이른바 '원전 마피아'가 꼬인다. 이는 '비용의 사회화, 이윤의 사유화' 법칙을 따른다. 이명박근혜 시절, UAE 원전 수출(21조 원 규모)이 큰 업적으로 선전됐다.

2017년 현대·대우·GS·한화·SK건설·대림산업 등 건설사의 해외 수주액은 약 30조로, 그 액수의 절반 정도가 (UAE 바라카로 대표되는) 중동 지역에서의 원전 건설과 밀접히 연결돼 있다. 문제는 이윤을 위한 비용이 지역민의 안전과 생명이라는 점이다! 이를 담보로 돈 잔치가 벌어진다. 기업이나 정부가 날마다 경쟁력이나 효율성 향상을 외치며 노동자들에게 "허리띠를 더 졸라매라"라고 말하는 것도, 또 군수산업이나 원전과 같은 위험 산업을 마다하지 않는 것도 다 '돈 잔치' 때문이다.

둘째, 안타깝게도 이 거대 돈벌이를 원전 노동자, 또 그 이해 대변자 노조가 공유하기도 한다. 사실, 이들의 임금은 상대적으로 높다. 따지고 보면 이는 결코 '공짜'가 아니다. 치명적 질병, 사고, 목숨에 대한 보상의 성격이 강하다. 물론, 이들은 안전 걱정을 하면서도 일자리에 목맨다. 일자리가 없으면 살기 힘들기 때문이다. 그리하여 '먹고살기 위해' 이들 역시 어쩔 수 없이 원전 마피아와 동반자가 된다. "설마 무슨 일 날까?" 하는, '설마' 심리가 공범자를 만든다. 세상이 잘 돌아가도록 남달리 땀 흘린다는 의미("대한민국 경제 발전을 위해 밤낮으로 현장에서 묵묵히 일하고 있는 우리 노동자")에서 노동자는 자부심을 가질 수 있지만, 거대한 돈벌이를 두고 자본은 이윤을, 노동자는 임금을 추구한다는 점에서 본의 아니게 서로 협력 관계에 놓인다. 중독 이론의 관점에서 이 양자는 '동반 중독'에 빠진다. 서로가 서로를 절실히 필요로 하기 때문이다. '불편한 진실'이지만 부정할 순 없다.

셋째, 원전 가동과 폐쇄 결정은 내밀한 정치경제적 셈법에 따른다.

그래서 누가 대통령이 되는가가 중요하다. 촛불혁명 결과 (탈원전과 신고리 5·6호기 중단을 약속한) 문재인 대통령 이후 '원자력 공론화위원회'가 석 달 가동됐다. 471명의 시민위원들이 숙고 끝에, 일단 시작된 건 하되 향후 신규는 중단, 노후 원전은 폐쇄키로 결론 냈다. 경제성과 안전성을 고려했단다. 그런데 여기서도 문제가 있다. 과연 이 경제성과 안전성이 양분될까? 예컨대, 사람이 병들거나 죽으면 그게 반反경제인데? 모든 경제성의 출발은 안전성이고, 안전사고는 경제성을 무無로 만든다. (후쿠시마는 물론, 미국 스리마일섬, 소련 체르노빌 원전 붕괴를 보라.) 월성 1호 폐쇄 전 10년간 잦은 사고로 8~9천억 원이 적자였다. 허나 이 고장은 비용보다 생명 문제다. 그런 원전의 (재)가동 허가가 수사 대상이라니?

이젠 물어야 한다. 지금 가동 중인 원전, 그리고 여태 쌓인 2만여 핵 연료봉(고준위 방사능폐기물, 반감기까지 10만 년 이상 지하 500미터 깊이 묻어야 함), 그보다 훨씬 잦은 중저준위 방사능 누출 등 제반 위험에 무슨 답이 있나? 과연 우리는 살기 위해 사나, 죽기 위해 사나? (현재·미래의) 생명을 담보로 거둔 가치는 진정 가치로운가? 우문에 현답이 절실하다.

한 가지 더. 2021년 1월 12일, 윤서인 웹툰 작가가 자신의 SNS(페이스북)에 독립운동가 및 그 후손들을 조롱하는 글을 올리는 바람에 논란에 휩싸였다.[4] 그는 두 가지 대조적인 사진과 함께 "(부잣집 대저택 사진을 보이며) 친일파 후손들이 저렇게 열심히 살 동안, (허름하고 낡은 서민 주택 사진을 보이며) 독립운동가 후손들은 도대체 뭐한 걸까"라는 글을 올렸다. 이어 그는 "사실 알고 보면 100년 전에도 소위 친일파들은 열심히 살았던 사람들이고 독립운동가들은 대충 살았던 사람들 아니었을까"라고 했다.

이에 정치권은 물론 시민사회에서도 윤 씨의 잘못된 역사관에 대해 다양한 비판을 가했다. 그러자 윤 씨는 다시 페이스북에 "내가 가장 존경하는 이승만이 대한민국에서 그 누구보다 가장 열심히 살았던 독립운동가"라고 반박했다. 그 근거로 "대한민국은 독립운동가 중에서 특히 이승만이 하드캐리(독보적인 역할을 했다는 의미)하며 목숨 바쳐 만든 나라"라며 "대부분의 다른 독립운동가들은 정작 나라를 만드는 데는 딱히 공헌이 없었다"라고 했다. 그러면서 "특히 실제로 나라를 만드는 과정에서는 니네가 그렇게 싫어하는 친일파들도 상당수 참여했다"라고도 썼다.

이 논란에 대한 진위 내지 진실 여부를 굳이 여기서 따질 필요는 없겠다. 다만 내가 강조하고픈 것은, 이러한 관점 역시 역사적 트라우마를 경험한 사회의 구성원들이 대를 이어가며 사회적으로 학습하게 되는 '강자 동일시' 메커니즘으로, 이것이 윤 작가 안에서도 작동하고 있다는 점이다. 달리 말해, 지금까지 우리는 독재 정권과 기득권층이 만든 교과서와 학교 교육을 통해 지배자의 관점을 내면화해왔는데, 바로 이것이 강자 동일시의 결과라는 것!

식민지 상황, 폭압적인 공안 통치 상황에서 대부분의 사람들은 감히 저항할 생각도 못한 채 오로지 생존만을 목표로 하게 된다. 그럴 때 가장 손쉬운 수단은 강자 앞에 가서 무릎을 꿇고 "죽을 때까지 충성을 맹세할 터이니 제발 목숨만은 살려 주십시오"라고 비는 것이다.

그러면 대부분의 지배자는 그를 살려 주며 이용할 가치가 있는 만큼 이용하려 할 것이다.

그 과정에서 생존자는 강자 동일시 심리를 더 강화, 강자 앞에서는 비굴하게 처신하되 약자 앞에서는 마치 자신이 강자인 듯 군림하게 된다. 피해자가 가해자로 둔갑하는 것이다. 1세대의 그런 생존법은 가정이나 학교 교육을 통해 사회적으로 대물림된다. 학교에서는 1등이 칭찬받고, 직장에서는 성과 높은 모범 사원이 칭찬받는 것이 바로 그런 것이다. 오죽하면 아래로는 잘 '갈'구고 위로는 잘 '비'벼야 성공과 출세를 하게 된다는 '갈-비 법칙'이 자본주의 사회에 만연하게 되었겠는가? 그래서 아무리 세월이 흘러 2세대, 3세대가 출현해도 여전히 '강자 동일시' 메커니즘이 사라지지 않고 반복될 수밖에 없다. 따라서 개인적으로나 사회적으로 '강자 동일시' 메커니즘을 철저히 극복해야 비로소 자유롭고 평등한 나라, 행복한 삶이 가능한 나라가 된다.

자본주의에서 민초들의 삶이 뒤틀리는 까닭

여기서 중요한 점은, 풀뿌리 민초들이 구체적인 삶을 추구하는 반면, 자본이나 권력은 늘 추상적인 가치를 추구한다는 것이다. 일례로, 민초들은 하루하루 먹고사는 문제를 걱정하지만 자본이나 권력은 그걸 위해 기업이 투자를 쉽게 하여 고용 창출을 해야 한다고 답한다. 일자리를 만들려면 기업하기 좋은 나라를 만들어야 하는데, 노조 같은 건 불필요하고 첨단 기술만 있으면 된다고 말한다. 그런 식이다. 여기서 함정은 민초의 살림살이 문제를 늘 '돈'으로 치환해서 생각하는 것, 바로 이것이 자본이나 권력의 패러다임이라는 점이다.

자본이나 권력의 패러다임 안에서 민초의 삶은 언제나 대상화되고 통제된다. 민초가 자율성과 창의성을 발휘하여 스스로 인생을 즐길 여지가 그만큼 줄어든다는 얘기다. 노동력을 준비하는 학교 교육에서도 그러하고, 노동력을 판매하는 회사 생활에서도 그러하다. 그렇게 각기 20년 내지 40년 동안 삶의 엑기스(진)를 자본에게 갖다 바치고 나면 대부분 심신이 소진되고 만다. 그럼에도 대부분은 정년 이후 또는 노후에도 또 다른 일자리를 찾아 나선다. 아니면 큰 병을 얻은 결과, 여태 모은 재산을 병원 자본에게 다 갖다 바치고 장렬하게 전사한다.

자본주의 이전에 민초의 살림살이는 '땅'과의 관계 속에서 해소되었다. 봉건 영주나 지주조차 농노나 농민이 땅에서 땀 흘려 경작을 해야 먹고살 수 있었다. 그러나 자본주의에서 사람들이 먹고사는 방식은 노동자들이 회사(공장이나 사무실)로 가서 일을 하는 것인데, 이 일은 '땅'과의 관계로부터 멀리 이탈된 성질을 갖는다. 달리 말해, 자본주의 생산물은 땅과의 결합이 아니라 땅으로부터의 이탈에서 나온다. 요즘은 가상 현실에서 가상 상품과 가상 화폐까지 나올 정도다. 심지어 (기획부동산이 설계도면이나 PPT 자료로 절묘한 그림이나 도면을 그려서 팔아

먹는, 토지 사기에 불과한) '가상 토지'까지 대량으로 나오기도 한다. 하기야 가상 자본, 가상 주식도 얼마나 많은가? 흥미롭게도 이런 일을 하는 사람조차 노동력을 팔아 먹고사는 노동자들이다.

이 말은 무얼 의미하는가? 자본주의에서 일하는 사람들은 땅 내지 자연과의 일체감이나 교감을 상실하고, 자연과 철저히 분리된 상태에서 오로지 자신의 노동력이라는 생산 요소만을 자본의 지휘와 명령에 따라 방출한다는 것, 바로 이것이 자본주의 이전과 이후를 뚜렷이 구분해 준다. 이는 또다시 한편으로 민초들이 커다란 우주(지구 또는 자연 생태계)와의 교감이나 친밀성을 상실하고 오히려 (자본이 그러한 것처럼) 자연에 대한 지배자 흉내를 내게 되는 것, 다른 편으로 민초들이 자신의 생계 해결을 위해 유일한 자산인 자기 노동력을 상품으로 내다 파는 판매자가 됨을 의미한다. 그 와중에 노동자들은 자본가들이 경험하는 것처럼 상품 판매자로서의 시장 위험에 노출된다. 즉, 노동시장에서 노동력 상품의 인기가 좋을 때는 과로나 산재의 위험에 처하고, 인기가 떨어지면 실업이나 고용 불안에 노출된다. 일단 노동시장이 노동자 삶의 전제가 되는 한, 달리 말해 노동력 상품화가 노동자 삶의 기본조건인 한, 노동자의 삶은 불안과 두려움의 포로가 된다.

바로 이것이 자본주의 사회에서 민초들이 처음부터 노동력 상품화에 관심을 갖게 되는 현실, 즉 노동시장에서의 성공이 마치 인생 성공인 것처럼 믿게 되는 현실의 근본 뿌리다. 달리 말해, 노동력 상품화를 전제로 돌아가는 사회경제 시스템은 그 자체가 일중독을 부채질하며, 이에 대한 통찰력 없이 살아가는 이들은 자기도 모르게 일중독 시스템의 공범자가 된다. 따라서 자본주의에서 일중독은 결코 우발적, 개인적 사고나 일탈이 아니라 필연적, 구조적 일부라 하겠다.

재벌, 언론, 개인들이 체득한 중독 행위

2021년 1월 18일, 이재용 삼성 부회장에 대한 대법원 선고가 있었다. 그간 무수한 논란과 추측이 쏟아졌지만 결론은 징역 2년 6개월이었다. 무엇 때문인가?

그 근본 뿌리부터 보자면 이병철 회장(1910~1987년) 시절 내지 박정희 대통령(1917~1979년) 시절까지 거슬러 오를 수 있지만, 보다 직접적으로는 이재용 부회장 체제 아래 박근혜-최순실 등 국정농단 세력들에게 약 430억 원대의 뇌물을 제공한 것이 핵심이다. 이는 이미 2016년 10월부터 2017년 5월까지의 촛불혁명 과정에서 다 밝혀진 사실이다. (물론 아직 밝혀지지 않은 사실도 수두룩하다.) 요컨대 이 천문학적인 횡령 및 뇌물공여로 인해 4년 전이던 2017년 2월 17일, 이재용 부회장은 삼성 역사상 최초로 총수 자격으로 구속 수감되었다. (당시 이건희 회장은 2014년 5월 이후 혼수 상태였고, 6년 5개월 만인 2020년 10월에 장례식이 거행됐기에, 2014년 이후 이재용 부회장이 사실상 총수였다.)

원래는 그러면 끝이어야 한다. 죄를 지었으니 벌을 받아야 하는 것. 그러나 삼성은 그 직후(2017년 2월 말)에 핵심 통제탑이었던 '미래전

략실'을 해체하고 각 계열사들에게 자율경영을 실시한다고 공표했다. 삼성이라는 기업 조직을 민주적으로 분권화함으로써 더 이상 재벌의 황제경영이나 부패경영을 하지 않는다는 '인상'을 온 사회(특히 언론)에 각인하려 한 것이다. 나아가 삼성이 사실상 중심이 되었던 재벌 연합체, 즉 전국경제인연합회(전경련) 역시 삼성, 현대자동차, SK, LG 등 4대 그룹의 탈퇴와 더불어 (최소한 겉보기에는) 해체된 상태가 되었다. 물론, 그럼에도 여전히 물밑으로는 거액의 돈이 흘러 다니고 재벌로부터 나온 돈이 '태극기 부대'나 '엄마 부대', 극우 기독교 세력들에게로 들어간다는 의혹이 불식되지 않았다. '재벌-국가 복합체'라는 중독 시스템이 하루아침에 청산될 리 만무하다는 얘기다. 이런 식으로 삼성은 총수 구하기에 전력 질주했다.

아니나 다를까, 이재용 부회장이 구속 수감된 지 채 1년도 안 된 2018년 2월 5일, 서울고법은 징역 2년 6월에 집행유예 4년을 선고하고 이 부회장을 석방했다. 항간에 떠도는 '유전무죄, 무전유죄'라는 말이나 '앞문으로 들어가고 뒷문으로 나온다'는 말이 결코 무색하지 않을 정도였다. (한편, '적폐무죄, 진보유죄'라는 말 역시 매우 중요한데, 이는 판사들이 진정으로 법과 양심에 따라 판결을 하는 것이 아니라 가능한 한 보수적인 자신의 물질적 이익 추구에 도움이 되는 방향으로 판결을 내린다는 뜻이다. 이 역시 보수 권력자들이 100년 가까이 지배층으로 군림하면서 중독 시스템을 영속화한 결과라고 본다.)

이런 상황에서 (아무리 적폐라 하더라도 너무나 명백한 사건이기에, 검찰은 당연히 항고를 해야 했고 동시에) 삼성 측 역시 이 집행유예조차 '유죄'이니 수용하고 가만히 있을 리 없었다. 동일 건은 대법원까지 올라갔고, 2019년

8월의 대법원 전원 합의체 판결은 서울고법의 결정에 대해 문제가 있다며 파기환송했다. 흥미롭게도 2019년 10월의 파기환송심에서 담당 판사는 피고인 이재용에게 "실효성 있는 준법감시제도를 마련하라"라고 주문하기까지 했다. 죄인에게 죄를 덜어 주기 위해 '눈 가리고 아웅' 하는 장치를 마련하라는 것, 이것을 재판 담당 판사가 알려 주는 것, 이게 사법 정의를 바로 세우려는, 법과 정의를 내세우는 조직의 행위가 맞는지 의심이 갈 정도다. 이는 아무래도 돈 중독, 권력 중독에 빠진 사람의 중독 행위의 결과라는 설명 외는 달리 해명이 되지 않는다.

그 이후 1년 반이라는 긴 시간에 걸쳐 삼성의 준법감시제도를 둘러싸고 이런저런 논란이 많았다. 삼성은 2020년 2월 5일 '삼성준법감시위원회'를 공식 출범시켰다. [그러나 삼성 그룹 법무실에는 전관예우를 받는 전직 판사나 검사, 변호사들이 수백 명 포진하고 있다. 이들의 보수는 천문학적이며, 법조계에서도 '저명한' 김앤장 그룹에 버금가는 영향력을 행사한다. 이에 대해선 『삼성을 생각한다』(김용철, 사회평론, 2010)를 참고.] 한편에서는 이제 삼성 자체적으로 준법감시제도를 만들어 제대로 잘할 터이니 너그러이 용서해 달라는 의견들이, 다른 편에서는 집행유예 판결로 끝내려는 '꼼수'를 그만 부리고 죗값을 달게 치르라는 의견들이 쏟아졌다. 2020년 5월에는 이재용 부회장이 '대국민 사과'를 공개적으로 하기도 했다. 재벌 해체를 포함한 경제·노동 민주화 없이 이뤄진 말로만의 개인적 사과는 '빛 좋은 개살구'에 불과했다. 그리고 이제 그 모든 결론이 2021년 1월 18일에야 났다. 그러나 실은 2년 6개월의 실형조차 너무나 가벼운

'솜방망이' 처벌이다. 그나마 (현재 '공수처' 설치로 최우선의 개혁 대상이 된) 검찰이 2020년 12월 말의 마지막 공판에서 이재용 부회장에게 9년형을 구형했는데, 이것은 차라리 '적폐 검찰'이 '적폐 판사'보다 촛불혁명 정신에 더 가까울 수 있음을 보여 주었다.

재판부의 판결은 이랬다. "피고인이 초범이고, 박근혜 전 대통령이 먼저 뇌물을 요구했으며, 이미 횡령 범행 피해액이 전부 회복됐다." 또 "피고인은 박 전 대통령의 뇌물 요구에 편승해 적극적으로 뇌물을 제공했고, 묵시적이긴 하나 승계 작업을 돕기 위해 대통령 권한을 사용해 달라는 취지의 부정한 청탁을 했다." 판결문은 이어 "86억 8천만 원에 이르는 삼성전자 자금을 횡령해 뇌물을 제공했고, 허위 용역 계약까지 체결하며 범행을 은폐한 것은 물론 국회에서 위증까지 했다"라고 덧붙였다. 이렇듯 사실로 밝혀진 것만 해도 횡령죄, 뇌물공여죄, 사문서 위조죄, 업무방해죄, 위증죄 등 온갖 죄가 많은데, 이에 대한 벌이 고작 2년 6개월이라, 그나마 집행유예가 아니라 다행이지만, 일반인 내지 민주화 투사, 시민단체 대표가 그랬다면 과연 이 정도로 결론이 났을까?

나아가 또 생각해 보라. 그 누가 횡령 및 뇌물공여로 죄를 범한 뒤에도 3년 이상 자유의 몸으로 세상에 나다닐 수 있는가? 그 공여 뇌물 액수도 최소 80억이 넘는다. (참고로, 대한민국 형법에 따르면 뇌물공여죄나 뇌물수수죄는 기본으로 5년 이하의 징역이 가능하고, 뇌물수수죄의 경우 특정범죄가중처벌이 적용되어 그 액수가 5억 원 이상이면 최고 11년 이상 내지 무기징역까지도 가능할 정도다. 물론 나는 특정 사람이 높은 형벌을 받는 것 자체가 중요하다고 보진 않는다. 하지만, 법치주의를 말하려면 최소한의 형평성은 갖추어야 하지 않을까?)

이런 뻔한 사건을 놓고 2016년부터 2021년까지 5년 이상 들어간 변호사 비용, 검찰과 판사의 재판 비용, 시간, 에너지, 그 주변에서 앞을 다투어 보도를 해 온 ('기레기'를 포함한) 모든 유형의 언론의 노력들, 이 모든 일들이 모두 막대한 사회적 낭비 아닌가? 죄를 지었고 판결이 났으면 그대로 실행하면 될 터인데, 이 무슨 천지개벽의 거사라고 온 나라가 매달려야 하는가? (수백, 수천억대에 이르는 뇌물은 말할 것도 없고, 있는 죄를 없는 죄로, 중죄를 가벼운 죄로 만들기 위해 쏟아부은) 그런 시간과 돈, 열정을 지난 수십 년 동안 정작 나라를 나라답게 만드는 데 썼다면, 오늘날 우리는 결코 '헬조선'이 아니라 '해피 코리아'의 시민으로 잘 살고 있을지 모른다.

이재용 부회장에 대한 2년 6개월 징역 선고에 이어 이뤄진, 법정 구속 직후에 벌어진 일들도 대한민국이 중독 사회임을 거듭 입증했다. 두 가지만 예시해 보자.

첫째, 2년 6개월 징역이라는 판결에 대한 사람들의 생각이다. 〈오마이뉴스〉는 이재용 부회장에 대한 파기환송심 판결이 나온 다음날인 1월 19일, 여론조사 전문기관 '리얼미터'에 의뢰해 전국 만 18세 이상 500명(총 통화 8,775명, 응답률 5.7%)을 대상으로 이 판결에 대한 평가를 물었다. 질문은 이랬다. "어제 법원은 이재용 삼성전자 부회장의 국정농단 연루 사건 관련 약 86억 8천만 원 뇌물 제공 혐의에 대해, 1심의 징역 5년보다는 감형한 징역 2년 6개월 실형을 선고했습니다. 귀하께서는 이 판결에 대해 어떻게 생각하십니까?"

이에 대해 "과하다"라는 응답이 46.0%로 가장 높았다. 반면 "가볍다"라는 응답은 24.9%, "적당하다"는 21.7%, "잘 모름"이 7.5%였다. 개별적으로는 과하다는 의견이 가장 높지만, 그렇지 않다는 의견(적당하다+가볍다) 역시 46.6%로 거의 같은 수준이었다.

흥미롭게도 응답자의 성향별 차이도 두드러졌다. 보수층의 경우 "과하다"라는 응답이 65.6%였는데, 진보층(?)에 속한다는 응답자는 "가볍다"에 40.6%가, "적당하다"에 31.6%, "과하다"에 22.1%가 답했다. 또 스스로 중도층(?)이라 생각하는 이들은 "과하다"에 49.1%, "가볍다"에 23.9%, "적당하다"에 20.0%를 주었다.

이재용 삼성 부회장이 죄를 짓고 2년 6개월 징역형을 살게 된 것에 대해 46%가 ("가볍다"가 아니라) 오히려 "과하다"라고 보는 것, 크게 보아, 전체의 2/3를 넘는 68% 정도가 "적당하다" 내지 "과하다"라고 보는 것, 이는 무엇을 말하는가? 이렇게 일반적인 사회 정서는, 한국 최대의 재벌 삼성 총수의 구속을 '한국 경제의 타격'이나 '경제성장에 부정적 영향'으로 해석한다는 이야기다. 국가와 경제를 동일시하고 경제와 재벌을 동일시하는 메커니즘이 바로 여기에도 작동하고 있다. 원칙적으로 생각하면 죄에 대한 대가를 공정하게 치르는 것이 당연하다고 생각함에도, 삼성이라는 재벌의 '총수'가 옥살이를 하는 데 대해선 비정상적인 사고, 즉 중독적인 사고를 하고 있다는 얘기다.

잠시 삼성 재벌, 그중에서도 삼성전자의 실적을 살펴보자. 2021년 1월 8일, 삼성전자는 2020년에 매출 236조 2,600억 원을 거두고 그중 영업이익이 35조 9,500억 원으로 나왔다고 공시했다. (행여 10일 뒤에 있을 최종 판결에 영향을 줄 수 있을지 모른다는 생각으로 과대 포장했을 가능성을 제외하고, 발표 내용을 그대로 믿는다면) 삼성전자라는 한 재벌 계열 회사의 매출액이 5천만 인구를 가진 대한민국 예산의 절반에 가까운 규모다. 우리나라 예산은 2020년 482조대, 2021년엔 558조대다. 이 정도이니 삼성이 나라 자체를 깔보는 것도 무리가 아니다. 중국이나 동남아의 삼성 공장에 들어서면 삼성 깃발과 태극기가 나란히 휘날린다. 깃발 자체는 나란히 서 있으나, '삼성맨'들은 삼성 깃발이 태극기보다 더 높다거나 태극기를 이끌고 있다고 느낄지 모른다.

개방적이고 진취적인 언론으로 통하는 '오마이뉴스'조차 이런 정도로 보도하고 있는데, 이른바 '기레기' 언론들은 두말할 나위가 없다. 심지어 "이재용 부회장이 법정 구속되는 바람에 코로나 백신을 구하러 해외 출장을 가려던 계획이 무산됐다"라는 식의 보도가 홍수처럼 쏟아졌다. 최종 판결을 앞둔 피고가 해외 출장 계획이라니, 이것조차 어불성설이지만, 과연 국민을 위해 코로나 백신을 구하는 게 삼성 재벌의 과제이던가? 누가 삼성에게 그런 숙제를 맡겼는가? 지나가던 개가 들어도 웃을 일 아닌가? 그럼에도 대부분의 '생각 없는' 언론들은 삼성 측의 그런 (앞뒤 맥락도 없는) 보도 자료를 정신없이 베껴 쓰기 바빴다. 이런 언론의 행태 역시 모두 중독 행위다.

둘째, 이재용 부회장 법정 구속 이후에 삼성 측이나 언론은 '주가 등락'에 대해 아주 예민하게 보도했다. 즉, 구속 직후에 삼성전자 주가가 폭락한 것처럼, 또 투자자들이 망한 것처럼 보도한 행태가 우스꽝스러울 정도다. 일례로, 언론들에는 "국민주 된 삼성전자… 아파트

벽에 붙은 '이재용 구속 반대"'라든지 "이재용 구속에 주가 급락… 개미들 곡소리", "이재용 실형 충격… 새해 삼성전자 6조 원 산 동학개미 울상" 따위의 기사 제목들이 올라왔다.

여기서도 확인되는바, 이재용과 삼성은 국민과 동일시되며, 삼성의 성공은 국민의 성공으로 비친다. 오죽하면 아파트 단지에 '이재용 구속 반대'라는 현수막이 붙겠는가? 나아가 '영끌'까지 한다는 20~30대의 젊은 주식 투자자를 포함한 개인 투자자들(개미군단)이 곡소리를 낸다며, 이들("동학개미"라는 표현조차 '동학농민혁명'을 조롱하는, 종말 자본주의적 발상이다)을 구하기 위해서라도 이재용 회장 구속은 피해야 한다는 식의 사고와 행동이 다수 나타났다. 극우 보수 언론일수록 이런 행태가 더 강했다. 어쩌면 자본주의를 옹호하고 지지하는 사람들, 특히 중산층 이상의 기득권층이 재벌과 경제를 동일시하고 경제와 주식을 동일시하는 것은 지극히 자연스럽고 당연한 일인지 모른다. 이른바 '계급이해'에 걸맞은 행태이기 때문이다.

그러나 중산층 이하 내지 빈민층 역시 재벌의 성공이나 수출 증대, 주가 상승이 되어야 자신도 잘살게 된다는 믿음을 강하게 갖고 있다. 일종의 '계급 배반 의식'이다. 물론, (돈벌이의) 자유를 숭상하는 자본주의 사회에서 '누구나 노력하면 남들처럼 성공할 수 있다'는 믿음을 갖는 것도 자유다. 하지만 현실은 그런 자본주의 경쟁 사회에서 성공하는 자들은 늘 (극)소수에 불과하고 대다수는 정체하거나 추락하기 일쑤임을 거듭 보여 준다. 이런 현실을 직시하지 않으려고 애써 노력하거나 그저 아무 생각 없이 산다면 이런 현실의 실상이 잘 보이지 않는다. 현실은 고통스럽고 직접적이기에, 사람들, 특히 중산층 이하 빈민층은 '나도 남들처럼 성공하고 싶다'는 욕망을 절실한 꿈으로 갖는다. 따지고 보면 대다수에게 이는 '헛된 꿈'인데.

행여 "그런 꿈이라도 없으면 어떻게 살라고?"라며 항의할 수 있지만, "그런 꿈을 많이 꿀수록 좋다"라고 거짓말을 할 수도 없다. 현실은 갈수록 가혹하게만 다가온다. 이를 부정할 수 없다는 것이 또 우리의 현실이다. 이런 경우, 오히려 "꿈 깨!"가 정답일지 모른다. 진정한 동학혁명이 새로 필요하다는 이야기다.

한편, 심지어 민주주의와 진보를 주장하고 희망하는 사람들조차 이런 속물적, 물신주의적 의식과 태도를 멀리하기보다 '어쩔 수 없이' 수용한다. 이러한 모습들이야말로 대한민국 중독 사회의 완결판을 보여 준다. 앞의 '리얼미터' 조사에서도 진보층(?)에 속한다는 응답자의 40.6%가 "가볍다"에, 31.6%가 "적당하다"에, 또 22.1%가 "과하다"에 답했다고 나왔다. 물론 이 조사에서 정치적 성향에 대한 판단이 얼마나 정확한지는 또 다른 차원의 문제지만, 위 판결 결과를 두고 적어도 스스로 진보 성향이라 생각하는 사람의 절반도 안 되는 41% 정도만이 "가볍다"라고 생각하는 것은 참담하다. 게다가 약 54%는 "적당하다" 내지 "과하다"라고 여기다니, 이는 진보가 무엇인지 개념이 서 있지 않다는 말과도 통한다. 달리 말해, 민주나 진보를 중요 가치로 여기는 이들조차 그 절반 이상 또는 2/3 가까이가 대한민국=삼성, 재벌=경제, 경제=돈벌이와 같은 중독 시스템의 패러다임으로부터 전혀 자유롭지 않음을 알 수 있다.

이렇게 해서 대한민국 중독 사회는 재벌과 국가, 언론과 검찰 등 지배 세력이 앞에서 추동하고, 중산층 이하 대다수 국민들, 나아가 스스로 민주나 진보의 가치를 가진, '열린' 자라고 하는 이들까지 뒤에서, 아래에서, 그리고 옆에서 열심히 추종, 협력하기에 더욱 잘 돌아간다. 이런 중독 시스템 안에서는 (자본과 권력의 동맹체를 근본적으로 뒤엎을 동학혁명군이 몰려와도 모자랄 판국인데) "동학개미군"이 스스로 나서서 중독 사회, 중독 조직, 중독 개인을 적극 지지하고 방어하기에, 그 어떤 근본 변화도 힘들게 된다.

그러나 희소식도 있다. 근본 변화가 어렵거나 힘들다고 해서 그것이 반드시 불가능함을 의미하진 않는다는 점이다. 물론, 이것을 가능하게 만들기 위해서라도 중독 시스템의 현실, 그 속에 얽혀 돌아가는 우리 자신의 일상생활, 나아가 변화의 어려움과 내면의 두려움 등까지 정직하게 직시할 필요가 있다. 이것이 새로운 미래를 위한 출발점이다. 나 혼자 꿈꾸면 꿈으로 남지만, 여럿이 함께 꿈꾸면 현실이 된다는 말도 있지 않던가?

더불어 생각해 볼 점

1. 대한민국을 '중독 공화국'이라 부를 수 있는 근거는 무엇일까?
2. 나 자신에게 습관처럼 된 중독 행위에는 무엇이 있을까?
3. 재벌이 중독적으로 행위한다는 것은 어떻게 한다는 것일까?

1. ──────

1 야니스 바루파키스, 자본주의는 민주주의와 공존할 수 있는가, 〈녹색평론〉 176호, 2021년 1~2월, 90~105쪽.

2 이하 강수돌, 원전에 '정치'를 덧대지 마라, 〈경향신문〉, 2021. 1. 16.

3 실제로, 한국수력원자력 노조는 이 글에 대해 2021년 2월 초에 항의 편지를 보내왔다. 글의 전반적 의도는 이해하지만 "국가 경제를 위해 열심히 땀 흘리는 노동자들의 자존심과 명예에 상처를 주었다"라는 취지였다. 이에 나는 "노동자의 자존심과 명예에 상처를 줄 의도는 전혀 없었지만, 상처가 되었다면 죄송하다"라며 "필요 시 노동자나 노조와 만나 이 문제에 대해 솔직한 토론을 할 의향이 있다"라고 답했다. 그럼에도, 원자력발전이라는 사업체를 운영하는 경영진이나 그 지휘·명령 아래 일하는 노동자나 모두 (일자리나 소득을 매개로) 상호 의존 관계에 놓인 사실 자체는 부인하기 어렵다. 노동자가 없으면 세상이 돌아가지 않는다는 점에서 노동자는 자부심을 가질 수 있다. 그러나 동시에, 노동자가 적극 동참하기 때문에 자본주의 상품 및 화폐 관계가 지속된다는 점 역시 성찰할 필요가 있다.

4 오경묵, 윤서인 "독립운동가는 대충 살았던 사람들" 막말 파문, 〈조선일보〉, 2021. 1. 14.

2부

중독이란
무엇인가

"치명적인
질병으로서의
중독 현상"

중독의 정의

중독中毒을 사전에서 찾아보면, 크게 두 가지 의미로 쓰인다.[1] 하나는 신체적 중독(intoxication, poisoning)으로, 독성을 지닌 음식물이나 약물 등의 물질이 몸에 들어와 이상 반응이나 질병을 유발하는 것이다. 식중독이나 농약 중독이 대표적이다. 다른 하나는 정신적, 의존적 중독(addiction)으로, 약물(혹은 마약), 사상, 사물, 행위(과정) 등에 탐닉해 정상적으로 사물을 판단할 수 없는 상태를 뜻한다. 마약 중독이나 알코올 중독이 대표적이다. 한국은 물론, 중국이나 일본에서도 '중독'이라 하면 이 두 가지 의미로 다 쓰이는데, 맥락에 따라 달리 쓰일 뿐이다. '중독 공화국'을 이야기하는 이 책에서는 당연히 두 번째의 의미, 즉 정신적, 의존적 중독의 의미를 지닌다.

여기서 정신적, 의존적 중독이라는 뜻에서의 중독을 더 자세히 따져 보자. 이미 그 정의에서 암시되듯, 중독이란 사람들이 그 정신적, 심리적 고통을 무마하고 기분을 전환하기 위해 빠져들거나 의존하는 병적 상황이다. 여기서 중요한 것은 '기분 전환'이다. 이는 크게 두 방향을 갖는데, 하나는 우울하거나 불안한 기분을 줄이는 것, 다른 하나는 즐거운 분위기나 쾌락을 늘리는 것이다. 물론 둘 다 동시에 나타날 수 있지만, 상황이나 맥락에 따라 강조점이 달라진다. 어느 경우건, 모든 중독의 밑바탕에는 일종의 '심리적 허기'가 깔려 있다.

어떤 형태이건 '기분 전환'이란 현재의 기분과 느낌을 있는 그대로 받아들이고 응시하거나 대면하기를 회피하는 행위다. 바로 이것이 모든 중독의 본질이다. 달리 말해, 중독이란, 있는 그대로 느끼지 않으려는 몸부림, 억지로 (특정 물질이나 행위를 통해) 즐겁고 유쾌한 기분을 느끼기 위한 몸부림이다. 그대로 인정하기 꺼려지는, '불편한 진실'이다.

중독의 발생, 중독의 뿌리

이 중독이라는 현상을 좀 더 쉽게 설명해 보자. 흔히 우리는 어린아이가 엉엉 울면 장난감이나 사탕으로 달랜다. 장난감은 새로움, 신기함이나 호기심을 유발해서, 또 사탕은 달콤함과 색다른 감각을 유발해서 아이의 기분을 전환하는 데 성공한다. 원래 어린아이가 엉엉 울게 된 것은 예컨대 엄마가 자기를 내버려 둔 채 어디 볼일을 보러 갔다든지, 아니면 아이가 원하는 그 무언가를 얻지 못했을 때다. 그런 상황에서 우는 아이를 달래기 위해 건네주는 장난감이나 사탕은 일종의 대리만족물이다. 만일 이 대리만족물이 조금이나마 아이의 기분을 전환시킨다면, 그리하여 아이가 울 때마다 대리만족물을 통해 기분을 바꾸게 된다면, 이는 아이가 장난감이나 사탕에 중독되는 것이다. 이런 면에서 중독이란, 한편으로 현재의 느낌에 둔감하도록 하는 행위이자, 다른 편으로 본래적인 욕구 충족이 아닌 대리물을 통한 가짜 만족을 하는 행위다. 이런 뜻에서 중독이란 영원한 불만족의 상태다.

의학적으로 중독이란 '뇌 보상(brain reward)'으로 설명된다. 예컨대, 알코올이나 마약을 섭취한 뇌에서는 도파민 같은 신경전달물질(호르몬)이 나와 기분을 좋게 만든다. 중독물이 뇌를 자극하여 기분을 좋게 만드는 효과가 나온다는 얘기다. 처음엔 잘 몰랐어도 일단 기분이 좋아지는 경험을 하면 뇌는 이를 반복하고 싶다. 그래서 만성적 의존이 생기게 된다. 이것이 중독이다.

이런 면에서 중독 현상을 의학적으로 설명할 때 도파민의 역할을 잘 이해하는 것이 중요하다. 도파민은 주로 A-10이라고 하는 신경섬유의 말단부에서 분비되는 쾌감, 희열감, 몰입감, 성취감 등의 담당 물질로서, (위기감을 담당하는) 아드레날린, (절대적 만족감이나 평정심을 담당하는) 세로토닌과 함께 3대 신경전달물질로 분류되기도 한다.

이렇게 도파민은 대표적인 쾌락 물질 중 하나인데, 분비가 활발할 때는 집중력이 높아지면서 탐구력과 창의성이 발휘되기도 한다. 학업이나 업무 수행에서 성취도 증진과 도파민 분비가 일정한 연관성을 지니는 배경이다.

그러나 모든 호르몬은 '적정' 수준을 유지해야 하는데, 만일 도파민이 과다 분비되어 습관화되면 이게 바로 중독 현상으로 나타난다. 다시 말해, 우리의 심신이 새로운 자극이나 강렬한 자극에 계속 노출되면 도파민이 과다 분비되어, 그 자극을 촉발한 중독물(물질 또는 행위) 외의 다른 어떤 것에도 관심과 흥미를 잃는, 새로운 뇌 구조가 탄생한다. 뇌 구조의 변형이다. 이것이 우리가 경험하는 다양한 중독 현상의 의학적 메커니즘이다.

한편, 만일 도파민이 부족하면 결단력이 떨어지고 감정이 둔해진다. 어떤 사건이나 자극이 있더라도 그에 대한 반응이 매우 더디며 심지어 무반응, 무감각 상태가 되기도 한다. 영화 〈사랑의 기적〉에는 뇌염과 기면증이 있는 환자가 나오는데, 평소에는 무반응, 불감증 상태이지만, 떨어지는 안경이나 날아가는 공과 같은, 순간적으로 강한 자극에 민첩하게 움직이는 장면이 나온다. 이를 본 의사 세이어(로빈 윌리엄스)는 이런 환자들에게 도파민을 투여할 필요성을 다른 의사들 앞에서 역설한다. 이런 식으로, 도파민 부족이 극심하면 자기 몸도 가누기 힘들어지고 모두가 피하고 싶어 하는 파킨슨병까지 올 수 있다.

이렇게 해서 인간의 중독 행위가 지속되면 뇌 구조 역시 변한다. 최근 스마트폰 중독과 관련, '팝콘 브레인'이라는 말까지 나왔다. 이는 스마트폰 중독에 빠지면 인간의 뇌가 팝콘처럼 톡톡 튀는 것에만 잘 반응하고 그렇지 않은 미세한 것에는 무감각하게 된다는 말이다.

그럴수록 스마트폰에는 자극적이거나 충격적인 내용들이 더 많이 올라온다. 그렇지 않으면 사람들이 주목하지 않기 때문이다.

한편, 심리학적으로 설명되는 중독이란 인간이 그 내면의 공허감이나 두려움을 잠재우기 위해 보상물, 대리만족물에 의존하는 것이다. (부모로부터 '조건 없는 사랑'을 충분히 받지 못한 결과) 자아 존중감이 아주 약한 경우, 학교나 일터, 일반 사회에서 타자로부터 별다른 인정을 받지 못하는 경우, 또 사회생활에서 실패나 낙오를 반복 경험하는 경우, 그로 인한 좌절감이나 공허감, 두려움이나 불안감, 무력감이나 우울감은 견디기 어려울 정도가 된다. 이럴 때 사람들은 쉽사리 술이나 마약, 일이나 쇼핑 등에 중독되는 경향이 있다. 비록 일시적일지라도 기분이 좋아지기 때문이다. 지금까지의 다양한 중독 현상들에 대해선 대체로 이런 심리학적 설명이 지배적이었다고 해도 과언이 아니다.

나는 물론 앞서 나온 의학적, 심리학적 설명이 중독을 이해하는 데 상당히 일리가 있다고 보면서도 여전히 뭔가 부족함을 느낀다. 우선, 의학적 설명은 특히 뇌 과학 이론 내지 신경전달물질과 관련해 대단히 과학적인 설명을 제공하지만, 엄밀히 따지고 보면 그것은 특정한 심리적·신체적 변화에 '동반'되는 뇌의 반응 내지 호르몬의 변화를 기술하고 있을 뿐이다. 달리 말해, 의학적 설명에서는 중독의 원인 자체가 제시되기보다는 중독의 진행과 더불어 부수적으로 나타나는 뇌 반응 또는 호르몬 변화를 상세히 기술할 뿐이다. 뇌의 특정한 반응이나 특정 호르몬 분비 자체가 중독을 불러일으키는 원인이 아니란 말이다. 오히려 그것은 중독 행위가 일어나면서 그것과 동반 현상으로 관찰되는 신체상의 변화로 이해함이 옳다.

반면, 심리학적 설명은 두려움이나 공허감, 자존감의 결여 등과 같은 개인 심리학적 개념들로써 중독 행위의 발생을 설명한다. 이에 따르면 자존감의 결여, 두려움이나 공허감 등 고통스러운 내면을 보상하고 대리만족을 추구하는 과정이 우리가 잘 아는 중독 현상으로 나타난다고 본다. 내가 보기에 심리학적 설명은 의학적 설명에 비해 중독의 발생이나 원인을 이해하는 데 한 걸음 더 깊이 들어간다. 그러나 이런 식의 설명은 크게 세 가지 면에서 결함이 있다.

첫째, 개인 심리 차원으로 보면 이 설명이 옳다 하더라도 집단 심리 내지 사회 심리 차원에서는 한계가 있다. 일례로, 전쟁을 경험한 세대와 그 이후의 세대가 시차를 달리하면서도 유사한 집단 심리를 보이는 일이나 유사한 중독 증상을 나타내는 일을 기존 심리학은 잘 설명해 내지 못한다. 둘째, 이와 연관된 측면이긴 하지만, 두려움이나 공허감, 자존감의 결여 등에 대해 마치 이것이 독립변수로 주어진 것처럼 간주할 뿐, 이런 배경이 과연 어떻게 해서 초래된 것인지에 대해 기존 심리학은 해명이 없다. 셋째, 기존 심리학적 설명에 따르면 다양한 중독 질환에 대한 해법은 예컨대, 중독 상담사의 도움을 받아 '익명의 중독자 모임' 같은 곳에 충실히 참여하거나 충분한 휴식을 취하고 삶의 균형을 잡으며, 명상이나 요가 등을 통해 자아와의 재접촉을 하는 것 등으로 제시된다. 하지만 이런 해법은 일시적인 효과밖에 없고 사회구조적으로 촉진되고 영속화되는 중독의 과정을 전혀 건드리지 못한다. 오히려 이런 개인적, 일시적, 피상적 해법들은 전 사회적 차원의 중독을 묵인하거나 조장하는 역할까지 수행하기 쉽다.

따라서 나는 기존의 의학적, 심리학적 설명 논리에 역사적, 정치경제적 설명을 추가하고 싶다. 그것은 자본주의 이전 시기엔 대중적인 중독 현상이 없었다는 점에 착안하여, 왜 그 이전엔 없던 현상이 자본주의와 더불어 발생, 확산하게 되었는지를 해명하는 데 도움이 될 것이기 때문이다.

이미 『중독의 시대』에서 상술한바, 초기 자본주의 발전 과정은 한편으로 자연으로부터 인간이 분리, 다른 편으로 공동체로부터 개인이 분리되는 과정에 다름 아니었다. 이는 보통사람들에게 근본적으로 불가항력적인 폭력 과정이었다. 구체적으로, (농지나 공유지에서 농사를 짓던 농민을 몰아내고 양을 키워 양모를 팔기 위한 '울타리 치기' 운동인) 인클로저 운동과 (공동체와 농경지로부터 쫓겨난 농민들이 자신의 유일한 자산인 노동력을 팔기 위해 자본가의 지휘와 명령 아래로 복속되어야 하는) 노동력의 상품화 과정은 당사자들에겐 감당하기 어려운 (어마무시한) 폭력으로 다가왔다.

바로 이 폭력적 과정이 거의 모든 사람들에게 사회적 트라우마, 집단 트라우마를 낳았다. 트라우마를 경험한 사람들은 너 나 할 것 없이 두려움과 공허감에 떨었고, 생존 전략으로 시스템과의 동일시, 승자와의 동일시, 그리하여 강자 동일시 심리를 내면화했다.

한편, 1세대가 경험한 사회적 트라우마와 집단 두려움은 가정, 학교, 직장, 언론, 종교 등을 통한 사회화 과정 속에서 2세대, 3세대 등으로 대를 이어 전승된다. 일례로, 식민지 트라우마를 경험한 1세대는 나약함에 대한 두려움에 사로잡혀 나름의 생존 전략으로 '강자 동일시'를 한다. 친일파, 그리고 그 뒤엔 친미파가 지배층으로 자리를 잡게 된 배경이다. 그런데 이런 논리가 2세대를 위한 학교 교육을 통해 목표로서의 '부국강병' 내지 '선진국' 신화로 둔갑, 이를 아이들이 굳게 믿고 바람직한 것으로 여기도록 체계적으로 훈육한다.

그리하여 자본주의 시스템에서는 온 사회가 돈 중독, 경제성장 중독, 경쟁 중독, 기술 중독에 빠져드는 반면, 개인들은 일중독, 알코올 중독, 마약 중독, 쇼핑 중독, 게임 중독 등에 빠져드는 경향이 있다.

요컨대, 자본주의는 역사적으로나 사회적으로 폭력의 과정을 통해 개인 차원에서나 집단 차원에서 체계적으로 중독을 조장한다. 동시에 자본주의는 바로 그 중독을 먹고 산다. 즉, 사람들이 일중독, 쇼핑 중독, 경제성장 중독, 돈 중독에 빠질수록 자본주의 시스템은 크게 흔들릴 위험 없이 그 수명을 유지 내지 연장할 수 있게 된다. 실제로, 2008년 이후 사실상 파산한 세계 (금융)자본주의는 각 나라별로 국가에 의한 (천문학적) 공적 자금의 투입 없이는 그 생명을 연장하기 어려웠다. 그 공적 자금(은행이나 기업을 구제하는 데 사용된 돈)은 이제 '공공부채'가 되어 전 사회 구성원들에게 세금의 모습으로 다가온다. 국가를 통한 간접 착취가 없이는 오늘날 자본주의가 더 이상 지탱되기 어려움을 알 수 있다.

그리하여 오늘날 자본주의는 한편으로 국가의 공적 자금, 다른 편으로 국민의 중독증에 의존, 그 마지막 수명을 연장하느라 몸부림치고 있다. 설상가상으로, 코로나19 사태 역시 자본주의에 마지막 타격을 가하는 중인데, 자본주의는 특히 디지털 자본주의(비대면 수업, 비대면 회의, 비대면 소통, 비대면 정보 공유, 비대면 영화 감상 등을 위한 기술의 상품화)를 통해 그 위기를 돌파하려 한다. 일례로, 2020년 11월 한 달 동안 전 세계적으로 최다 방문자를 기록한 온라인 사이트를 보자.[2] 웹사이트 한 달 방문자 수를 보면, 구글(925억 명)·유튜브(346억 명)·페이스북(255억 명)이 각기 1~3위를 차지했고, 심지어 성 착취물 공유 사이트인 엑스비디오스^{xvideos}와 폰허브^{pornhub}가 각각 9, 10위를 기록했다. 그리고 우리에게도 익숙한 아마존(29억 명)과 넷플릭스(24억 명) 역시 각기 13위와 17위였다. 한국의 네이버도 15억 명이 방문, 22위에 올랐다. 이런 식이다. 한편에는 기후 위기나 코로나 같은 상황이 전 지구적 위기 징후를 보여 줌에도 다른 편에서는 디지털 자본주의가 승승장구하고 있다. 이 모두는 처음부터 이윤 중독을 토대로 움직여 온 자본(물론 그 속에는 인간의 삶이 톱니바퀴처럼 깃들어 있다)이 21세기에 보여 주는 실상이다. 이것이 정확히 지금 우리의 세계가 직면한 상황이다.

중독의 종류

정신적 의존증을 뜻하는 중독은 크게 두 형태를 갖는다. 하나는 물질 중독이고 다른 하나는 행위 중독이다. 물질 중독은 설탕, 카페인, 니코틴, 알코올, 마약 등 직접 섭취하는 물질에 강박적으로 의존하는 질병이다. 행위 중독은 게임 중독, 일중독, 돈 중독, 쇼핑 중독, 스마트폰 중독, 스포츠 중독, 부채 중독, 관계 중독, 성 중독 등 특정한 행위 내지 과정에 강박적으로 의존하는 질병이다.

그런데 이런 중독들은 대체로 개인 수준에서 나타나는 것들이다. 그렇다면 조직 수준이나 사회 수준에서는 어떤가? 조직 수준에서는 조직 자체가 중독 행위자가 되는 중독 조직이 있으며, 사회 수준에서는 사회 전체가 중독 행위자로 움직이는 중독 사회가 있다.[3]

앤 윌슨 섀프, 다이앤 패설의 공저 『중독 조직』에 따르면, 조직 전체가 중독 행위자가 되는 경우란 크게 네 가지가 있다. 첫째, 핵심 인물이 중독자인 경우, 둘째, 구성원들이 가정에서 경험·학습한 중독 행위를 조직 속으로 갖고 들어오는 경우, 셋째, 조직이 구성원들에게 중독물을 지속적으로 제공하는 경우, 넷째, 전체 조직의 의사 결정이나 소통 과정 등이 중독자의 행위처럼 이뤄지는 경우이다.

그렇다면 사회 전체가 중독 행위자가 되는 경우란 어떤 식일까? 기본적으로는 중독 조직의 경우와 유사하다. 하지만 경제성장 중독, 돈 중독, 기술 중독, 경쟁 중독 등은 개인에게도 나타나면서 사회 전체에서도 나타난다. 실제로, 박정희 정권 아래 진행된, 1962년 제1차 경제개발계획 이후 지금까지 대한민국의 역사는 경제성장 중독을 강화하는 과정이었다고 해도 과언이 아니다. 이는 보다 구체적으로, 돈 중독, 기술 중독, 경쟁 중독 등으로 나타났다.

여기서 한 가지 중요한 측면을 더 짚고 넘어가자. 그것은 서로 다른 중독들이 발생하는 메커니즘에 관한 것이다. 쉽게 말하면, 왜 어떤 사람은(경우는) 일중독에 쉽게 빠지는데, 왜 어떤 사람은(경우는) 마약 중독에 쉽게 걸려드는가? 이런 질문에 대한 답을 찾자는 것이다.

뒤에서도 상술되지만, 모든 중독의 뿌리엔 폭력적 경험(죽음, 분리, 억압, 차별 등)과 그로 인한 트라우마(상처, 결핍, 고통)가 있다. 이 트라우마는 대개 심층적인 두려움을 동반한다. 죽음이나 배제에 대한 두려움, 열등함과 나약함, 보잘것없음과 무력함에 대한 두려움, 실패나 탈락에 대한 두려움 같은 것이다. 따라서 모든 중독의 기저엔 바로 이 두려움에 대한 회피 욕망이 깃들어 있다. 그렇다면 서로 다른 중독을 낳는 갈림길은 어디서 나오는가? 그것은 개인, 조직, 사회가 처한 특수한 상황이나 맥락에 따라 달리 형성되는, 왜곡된 생명 욕망 때문이다.

예를 들어 보자. (죽음에 대한) 두려움 회피 욕망과 왜곡된 생명 욕망의 일환인 구원(영생) 욕망이 결합되면 종교 중독이 발생한다. 또, (공허감이나 뒤처짐에 대한) 두려움 회피 욕망과 자아도취 내지 인정 욕망이 결합되면 스마트폰 중독이 발생하기 쉽다. 같은 방식으로, 알코올 중독은 (부정적인 감정에 대한) 두려움 회피 욕망과 쾌락 욕망이 결합된 것으로 설명할 수 있다. 일중독이나 돈 중독 역시 (무능함 및 탈락에 대한) 두려움 회피 욕망과 성취·인정 욕망이 결합된 것이라 할 수 있다. 소비(쇼핑, 명품, 성형) 중독은 같은 논법으로 (열등감에 대한) 두려움 회피 욕망과 과시·인정 욕망이 결합된 것이다. 사회 전체 차원에서의 경제성장 중독은 (낙후에 대한) 두려움 회피 욕망과 축적·재물 욕망이 결합된 것이라 하겠다.

중독 발생의 메커니즘:
폭력-트라우마-두려움-회피-중독

이제 앞선 이야기들을 정리하면서 중독의 발생 메커니즘을 보다 명확히 해 보자. 그 유형이나 형태를 가리지 않고 모든 중독의 밑바닥엔 두려움(fear)이 있다. 이 두려움은 죽음에 대한 두려움, 실패나 낙오에 대한 두려움, 배제나 차별에 대한 두려움, 낙인에 대한 두려움, 공허함이나 나약함에 대한 두려움 등과 같이 뭔가 부정적인 것에 대한 두려움으로부터 출발한다. 사람들은 이러한 두려움이 고통으로 다가오기에 고통을 회피(evasion)하기 위해 곧잘 중독(addiction)에 빠진다.

그렇다면 이런 두려움이 생기는 원인은 무엇인가? 이미 앞에서 설명한 것처럼, 두려움의 뿌리는 사람이 감당하기 어려운 폭력적 경험(violence)에 따른 충격, 즉 트라우마(trauma)이다. 이는 정신적 상처 또는 마음의 상처라고 할 수 있다. 가장 쉬운 예가 교통사고다. 누군가 타고 가던 차량에 엄청난 교통사고가 난 경우, 그리하여 당사자가 사망한다면 그걸로 끝이겠지만 생존자가 된 경우, 자신이 겪은 폭력적, 충격적 경험은 죽기 전에는 씻지 못할 충격과 상흔으로 남는다. 이것이 흔히 말하는 트라우마다. 이 생존자들은 자다가 악몽을 꾸기도 하고 행여 자동차 운전을 하더라도 다른 누군가가 자기 차를 향해 달려오는 것처럼 느낀다. 이렇게 트라우마 이후에 사람들이 경험하는 느낌의 왜곡, 생각이나 행동의 뒤틀림 따위를 '외상 후 스트레스 장애(PTSD)'라 한다.

또 다른 예로는 한국전이나 베트남전 참전 용사가 죽을 고비를 넘기고 생환한 경우, 그는 평화로운 광장이나 길거리를 편안하게 걷기 힘들다. 왜냐하면 한편으로는 일상적인 삶의 속도가 (전쟁터에 비해) 너무나 느려 터져 도무지 견디기 힘들기 때문이다. 또 다른 편으로, 저쪽에서 누군가 지팡이 같은 걸 짚고 자기 쪽으로 급하게 걸어온다면 그의 눈에는 상대방이 마치 총이나 총검을 들고 자기를 죽이러 오는 것처럼 착각할 정도로 망상 또는 환상에 빠져 괴롭기 때문이다.

요컨대, 심각한 트라우마를 반복적으로 경험한 사람들은 죽음에 대한 두려움에 압도당해서 도무지 '정상적인' 삶을 살기 어렵다. 이들은 '아무것도 아닌 일에도 깜짝깜짝 놀라거나'(과각성), '수시로 무서운 꿈(악몽)을 꾸거나 갑자기 떠오른 옛 기억(플래시백) 등으로 괴롭게 된다'(침투). 또 '고유의 느낌이나 감각이 고도로 위축되어 아무것도 잘 느끼지 못하는 상태'(억제)에 놓일 수도 있다.[4] 이 모든 증상들이 흔히 말하는 외상 후 스트레스 장애다.

그러면 이들은 어떻게 살아가는가? 아무래도 이 PTSD는 당사자에게 괴롭다. 두렵기도 하고 매우 고통스럽다. 부정적인 느낌들이 물밀듯 치솟는다. 견디기 어려울 정도다. 따라서 이 모든 부정적인 느낌 또는 불편한 마음을 회피하고자 나름의 자기방어 기제들이 가동

된다.

그중 가장 대표적인 것이 바로 중독에 빠지는 것이다. 일례로, 마음이 괴로운 사람이 기분을 좋게 바꾸기 위해 술(알코올)에 빠지는 식이다. 처음엔 약한 술에서 시작하나 차츰 도수가 올라간다. 이렇게 강박적으로 의존하면 할수록 중독물의 도수가 높아져야 일시적으로나마 기쁨과 만족을 느낀다. 물론, 하루라도 쉬는 날에는 이상하게 마음이 불안하고 손이 떨려 견디기 어렵다. 금단증상이다. 이렇게 모든 중독은 그 형태나 종류와 무관하게 (두려움을 떨쳐 내고 기분 전환을 하고자) ① 강박적 의존, ② 도수 증가, ③ 금단증상 등 세 요소를 공통으로 지닌다.

이를 사회적 차원에서 살펴보자. 한국 사회 전체가 경제성장 중독에 걸렸다고 할 때, 그 뿌리는 무엇일까? 앞서 서술한 논리로 보면, 19세기 말 서양 열강의 개항 요구와 침략, 그리고 일본 제국주의에 의한 침탈 등의 역사적 폭력(historical violence)은 당시 조선 사회에 집단 트라우마(collective trauma)를 안겼다. 이 집단 트라우마와 함께 각종 집단 두려움(collective fear), 즉 나라 멸망에 대한 두려움, 나약함에 대한 두려움이 사회 전체적으로 공유되었다. 일제로부터의 해방 이후에도 한반도의 남쪽(대한민국)은 미군정에 의한 지배를 받았다. 구조적 폭력이 예사로 행사되었다. 미군정의 총기 난사, 군사 재판, 좌익 척결, 서북청년단으로 상징되는 우익 폭력 집단의 창궐 등 각종 사회적 폭력은 집단 트라우마를 거듭 누적시켰고, 이 모든 트라우마는 사회 전반에 '망국'의 서러움, 나약함에 대한 두려움을 증폭했다.

그런 나라가 치열한 세계적 힘 관계 속에서 살아남는 방법은 무엇이었던가? 북한이 그들을 소련과 동일시했다면, 남한은 자신을 미국과 동일시했다. 생존 전략으로서의 '강자 동일시'가 집단적으로 이뤄진 셈이다. 남한에서 친미 정권인 이승만 정부가 탄생한 것은 바로 이런 맥락이었다. 이 집단적 '강자 동일시'는 사회 전반이 집단 두려움을 직시하기보다 회피하는 한 방편이기도 했다. 물론, 미국의 대아시아 전략의 관점에서도 이승만 친미 정권이 탄생하는 것이 유리했다.

그러나 이승만 정권의 무능과 부패는 민중 저항으로 무너졌다. 그것이 1960년 4·19 혁명이었다. 물론 이는 대단히 불안정하고 대안 없는 혁명이었다. 무능하고 부패한 세력을 상징적으로 무너뜨리는 데는 성공했으나 진정 대안적인 사회구조의 창출에는 별 전략이 없었다.

그 상황에서 등장한 것이 박정희의 5·16 쿠데타였고, 정부는 개발 독재와 조국 근대화 논리로 남한 자본주의를 전개하게 된다. 그 형태는 (국가가 주도하고 재벌이 하위 파트너로 참여하는) '국가-재벌 복합체'였다. 이미 앞서 강조한바, 이는 나중에 (특히 1997년 'IMF 사태' 이후) 재벌이 주도하고 국가가 사실상 끌려가는, '재벌-국가 복합체'로 변모한다.

국가-재벌 복합체이건 재벌-국가 복합체이건, 또 정치경제, 사회문화, 교육종교 등 분야를 막론하고, 나아가 상층 기득권층이나 중간층, 그리고 기층 민중 등을 막론하고, 이제 한국 사회 전체는 경제성장 중독에 깊숙이 빠진다. '조금만 더 노력하면 선진국이 된다'는 식의 선전 선동이 돈 중독, 일중독, 경쟁 중독, 기술 중독을 강화하면서 결국은 모두가 경제성장을 당연시할 뿐 아니라 갈수록 더 높은 경제성장이 이뤄지지 않으면 불안해지는 그런 상태가 된 것!

이런 상황에서 설사 경제가 후퇴하더라도 "마이너스 성장"이라는 표현을 쓰며, 특히 다른 나라와 비교해 "우리나라의 마이너스 성장이 다른 나라보다는 덜 나쁜 지표를 보이기에 아주 잘 선방한 것"이라고 말하기 일쑤다. 실제로, 문재인 대통령조차 2021년 신년 기자회견에서 그런 논리로 말했다.[5] 문 대통령은 2021년 1월 18일 청와대 춘추관에서 온·오프라인으로 진행한 신년 기자회견 중 한국경제 상황에 대해 "거시적으로는 굉장히 좋다"라며 "(2020년) 경제협력개발기구(OECD) 회원국들이 마이너스 성장을 했지만 한국은 그래도 가장 선방해서 최상위 성장률을 유지했다"라고 했다. 이어 "올해도 작년에 다들 마이너스 성장을 크게 했기 때문에 마이너스 성장을 크게 한 나라들이 (성장률이) 높아지겠지만, 2020년과 올해의 경제성장을 합쳐서 (우리나라처럼) 코로나 이전으로 회복할 수 있는 나라는 극히 드물다"라고 자부했다.

나름대로 열심히 해서 "선방"한 점이야 칭찬할 수 있지만, 그와 무관하게 한국 사회 전체가 경제성장 중독에 걸려 있다는 사실도 부정하기 어렵다. 세계 각국에서 많은 선지자들이 강조하는바, 이런 식의 성장 중독증은 이제 지구 전체 차원에서 지속가능한 패러다임이 아니다. 이는 이미 석유 등 자원 고갈, 지구 온난화, 기후 위기 등으로 나타나고 있다. 문제는 중독증에 걸린 지구인들이 이러한 위기 징후들을 진지하게 느끼고 인정하며 책임감 있는 모습으로 대응책을 내놓고 있지 못한 점이다. 개인 차원에서 중독의 끝은 죽음이다. 그렇다면 전 세계적 차원에서 경제성장 중독의 끝은 지구의 죽음, 최소한 인류의 종말로 나타나지 않을까? 만일 이런 과정을 잘 이해한다면, 바로 지금 여기서부터 우리는 보다 건강한 선택을 해야 하지 않을까 싶다. 집단적 지혜, 용기와 결단, 나아가 새로운 사회구조 모색이 필요한 시점이다.

중독의 특성과
과정

앤 윌슨 섀프의 『중독 사회』나 섀프와 패설의 공저 『중독 조직』을 보면, 중독의 특성이나 과정이 명확히 제시된다. 이들은 중독의 주요 특성으로, 부인(부정), 자기중심성, 통제 환상, 부정직함, 비정상적 사고, 혼란, 완벽주의, 망각성, 소통 부재, 윤리적 퇴행 등을 꼽는다.

또, 이들이 주목하는 중독의 과정이란, 중독 시스템이나 중독 행위가 지속되기 위해 의도적으로 만들어지는 과정으로, 여기에는 대표적으로 장래 약속 과정, 흡수 과정, 착각 과정, 외부 준거 과정, 무효화 과정, 인격 모독과 날조 과정, 이분법 과정 등이 있다.

예를 들어 보자. 알코올 중독자의 경우, 누군가 "당신은 알코올 중독자인가요?"라고 물으면 단연코 "아니요. 중독자는 아니고 다만 술을 조금 좋아할 뿐입니다"라고 답한다. 전형적인 부정(denial)이다. 중독자는 기회만 나면 술자리를 만든다. 가족이나 동료로부터 지탄받을까 봐 술을 숨겨 갖고 다니기도 한다. 술을 물병에 담아 다니거나 책장 뒤에 술병을 숨겨 놓고 수시로 마시는 경우가 대표적이다. 부정직한 모습은 상황이나 정보를 조작하는 게 대표적이다. 그런 식으로 자신이 스스로 통제를 잘할 수 있다고 착각한다. 같은 원리는 다른 중독자, 예컨대 일중독자나 쇼핑 중독자에게도 마찬가지로 관찰된다.

한편, 돈 중독이나 권력 중독에 빠진 조직(구성원 포함)이 있다고 하자. 검찰 조직을 예로 들어 보자. 이 경우, 그 조직은 "법과 정의를 바로잡기 위해 혼신의 노력을 다하겠다"라고 공언하지만, 실제로는 자기편은 봐주고 적이라 생각되는 자들은 '먼지 털이' 하듯 가혹하고도 야비한 수사를 해서 억지로 기소해 버린다. 가장 대표적인 것이 과거의 공안 검찰이었다면, 최근의 적폐 검찰은 자본이나 보수 권력에는 우호적으로 대하고 검찰 개혁과 사법 정의를 세우자는 사람들에 대해서는 '마치 마른 수건에서 물을 짜내듯' 탈탈 털어 낸다. 이른바 '조국 사태' 역시, 한마디로 검찰의 권력 중독이 낳은 결과로 해석된다. 그러면서도 그들은 '법과 정의'를 내세운다. 행여, 그 조직 안에서 '바른 소리'를 잘하는 이가 있다면, 마치 임은정, 서지현, 진혜원, 안미현 등 여검사 4인방의 경우처럼, 교묘한 방식으로 주변화하거나 입막음을 하려 한다. 심한 경우, 문제 제기 내용은 외면하면서 오히려 문제 제기자의 성격이 이상하다는 식으로 인격 모독 전략을 쓰기도 한다.

한편, 재벌 같은 중독 조직은 설사 정의로운 검사들이 수사하러 오더라도 밀실에서 소통한 끝에 그 검사들을 재벌의 법무실로 모신다. 이제 검사들 다수는 재벌의 이사직 자리를 얻고, 고액의 연봉과 '무한 리필'이 되는 법인카드, 그리고 (재벌 총수 일가를 건드리지 않는 범위 내에서의) 무한 권력을 보장받는다. 그런 식으로 중독 조직 내지 중독 시스템이 (엉터리 방식으로=중독적 방식으로) 수명을 연장해 나간다. 그리고 그 폐해는 고스란히 '무고한' 민초들이 입게 된다.

중독의 결과

중독은 개인에게 신체적, 심리적 손상을 초래한다. 동시에 중독은 관계의 손상도 초래한다. 가족과의 연결, 이웃이나 친구와의 관계, 자연과의 유대, 세상과의 연결이 모두 끊어진다. 세상 모든 것이 파편화되고 모래알처럼 흩어지고 푸석푸석해진다. 자율성과 책임감에 기초한 주체적 행위 능력도 상실된다.

중독은 우선 느낌과 감각의 죽음을 초래한다. 몸도 아프고 마음도 아프다. 그 아픔을 달래고자 더 깊이 중독에 빠지지만 일시적 쾌감 이후엔 또 다른 아픔, 또 다른 두려움이 몰려온다. 중독에 빠지면 갈수록 더 아파질 수밖에 없는 까닭이다.

다음으로 중독자에겐 관계의 죽음도 온다. 가족, 이웃, 친구, 동료, 선후배, 세상 모든 사람과의 관계가 단절된다. 모두가 '남'이다. 아무 의미가 없다. 중독자 본인을 무조건 옹호하고 지지하는 자만 내 편으로 보이고 그 외는 모두 '적'이다. 공격성이 강해지는 까닭이다.

나아가 중독은 당사자에게 행위의 죽음까지 부른다. 즉, 한 사람이 건전한 사회 구성원으로 살아가려면 자율성과 책임감에 기초한 주체적 행위 능력을 발달시켜야 한다. 어릴 때(특히 만10세 이전까지)일수록 부모나 어른들로부터 '조건 없는 사랑'을 듬뿍 받아야 그런 자율성과 책임감도 잘 형성된다. 그렇지 않은 경우 자존감의 결여와 눈치 보기 행동(외부 준거에 따른 행동)이 강화된다. 이 경우 공허감과 두려움을 떨쳐 내기(짓누르기, 회피하기) 위해 중독에 빠지기 쉬운데, 그럴수록 자율성과 책임감 있는 주체적 행위는 불가능하다. 오히려 비정상적 사고나 거짓과 조작 행위가 습관처럼 반복된다.

이제 마지막 단계에는 물리적 죽음이 기다린다. 중독자는 그가 느끼는 심적 고통이 견딜 수 없어 자살까지 하는 경우도 있다. 억지로 살려고 버텨 봐야 몸이 더 이상 버티지 못한다. 예컨대, 알코올 중독자는 간암으로, 니코틴 중독자는 폐암으로, 일중독자는 뇌·심혈관계 질환으로 사망하기 쉽다. 흔히 말하는 '과로사'는 바로 이 뇌·심혈관계 질환으로 인한 사망이다. 일중독은 결국 과로사를 초래하고 만다. 거꾸로 말해, 과로사의 원인은 일중독이다. 사회 전반적으로 일중독과 성장 중독을 당장 멈춰야 하는 까닭이다. 일중독만이 아니라 어떤 중독이건, 사실은 당사자가 물리적으로 살아 있더라도 정서적으로는 이미 죽은 것이나 다름없는 '좀비'를 만든다. 물론 궁극적으로는 생명 자체를 앗아 가기에 그 모든 중독 행위를 당장 멈춰야 한다. 중독은 곧 죽음을 뜻하기에 치명적인 질병이라 부른다.

이와 같이 중독은 그 형태나 종류를 불문, 산 사람을 살아 있되 죽은 사람처럼 만든다. 중독이 '좀비'를 대량 생산하는 셈이다. 더욱 안타까운 것은, 중독 개인이나 중독 조직, 중독 사회가 그 고유의 중독 과정들로 인해 서서히 죽어가고 있는데도 스스로는 전혀 눈치 채지 못한다는 점이다. 막상 죽음이 벌어져야 후회를 한다. 혹시 사전에 알아차린다 하더라도 기어코 부정한다. '설마, 설마' 하며 모른 체하려 한다. 그렇게 중독 현실의 정직한 직시를 미루고 미루다가 파국(죽음)이 와야 비로소 '아차!' 한다.

그리하여 예컨대, 일중독으로 인해 누군가 '과로사' 하면 이렇게 말한다. "그 사람 참 성실하고 부지런했는데…, 너무 빨리 가서 정말 안타깝다. 이럴 줄 알았으면 너무 열심히 하지 말라고 말렸을 텐데…." 그러나 중독이라는 암적 질병을 더욱 진지하게 이해하고 근본적 대처를 하지 않는다면, 비슷한 일이 부단히 반복된다. 대한민국의 산업 재해 내지 산재 사망률이 줄곧 OECD 최고 수준인 것은 바로 이런 문제들과 연관된다.

중독의 치유와
건강성 회복

　　그러나 중독은 단지 암과 같은 치명적 질병일 뿐, 그리하여 초기부터 잘 치유하면 건강해질 수 있는 질병일 뿐이다. 중독자라고 해서 무조건 나쁜 사람, 사악한 자라 할 순 없다. 중독자, 그는 단지 아플 뿐이다. 아픔을 속이지 않으면 희망이 생긴다.

　　영화 〈나는 사랑과 시간과 죽음을 만났다〉에는 나이 지긋한 여성이 희귀병으로 딸을 잃고 괴로워하는 젊은 엄마에게 "고통 속에도 수반되는 삶의 아름다움(Collateral Beauty)이 있다"라고 말한다. 이것은 결코 거짓이 아니다. 다만 그 고통을 숨기지 않는다면 새로운 미학이 생긴다. 고통 속에서도 이 아름다움을 발견하는 것이 곧 치유 과정이요 희망이다.

　　물론 이 치유 과정에는 원칙적으로 죽을 때까지 평생 참여해야 한다. 개인의 치유와 사회의 치유가 같이 일어나야 하기 때문이다. 이런 면에서 몇 개월 내지 몇 년만 치유하면 된다는 식의 해법은 없다. 오히려 그런 식이 중독 과정의 또 다른 측면일 수 있다.

　　한편, 중독은 정치와 마찬가지로 '생물'이다. 무슨 말인가? 중독은 물질 중독이나 행위 중독을 가리지 않고 모두 움직인다. 어느 방향으로? 앞으로 가거나 뒤로 간다. 앞으로 간다는 것은 중독이 심해져서 일정한 선을 넘으면 더 이상 회복이 불가능할 정도가 된다는 것을 말하며, 그 끝에는 죽음이 기다린다. 중독에 대해서 안일하게 생각하면 안 되는 이유다.

뒤로 간다는 것은 당연히 회복의 길로 들어선다는 것이다. 회복과 치유, 치유와 회복—이의 출발점은 중독의 인정(acknowledgement)이다. 정직한 대면과 직시, 고백과 자인이 곧 그것이다. "나는 중독자다" 또는 "우리 사회는 중독 사회다", 그리고 "내 일터는 중독 조직이다" 라는 식으로 고백하는 것! 이것이 치유, 나아가 사태 해결의 출발점 이다.

그다음 단계는 고백자의 안정과 안전이 필요하다. 주디스 허먼의 『트라우마』에도 치유의 3단계가 ① 안전 확보, ② 기억과 애도, ③ 연결 복구 등이라 나온다. 고백자를 '루저' 내지 '무능자'라는 식으로 비난하거나 무시해선 안 된다. 그런 대응방식이야말로 자기방어 기제를 불러내 오히려 중독 행위를 영속화한다. 그러나 고백자의 안정과 안전은 '나 홀로' 되는 게 아니다. 가족을 포함한 모든 주변인들이 (개인이건 조직이건 사회이건) 중독 현실을 인정하고 함께 고백해야 한다.

다음 단계는 재구성이다. 트라우마 경험에 대해 기억하고 정리할 시간이 필요하다. 제대로 기억하고 정리해야 애도가 완성되고 흘러가게 내보낼(let it go) 수 있다. 그래야 중독의 뿌리가 무엇인지, 중독을 초래한 두려움의 원인이 무엇인지 알아낼 수 있으며, 비로소 올바른 치유가 증진된다.

그다음은 잃어버린 유대망, 관계망, 연대망을 회복하는 것이다. 세상은 결코 나 혼자가 아니다. 모든 문제의 원인이 나 때문인 것도 없고 그렇다고 내가 아무 책임이 없는 경우도 없다. 나는 세상의 일부이다. 나 역시 문제의 일부이다. 동시에 나는 세상의 일부로서 치유자로 동참할 수 있다. 내가 나서고 너도 나서고 서로가 서로에게 위로와 힘이 되면 '함께' 건강을 회복할 수 있다. 이것이 참된 사회적 치유다. 어쩌면 개인적 치유조차 사회적 치유와 함께 이뤄지는 사회적 과정이다. 역으로, 사회적 치유 없이 이뤄지는 개인적 치유는 늘 미완성이다. 이를 명심하지 않으면 많은 시간과 돈, 에너지를 들이고도 모든 노력이 '헛발질'로 끝나기 쉽다.

더불어 생각해 볼 점

1. 다양한 중독들이 발생하는 기본 메커니즘은 무엇일까?
2. 중독의 과점과 특성들에는 어떤 것이 있을까?
3. 중독의 결과들을 어떻게 봐야 할까?

2. ———

1   https://namu.wiki/w/%EC%A4%91%EB%8F%85, 검색일: 2021. 1. 23.

2   임재우, 성 착취물 사이트, 한 달 34억 명 방문…아마존·넷플릭스보다 많아, 〈한겨레〉, 2021. 1. 28.

3   앤 윌슨 섀프, 다이앤 패설 공저, 『중독 조직』, 강수돌 역, 이후, 2015; 앤 윌슨 섀프 저, 『중독 사회』, 강수돌 역, 이상북스, 2016.

4   주디스 허먼 저, 『트라우마』, 최현정 역, 열린책들, 2012.

5   최훈길, 文 대통령 "韓 경제, OECD서 가장 선방했다…올 상반기 회복", 〈이데일리〉, 2021. 1. 18.

3부

**스마트폰 중독과
게임 중독**

"중독물로
전락해 버린
스마트폰"

스마트폰 중독

　　　　　　　　　　스마트폰 중독이란 스마트폰을 과도하게 사용함으로써 일상생활에 장해가 유발되는 상태를 말한다. 가장 비근한 예는, 차량이 많이 다니는 대로의 횡단보도를 건너면서도 스마트폰에 빠져 차량이나 다른 보행자 등에는 전혀 관심을 두지 않는 모습('스몸비')에서 볼 수 있다. 심지어 자동차 운전을 하면서도 스마트폰을 손에 든 채 전화를 하거나 카톡 메시지를 읽고 쓰는 경우도 있다. 모두, 위험천만한 일이다.

　〈도시인처럼〉이라는 다큐 영화에서 미국 뉴욕시에 사는 작가 프랜 리보위츠[1]는 한 인터뷰에서 이렇게 말한다. "뉴욕의 한 거리를 유유자적 걷고 있는데, 어떤 소년이 자전거를 타고 달려오는 겁니다. 그런데 이 소년이 한 손으로 휴대폰 메시지를 쓰면서도 다른 속으로는 피자를 먹고 있는 겁니다. 자전거 운전은 그의 두 팔꿈치로 하는 거 있죠. 만일 내가 이 소년을 잘 피하지 않았다면 저는 이 자리에 없을지도 몰라요."

스마트폰 중독과 비슷하면서도 연관된 것에 인터넷 중독이 있다. 이는 일반적으로 학업이나 일과 관련이 없는데도 인터넷에 하루 6시간 이상 접속하는 행동인데, 이런 행동이 6개월 넘게 지속될 때 인터넷 중독 장애라 판단한다. 스마트폰 중독 역시 부단히 스마트폰을 확인해야 직성이 풀리거나 식사나 회의 중에도 스마트폰에서 눈과 손을 떼지 못하는 경우, 잠자리에 들어서도 스마트폰을 지속적으로 보거나 늘 자기 주변에 두어야 마음이 편해지는 경우처럼 스마트폰에 강박적으로 의존하는 질병이다.

한편, 유아 등 어린아이를 둔 부모가 24시간 아이를 돌보기 어렵다는 이유로, 또는 아이에게만 관심을 가질 수 없기에, 아니면 자신의 일이나 대화에 집중하기 위해 아이에게 스마트폰을 건네며 게임을 하라고 허용하는 경우, 유아들은 어릴 적부터 스마트폰 중독에 빠지기 쉽다. '우는 아이에게 사탕 주기'에서 사탕이나 장난감 자리에 이제는 스마트폰이 들어선 셈이다. 그 우는 아이가 정작 필요로 하는 것은 부모님의 품, 부모의 시간, 부모의 사랑, 부모의 손길인데, 부모는 나름의 갖가지 이유를 대며 아이에게 스마트폰을 안겨다 준다. 그 내용이 자극적이고 아이의 눈길을 끌기에 충분하기에 아이는 자기도 모르게 빨려 든다. 그렇게 성장한 아이가 스마트폰 중독에 빠지는 것은 시간문제다. (그러나 실은 사탕, 장난감, 스마트폰 등이 모두 중독물로 기능한다는 점에서는 동일하다. 스마트폰은 그 강도가 가장 높을 뿐이다.)

그 결과 우리나라 청소년의 약 75%가 스마트폰을 소지하고 있으며 유아나 초등학교 저학년 학생을 제외한 거의 모든 국민이 스마트폰을 사용 중이라 해도 과언이 아니다. 가장 우스운 장면을 두 가지 들자면, 하나는 유모차를 밀고 가는 엄마가 교통이 복잡한 대로변을 횡단하면서 스마트폰에만 온 신경을 쏟고 있어 다른 사람들이 걱정스럽게 보고 있는데, 유모차에 탄 유아 역시 스마트폰을 열심히 보고 있는 장면이다. 그 두 번째는, 오랜만에 가족끼리 멋진 식당에 모여 단란한 시간을 보내려 하는데, 일단 주문이 끝나고 기다리는 동안 대화를 나누기보다 모두 각자의 휴대폰만 열심히 내려다보고 있는 장면이다. 실제로 일부 실태조사에서는 10명 중 4명 이상이 스마트폰 중독 증세를 확실히 보인다고 한다.[2]

과연 무엇을 위해 다들 스마트폰에 빠지는가? 물론, 통화 기능이 가장 기본이겠지만, 그 이상으로 스마트폰을 사용하는 주목적은 1위가 게임, 2위가 인터넷, 3위가 (카톡이나 페북 등과 같은) SNS라는 공공기관의 조사 결과도 있다. 물론 이는 연령대나 직업군별로 다를 수 있겠지만, 사회 전반적으로 스마트폰 사용과 그 중독이 갈수록 확대되는 점만은 분명하다.

영화 〈완벽한 타인〉은 여러 쌍의 부부들이 고향 친구 모임을 하면서 스마트폰 내지 그 중독증이 얼마나 심각한 결과를 가져올 수 있는지 잘 묘사한다. 물론, 이 영화는 스마트폰 중독 그 자체를 집중 조명하진 않는다. 오히려 영화는 부부 간 독자적 사생활이나 친구들 사이의 친밀도 차이, 동성애 문제, 부모와 자녀 간 관계 등이 스마트폰이라는 새로운 사회적 기술(SNS)을 통해 '폭로'되는 내용을 다룬다. 하지만, 영화 전체의 구도는 우리의 일상생활 전반이 얼마나 스마트폰에 중독되어 돌아가는지를 잘 보여 준다. 그리고 압권은 영화의 마지막에 나온다. 지금까지 영화 속에서 '폭로'된 그 모든 내용들이 상상이라는 것, 즉 친구들이 모여서 서로 인간적인 대화를 나누며 친밀감과 유대감을 확인하거나 더 깊이 있는 소통이나 토론을 하지 않고 '만일' 스마트폰을 모두 '끄게' 된다면 벌어질 일들을 영화라는 매체를 통해 다 보여 준 것이다. 이런 면에서 영화 〈완벽한 타인〉은 스마트폰 중독 사회나 스마트폰 중독 개인들이 얼마나 완벽하게 (자기 자신이 아닌) '타인'으로 둔갑할 수 있는지 잘 드러낸 셈이다.

2020년엔 코로나19 사태로 인해 초중고는 물론 대학 수업까지 온라인으로 진행된 경우가 많았다. 이러한 상황 변화는 안 그래도 심각하던 스마트폰 중독을 더 심각하게 만들었다. 실제로, 2020년 10월 중독 없는 세상을 위한 연구 네트워크인 '중독 포럼(Korean Addiction Forum)'이 시행한 '온라인 수업 전환 후 학생들의 미디어 사용 실태조사'에 따르면, 학습 목적 외 게임, 채팅 등 놀이를 목적으로 한 인터넷 미디어 사용이 함께 늘면서 부모와의 갈등을 경험한 청소년 비율도 함께 증가했다고 한다.[3] 그 이전인 2020년 6월에도 '중독 포럼'은 전국 성인 남녀 1,017명을 대상으로 실태조사한 결과, '사회적 거리두기' 시행 이후 스마트폰 사용 시간이 증가했다는 응답이 44.3%(조금 늘었다 28.7%, 매우 늘었다 15.6%)에 달했다고 했다. 이들은 '스마트폰이 없을 땐 허전하고 무기력함을 느끼는' 사람들, 즉 스마트폰 중독자가 되기 쉽다.

요컨대, 코로나 팬데믹 상황은 '사회적 거리두기'라는 중립적 언어를 유행시켰지만, 사실 이것은 '사회적 동물'인 인간 간 관계가 심대히 손상되었음을 의미한다. 그 결과는 사회 전반의 차원에서 우울감 증가다. 이를 증명하듯, 경기연구원의 '코로나19로 인한 국민 정신건강 설문조사'에 따르면 응답자의 절반 정도인 45.7%가 코로나19로 '다소 불안하거나 우울하다'고 응답했다. 이 조사에서 코로나19가 안겨 준 스트레스는 5점 만점에 3.7점으로, 메르스 확산 당시(2.5점)나 세월호 참사(3.3점) 때와 비교해도 스트레스 수준이 매우 높은 편이었다.[4]

이러한 배경을 반영하듯, 2020년 과학기술정보통신부와 한국정보화진흥원의 '스마트폰 과의존 실태조사' 결과에서도 경기 지역 스마트폰 이용자 중 과의존 위험군은 20%로, 2019년보다 0.2% 증가한 것으로 나타났다.[5] 지역이나 연령대를 불문하고, 스마트폰 중독이 심화, 확대되는 것은 불을 보듯 뻔하다.

스마트폰 중독이 되면 대인 관계 장애, 주의력 결핍 및 과잉 행동 장애(ADHD), 충동 조절 장애, 강박증, 정신적 악영향과 더불어 시력 저하, 거북이 목 증상, 두통 등 다양한 신체적 악영향까지 나타난다. 학생들의 경우, 그렇지 않아도 힘든 학업에 대한 집중도가 떨어져 학업 성취도가 낮아질 가능성이 높다. 앞에서도 말한바, 스마트폰 중독은 다양한 유형의 (교통)사고를 유발할 수 있으며, 심지어 위험한 절벽이나 폭포 등에서 셀카를 찍다가 추락하는 경우처럼 치명적 안전사고까지 발생하게 한다. 수십, 수백 가지 기능들이 하나의 손기계 안에 포함된 스마트폰, 과연 우리는 살기 위해 쓰는가 죽기 위해 쓰는가? 매 순간 질문할 필요가 있다.

스마트폰과
호르몬 변화

스마트폰이 제공하는 다양한 기능이나 생활상의 편리함에도 불구하고 스마트폰에 중독되면 이것이 건강이나 인간관계, 그리고 학업이나 업무 등 모든 분야에 나쁘다는 것은 거의 모든 사람들이 안다. 심지어 그것이 생명까지 앗아갈 수 있다는 점도 널리 알려진 사실이다. 그러나 이런 점을 잘 알면서도 앞의 영화 〈완벽한 타인〉에서처럼 사람들은 왜 '자기도 모르게' 빠져드는가?

그에 대한 설명 중 하나는 뇌의 변화 내지 호르몬 분비 때문이라는, 생물학적, 의학적, 뇌 과학적 논리다. 뇌의 변화 내지 호르몬 분비는 스마트폰이 제공하는 각종 정보가 자극적이기 때문일 수도 있고, 또 사용자가 필요에 꼭 맞는 '맞춤형' 내용을 얻었을 때의 기쁨으로 인한 것일 수도 있다. 사실, 스마트폰에는 예전에 각기 별도로 제공되던 기술이나 정보가 하나의 장치 안에 고도로 집약되어 있다. 예컨대, 스마트폰 안에는 전화나 무전기만이 아니라 인터폰(영상 포함), 녹음기, 카메라, 앨범, 비디오, 세계 모든 언어 사전, 번역기, 이메일, 일기, 수첩, 신문, 잡지, 전자책, 시계, 알람, 지도, 내비게이션, GPS, 인터넷 검색, 계산기, 등기부나 토지대장 등 공문서, 문서 작성과 전송, 만보기, 블로그, 카페, 유튜브, 페이스북, 카카오톡, 인스타그램, 텔레그램 등 우리가 일상에서 긴요하게 쓸 거의 모든 것들이 패키지로 들어 있다. 불과 지난 10여 년 사이에 이렇게 변했다. 그 이전에는 상상하기 쉽지 않았던 일들이다.

이런 장치나 앱을 통해 본인이 원하는 정보나 지식, 기술과 지혜를 적시에 얻게 된다면 성취의 쾌감을 느낄 때 나오는 도파민이 잘 분비될 것이다. 적정한 도파민은 만족과 쾌감을 주지만, 이것이 상습적으로 과다 분비되면 당사자는 심각한 스마트폰 중독에 이르게 된다.

한편, 스마트폰 과다 사용 내지 중독은 적절히 나와야 할 호르몬이 잘 나오지 못하게 방해하기도 한다. 실제로, 스마트폰 중독은 멜라토닌이라는 호르몬 분비에 악영향을 줄 수 있다.[6] 원래 멜라토닌은 잠을 푹 자게 하여 성장호르몬의 분비를 촉진할 뿐 아니라, 해마를 활성화시켜 자는 동안 낮에 겪었던 경험을 재생하고 지식으로 전환할 수 있게 한다. 이 멜라토닌은 밤 10시에서 새벽 2시까지 분비가 가장 왕성하여 이 시간의 수면이 매우 중요하다. 그런데 많은 사람들이 자기 전에 누워서 스마트폰으로 영화나 드라마를 보거나 각종 사이트를 방문하고 게임을 한다. 이때 스마트폰의 밝은 빛이 멜라토닌의 분비를 억제하여 잠이 오지 않게 한다. 특히 자극적이고 화려한 화면이 많은 영화나 드라마, 게임의 경우엔 그 자극이 머릿속에 남아서 눈을 감아도 계속 생각나고 기억이 나서 수면장애를 일으키게 된다.

심지어 자는 도중에도 수시로 SNS를 확인하거나, 스마트폰을 2시간 이상 만지지 않으면 불안해하는 사람들도 많다. 중등도 이상의 중독 증세다. 특히 어린 초등학생이나 중학생, 고등학생들도 스마트폰을 사용함으로써 불면증과 함께 수면 부족으로 인한 의욕 저하나 학습 장애까지 일으켜 사회적으로 심각한 상태를 초래하기도 한다.

스마트폰과
정신 건강

스마트폰은 뇌 건강 차원에서도 나쁜 영향을 미친다. 최근 '팝콘 브레인Popcorn Brain'이라는 말이 많이 쓰이는데, 이는 팝콘이 터지듯 크고 강렬한 자극에만 뇌가 반응하는 현상이다. 2011년 6월 미국 CNN이 처음 소개한 '팝콘 브레인' 증상은 컴퓨터 또는 스마트폰과 같은 전자 기기를 지나치게 많이 사용하거나 여러 기기들을 써서 멀티태스킹을 반복할 때 심해진다고 한다. 이는 뇌에 큰 자극이 지속적으로 가해져 나중에는 단순하고 평범한 일상생활에 흥미를 잃는 결과를 낳는다. 일례로, '그사이에 새로운 소식이 뜨지 않았나…' 궁금해하며 5~10분이 멀다 하고 스마트폰 화면(뉴스 검색은 물론 카카오톡, 페이스북, 인스타그램, 텔레그램 등)을 켜 보는 이들이 있다. 특히 지하철이나 버스 등 대중교통을 이용하는 이들의 다수가 그런 모습을 보인다. 이 경우는 딱히 할 일도 없고 '심심해서' 그렇다 할 수 있지만, 10~20년 전의 한국 사회 풍경과는 확연히 다르다. 더욱 문제는 학생, 직장인, 가사 종사자 등 현재 할 일에 집중해야 하는 사람들도 스마트폰 중독에 빠지는 경우다. 이들은 당장 해야 할 일에 집중도 못해, 학업이나 회사 업무, 육아나 가사 등을 책임성 있게 수행하지 못하고 미루거나 등한시하기 일쑤다. 이런 경우 '팝콘 브레인'까지 의심된다.

따라서 특히 만 2세 미만의 영아가 TV를 전혀 시청치 않는 것이 두뇌의 정상적 발달에 도움이 되듯, 스마트폰 역시 영아 손에 쥐어 주어선 안 된다고 한다. 두뇌 발달은 물론 인성 형성을 위해서다. 만일 아이가 만 2~5세라면 혹시 아이에게 TV를 보게 하더라도 하루에 두 시간을 넘기지 말라는 전문가의 조언도 있는데, 가능한 한 보지 않는 게 좋긴 하지만 그게 어렵다면 일정한 시간의 경계선을 두는 것도 필요하다.

스마트폰 역시 마찬가지다. 스스로 통제할 수 있는 자율성이 아직 발달하지 않은 아이에게 무한대로 스마트폰을 노출시키면 필연적으로 부정적인 결과가 초래된다. 아이가 어릴수록 (부모의 관심과 애정을 기초로) 부모가 자녀의 성장 환경을 잘 조절해야 하며, 아이가 클수록 자녀와 대화를 나누며 설득하고 스스로 문제의식을 갖도록 이끌어 주는 게 좋다. 따라서 30분이건 1시간이건 총 사용 시간을 정하거나 꼭 필요한 경우에만 사용하도록 일정한 가이드라인을 함께 정하는 것이 좋다. 더 중요한 것은 TV나 컴퓨터, 스마트폰 없이도 얼마든지 부모와 아이가 살갑게 지낼 수 있으며, 집 안팎에서 얼마든지 재미난 일을 벌일 수 있음을 온몸으로 보여 주는 것이다. 아이가 자율성과 책임감을 갖고 자라나게 하는 비결은 부모나 주변 어른들이 아이에 대해 몸으로 보여 주는 '조건 없는 사랑'임을 명심할 필요가 있다.

만일 이런 측면을 무시하거나 망각하면, 아이이건 어른이건 스마트폰 중독에 빠져들면서 뇌 구조의 변형까지 일어날 수 있다. 앞에서도 강조한바, 의학적으로 인간의 뇌는 강렬한 자극을 선호한다. 그리고 강렬한 자극 한 가지가 반복되면 지루함을 느껴, 그보다 더 강한 자극을 원하게 된다. 이것이 '중독'이 심화되는 원리다.

정신적 중독(강박적 의존증)은 자발적으로 특정 물질을 섭취하거나 특정 행동을 반복하다가 자기도 모르게 발생한다. 지금까지는 알코올, 마약(약물), 카페인, 도박, 일(노동) 등이 정신적 중독을 심하게 하는 원인으로 알려져 있었다. 그러나 최근 들어 인터넷 접속, 컴퓨터 게임, 온라인 쇼핑 등 일상생활의 행동만으로도 깊은 중독에 빠질 수 있음이 드러났다. 스마트폰 중독 역시 비교적 최근에 급속히 확산되어 온 세계적 질병이다.

여러 의학적 연구에 의하면 인터넷 중독 장애인은 뇌의 구조가 바뀌어 감정 조절, 의사 결정, 자기 제어 등에 어려움을 겪는다. 이로 인하여 이들은 별일이 아닌데도 쉽사리 우울증, 자살 충동, 강박 장애, 식이 장애, 주의력 결핍, 과잉 행동 장애, 알코올 및 약물 중독 장애 등 다양한 정신 질환을 앓게 된다.

반면, 스마트폰으로부터 '사회적 거리두기'를 많이 할수록 더 건강한 삶을 살 수 있다. 흥미로운 실험 결과가 있다. 실제로, 스마트폰을 평범하게 사용하던 사람이 10주일 동안 스마트폰을 쓰지 않은 결과 뇌 구조가 정상적으로 변화했다는 보고가 있다.[7] 그간 인터넷 중독에 빠진 뇌에서 알코올, 마약 중독자와 비슷한 뇌의 변화가 일어난다는 성인 대상의 연구나 비디오 게임 중독자들의 뇌 변화 연구가 제법 있었다. 하지만 스마트폰 사용, 특히 과사용군이 아닌 평범한 이들이 스마트폰을 절제했을 때 일어나는 뇌 변화에 대한 연구는 거의 없었다.

강남세브란스병원 정신건강의학과 김은주 교수는 중학생 7명을 대상으로 10주 정도의 기간 동안 스마트폰 절제 실험을 했다. 그 결과는 놀라웠다. 해당 중학생들의 뇌에서 전두엽 기능(주로 기억력, 사고력 등을 주관)이 유의미할 정도로 좋아졌고, 청소년의 뇌는 성인보다 주변 자극의 변화에 강하고 민감하게 반응한다는 결론을 얻었다.

이를 좀 자세히 들여다보자. 2017년 정보정책통신연구원 통계에 따르면 초등학교 저학년 37%, 고학년 74%, 중학생 92%, 고등학생 93%가 스마트폰을 보유하고 있는 것으로 조사됐다. 또한, 아동청소년 33.7%가 스마트폰 과의존 위험군이었고 그중 중학생의 과의존 비중이 가장 높았다. 이 상황은 2021년 현재 더 심화됐을 것으로 추정된다.

그도 그럴 것이, 스마트폰이 친구도, 책도 대신하기 때문이다. 가족 간, 부모-자녀 간, 형제자매 간 밥상머리 대화가 끊어진 지도 오래다. 청소년은 평소 좋아하던 운동도 더 이상 많이 하지 않는다. 중학생들의 스마트폰 과의존 위험군은 34.1%로 청소년 중 가장 높다. 그래서 7명의 중학생이 3개월 동안 스마트폰 안 쓰기 실험에 나섰다.

그 변화는 놀라울 정도였다. 스마트폰 안 쓰기에 도전한 중학생들은 곰곰이 생각하는 시간이 많아졌고, 책을 많이 보게 되었고, 자연스럽게 친구들과 뛰놀게 되었다. 상식적으로 추론할 수 있는 결과가 실제로 검증된 것! 스마트폰이 대중화되기 이전의 모습이 바로 그렇지 않았던가?

"중학생 시기에 스마트폰을 많이 사용하면 뇌 발달이 불균형이 된다. 원래 중학생 시기(15세 내외)는 뇌의 신경연결이 엄청나게 이루어지는 때이다. 호르몬 및 뇌 신경전달물질의 변화로 인해 뇌가 매우 유연하며 자극에 민감하게 반응한다. 한 가지 자극에만 편향돼 노출될 경우 성인보다 훨씬 극적이고 심각한 문제를 일으킬 수 있다." (강남세브란스병원 정신건강의학과 김은주 교수) 이런 전문가의 말을 경청할 필요가 있다.

위와 같은 실험에서도 증명되듯, 스마트폰 중독은 특히 청소년의 심리적, 사회적 발달 과정에서 상당한 위협 요인이 된다.[8] 지난 6~7월 여성가족부가 전국의 학령전환기(초4·중1·고1) 청소년 133만 1,441명을 대상으로 온라인 설문 '2020년 인터넷·스마트폰 이용습관 진단조사'를 실시했다. 이에 따르면 인터넷과 스마트폰 하나 이상에서 과의존 위험군으로 진단된 청소년은 22만 8,120명(17.1%)으로, 2019년 20만 2,018명(10.7%)보다 증가했다. 이들은 일상생활에서 스마트폰과 인터넷을 사용하지 않으면 금단현상을 보일 정도로 심각한 장애를 겪거나, 사용 시간이 늘어 자기 관리에 어려움을 겪는다.

이처럼 스마트폰은 이제 우리 일상에서 없어서는 안 될 필수품이 됐고 생활을 윤택하게 해 주는 유용한 도구인 것만은 틀림없다. 하지만 성장기 청소년들이 인터넷이나 스마트폰에 중독될 경우 건강에 대한 부정적 영향으로 거북이 목 증후군, 수면장애 등이 보고되고 있으며 정신 건강에 대한 우려 또한 심각한 게 현실이다. 실제로, 아동이나 청소년들을 대상으로 시행한 스마트폰의 중독 및 사회적 관계 형성에 대한 부작용 연구들에 따르면 강박증, 우울, 불안, 대인 예민증, 편집증, 적대감, 공포, 불안 등이 종종 보고된다.

그러나 청소년들에게 인터넷이나 스마트폰 사용을 아예 못 하도록 물리적으로 제한하거나 차단하기란 거의 불가능하다. 따라서 시간적으로나 내용적으로 적정하게 사용하도록 설득하는 것이 바람직하다. 특히 스마트폰 중독을 막기 위해선 통제 패러다임보다는 소통 패러다임이 필요하다. 즉, 무조건 금지하거나 억제하려 들지 말고 학생이나 자녀의 마음을 이해하며 속마음을 털어놓는 솔직한 대화가 절실하다. 또 일정한 이용 시간을 정하거나 패스워드 사용 등 제한을 두는 것과 같은 보호자나 교사의 역할이 중요하다.

스마트폰 중독이
삶 전반에 미치는 영향

스마트폰 자체는 편리한 도구이지만, 사람과 도구가 맺는 관계에 따라 쉽게 중독물이 된다. 그 심각성을 알려 주는 세 가지 연구를 살펴보자.[9]

첫째, 미국 샌디에이고 대학교의 진 트웬지Jean M. Twenge 심리학 교수 연구팀은 미국 청소년 50만 명의 스마트폰 사용 실태를 5년간 추적해 2017년 11월 〈임상심리학지〉에 발표했다. 이에 따르면 하루에 스마트폰을 3시간 이상 사용하는 아이들은 그렇지 않은 아이들에 비해 자살 충동을 느낄 가능성이 30%나 높았다. 5시간 이상 사용하는 아이들은 그 가능성이 50%까지 상승했다.

둘째, 스마트폰에 중독된 젊은이의 경우, 불균형 상태에 빠진 두뇌의 화학물질(GABA)이 당사자의 사회적, 정서적 활동에 영향을 미쳐 수면을 방해하거나 인지 능력을 감퇴시키는 것으로 나타났다. 인터넷과 전화기 기능을 갖춘 스마트폰에 중독됐음을 스스로 인정한 젊은이 19명의 두뇌 화학물질을 분석한 결과 정상적인 사람들보다 불균형 상태가 심해 심각한 흥분과 피로감에 시달리는 것으로 나타났다고 영국 〈인디펜던트〉가 2017년 11월 30일 보도했다. 두뇌에서 신호의 속도를 느리게 만드는 GABA라는 화학물질이 다른 신경전달물질과 부조화를 이루게 되면서 지적, 정서적 기능 장애, 그리고 흥분과 같은 뇌 기능 장애가 생긴다는 것이다.

셋째, 매일 밤 취침 전에 스마트폰으로 여러 자료들을 4시간씩 5일 동안 읽은 성인의 경우 신경전달물질인 멜라토닌이 감소되어 쉽게 잠을 이루지 못한다는 연구도 있다. 스마트폰에서 발생하는 파란 빛이 생물학적인 부작용을 초래해 잠을 쉽게 못 이루게 만들고 자연의 흐름에 따르는 '생체 시계'의 작동을 저해해 기상 시간을 늦추는 등 신체 기능에 부정적 영향을 미친다는 것이다. 이 연구 결과는 미국 과학 아카데미(NAS)가 2015년 1월 과학전문지에 발표했다.

스마트폰이 등장한 지 불과 10년 사이에 그 사용 인구가 폭발적으로 증가했다. 이와 더불어 그 부작용 중 하나인 스마트폰 중독이 심각한 문제로 대두했다. 하지만 개인적으로나 사회적으로 그 심각성에 대한 인지나 변화의 노력은 미약한 편이다. 설사 개인이나 사회가 스마트폰 중독의 심각성을 알고 치유나 예방을 시도한다 하더라도 그 실효성은 별로 크지 않다. 실은 이것이 중독 문제 해결의 가장 심각한 측면이다. 왜 그런가? 바로 이 지점에 대해 보다 많은 사회적 토론과 소통이 필요하다.

스마트폰 중독 사회의
또 다른 면

흥미로운 보고가 있다. 세상 대부분의 사람들이 스마트폰이 편리하긴 하지만 정말 무서운 것이라고, 쉽게 중독에 빠지기 쉬우니 조심하라고 말하는데도, "그런 걱정을 하지 말라"라는 보고가 있기 때문이다.[10]

앞서 말한 대로, 어린아이일수록 TV나 컴퓨터, 스마트폰에 노출되면 안 좋다는 건 상식이다. 할 수만 있다면 아이의 사용 시간을 제한하는 것이 좋다. 그래서 어른들은 아이가 어릴수록 "밥 먹을 때는 TV를 끄자"라든지 "유튜브는 10분 이상 보면 좋지 않아" 또는 "컴퓨터 게임은 하루에 30분만 하는 거야" 등과 같은 '잔소리'를 하기 일쑤다. 청소년기에 이른 아이들이나 청년들과는 대화나 토론을 통해 스스로 조절하도록 돕는 것이 좋다.

그런데 미국 콜로라도 볼더 주립대의 한 연구진은 "굳이 그럴 필요가 없다"라고 한다. 어린 시절에 아이들이 디지털 기기를 통해 영상·게임 등에 빠져 있는 시간이 길다고 해서 반드시 중독으로 이어지지는 않는다는 것! 안 그래도 많은 부모들의 걱정이 태산인데, 이런 희소식이 있나, 싶다. 물론, 상황은 그리 간단치 않다.

이 연구진은 만 18세부터 30세까지 약 1,200명을 대상으로 진행한 설문조사와 56명의 심층 인터뷰를 종합해 분석한 결과, 위와 같은 연구 결과를 얻었다. 즉, 어린 시절 디지털 기기에 지나치게 노출되었던 경험이 있다 하더라도 성인이 되면 거의 영향을 미치지 않는다는 결론! 스테퍼니 몰번 콜로라도 볼더 주립대 행동과학연구소 교수는 "어린 시절 TV 등에 많이 노출된다고 해서 꼭 성인이 되어 중독 증상을 보인다고는 할 수 없다"라며 오히려 "부모들의 우려가 과장됐을 수 있다"라고 했다.

물론, 1997년 이후 아동과 청소년들이 TV·휴대폰·태블릿PC 등을 비롯한 디지털 기기를 사용하는 시간이 급격히 늘고 있음은 분명한 사실이다. 2008년 이후엔 스마트폰 사용이 급속도로 늘었다. 위 연구진에 따르면 1997년에 비해 디지털 기기 사용 시간이 2~5세는 32%, 6~11세는 23% 이상 늘어났다. 2020년 기준, 청소년들은 학교에서 교육을 위해 활용한 경우를 제외하고 하교 후에도 주 평균 33시간 이상 디지털 기기에 노출됐다. 하루에 약 5시간은 직간접적으로 디지털 기기를 접하고 있는 셈이다. 2020년에는 코로나19의 대확산으로 외출이 줄어들고 원격 교육 등이 늘어나면서 이 시간이 더 늘어났다.

연구진은 18세부터 30세까지의 성년들에게 어린 시절 부모가 식사 시간에 TV를 보지 못하게 하는 등 제한을 준 적이 있는지 조사했고, 성인이 된 이후에 실제 얼마나 디지털 기기에 중독되었는지를 비교했다. 그 결과 부모에게 디지털 기기 사용을 제한받았던 응답자가 실제로 성인이 되어서도 디지털 기기 사용 시간이 적은 편이라 보기는 어렵다는 것. 연구진은 "실제로 가정에서 부모가 디지털 기계 사용 시간을 강하게 통제했던 대상자 중 일부가 20대가 되어서도 평균 대비 약간 적은 시간을 디지털 기기 사용에 쓰는 경우가 있었지만 통계적으로 관계는 약했다"라고 설명했다.

통상적으로는 어릴 적부터 디지털 기기 사용에 중독되면 성인이 되더라도 고치기가 쉽지 않을 것이라 생각한다. 하지만 위 연구팀은 반드시 그렇지만은 않다고 본다. 즉, 성인이 됐을 때 디지털 기기에 과다 노출되는 시간의 양은 어린 시절의 통제가 아닌 현재 삶의 방식으로 인해 결정된다는 게 연구진의 판단이다. 가령 독신은 결혼한 사람들에 비해 디지털 기기에 노출되는 시간이 많았다. 결혼한 성인이더라도 어린아이가 있는 경우 디지털 기기 노출 시간이 더 많았다. 연구진은 이들의 경우 육아 정보를 얻기 위해 디지털 기기를 사용하는 시간이 늘어난 것으로 파악했다.

몰번 교수는 "많은 부모들은 아이들이 디지털 기기에 관심을 가지는 것을 두려워하고, 자녀들이 자칫하면 이로 인해 청소년기를 망칠까 봐 겁내는 경향이 있다"라며 "하지만 이제 우리는 기술이 없이 살 수 없다는 것도 알아 둬야 한다"라고 말했다. 디지털 중독뿐 아니라 디지털 기기 사용으로 인한 수면장애나 신체 활동 감소 역시 부모들이 걱정하는 부분 중 하나이지만, 이 역시 큰 연관 관계가 없었다는 이야기다.

특히 코로나19 대확산으로 인해 자녀들이 가정에서 TV와 컴퓨터 등 디지털 기기에 노출되는 시간이 급격히 늘어났지만, 너무 속을 끓일 필요가 없다는 게 연구진의 조언이다. 아이들의 성장과 정서 발달에는 사회적 상호작용이 필요하며, 코로나19 시대에서는 상호작용이 일어날 수 있는 유일한 방법이 '화면을 통한 것'이라고 위 연구 논문은 말했다.

다만 이 연구 결과가 무조건 자녀들을 디지털 기기에 한없이 노출시켜도 됨을 의미하는 건 아니다. 몰번 교수는 "데이터가 시사하는 바는, 대다수 청소년들이 기술로 인해 돌이킬 수 없는 중독에 빠지지는 않는다는 것"이라며 "지나친 우려를 하기보다는 희망적인 측면을 보자는 뜻"이라고 설명했다.

이러한 연구 결과는 지금까지 우리의 보편적인 상식과 어긋나는 면이 있기 때문에 잘 따져 볼 필요가 있다. 물론 그것이 전혀 무의미한 결론이라는 말은 아니다. 하지만 특히 몇 가지 측면에서 조심해야 한다고 본다.

첫째, 어린 시절의 디지털 중독이 '반드시' 성인이 되어서도 연장될 것이라는 가설은 그 자체로도 타당성이 낮다. 당연히 성인으로서의 생활 환경이나 가치관, 행동 양식 등은 어린 시절에 형성된 습성만이 아니라 동시대적 상황이나 사회적 관계의 산물일 것이기 때문이다.

그럼에도 불구하고 어린 시절부터 디지털 기기에 중독 내지 과다 노출된다는 것은 다른 말로 부모로부터 '조건 없는 사랑'을 충분히 받지 못했을 가능성이 높다는 것을 뜻한다. 이는 또다시 아이의 자존감 내지 자율성 발달에 상당한 장애가 생김을 의미한다. 자존감이나 자율성이 낮은 경우, 타자의 눈치를 보는 데 익숙해지기 쉽다. 또 개인적 성취나 성과를 통해 사회적 인정을 획득하려고 강박적으로 집착하려는 경향도 생긴다. 설사 아이가 일정한 성취를 이루더라도 그것은 좁은 의미의 성과 달성과 경제적 보상에 불과할 뿐, 진정한 의미의 인간적 존중을 받는 것은 아니다. 그 결과 당사자는 내면의 공허감을 느끼기 쉽고 이는 스마트폰 등 디지털 기기에의 의존도를 높일 가능성이 크다.

둘째, 어린이나 청소년, 성인을 불문, 스마트폰 중독은 전 사회적 기술 중독 현상의 축소판일 가능성이 높다. 즉, 온 사회가 기술만능주의 내지 성장지상주의 속에서 디지털 자본주의를 자연스럽게 수용하는 상황에서는 남녀노소를 가리지 않고 디지털 기기 중독에 빠지기 쉽다. 이런 면에서 '어릴 적의 디지털 사용 습관과 성인 이후의 사용 습관 간 상관성 내지 인과성' 문제는 일종의 '허구적' 관계를 나타낼 수 있다. 다시 말해 디지털 사용 습관(여기서는 과다 사용 내지 중독)은 청소년기에서 성인기로의 시간적 확장·연장의 문제라기보다는 포괄적인 전 사회적 영향의 문제일 가능성이 높다는 얘기다. 게다가 특히 스마트폰은 개인 휴대용이라는 간편함과 더불어 그 속에 웬만한 앱이나 도구들, 특히 사회적 관계 서비스(SNS)가 집약되어 있는 관계로, 사회적 동물인 사람들이 그로부터 완전히 벗어나기가 거의 불가능한 상황이 되고 말았다. 오늘날 스마트폰이 없는 사람은 '자기 혼자 편하게 지내려고 다른 사람들을 매우 불편하게 만드는 별종'이라는 낙인을 받기 쉽다. 심지어 코로나19가 대유행하면서 인간 사이의 대면 접촉이 제한됨에 따라 스마트폰이나 온라인 도구는 더 긴요한 필수물이 되었다.[11] 따라서 일단 스마트폰을 사용하기 시작하면 거의 대부분 스마트폰 과다 사용 내지 중독에 빠질 수밖에 없는 경향이 생긴다.

심지어 스마트폰 속에 도박(게임) 사이트가 인기를 끌게 되면서 스마트폰 중독에다 도박 중독까지 동시 발생하는 경우도 많다. 오죽하면 청소년 자녀가 스마트폰 도박 중독에 빠져 거의 구제 불능 수준이 되었으니 '대통령님, 스마트폰 도박 사이트를 폐쇄해 주세요'라는 청와대 청원까지 올라오게 되었을까?[12] 2018년 사행(도박) 산업 관련 통계에 따르면, 도박 중독 상담 및 치유를 위해 한국도박문제관리센터를 찾는 이들 중 대다수인 89.1%는 온라인 불법 도박 이용과 관련됐다고 한다. 이런 식으로 우리가 그 편리성과 유용성에 매료되어 별 문제의식 없이 사용하는 스마트폰은 사람들로 하여금 다양한 중독물에 빠지도록 교묘히 유혹한다. 그러니 남녀노소를 불문, 스마트폰 중독이 심해질 수밖에 없다.

셋째, '어린이나 청소년이 디지털 중독에 빠진다고 해서 그리 걱정할 일이 아니다'라는 위 연구팀의 메시지는 일견 부모나 어른들의 우려를 덜어 준다는 점에서 희망적이거나 긍정적인 면이 있다. 하지만,

더 많은 연구들이 중독으로 인한 육체적, 심리적, 관계적 차원에서의 건강 손상을 오랫동안 보고해 온 상황을 감안하면, 이런 연구 결과는 어쩌면 스마트폰이나 디지털 기기를 개발하고 상품화하여 이윤을 획득하는 디지털 자본주의의 지원을 받은 연구일 가능성이 있다. 물론, 많은 학술 연구 결과들은 그 연구비가 어디서 오는가와는 무관하게 객관적인 상호 관계나 과학적인 인과 관계를 해명하고 있는 것이 사실이다. 그러나 상당한 연구들은 그 연구비를 지원한 기관의 구미나 요구에 맞는 연구 결과를 보고함으로써 상호 '협력'이나 상호 '발전'을 도모하기도 한다. 일례로, 〈몸을 죽이는 자본의 밥상What the health〉이라는 건강 다큐 영화를 보면, 미국암협회나 심장병협회, 당뇨병협회 같은 홈페이지에서는 각기 암이나 심장병, 당뇨병에 해로운 식료품들을 대거 추천·권장 음식으로 게시하고 있는데, 알고 보니 이들 협회는 축산업이나 육가공업체, 패스트푸드업체, 제약업계 등으로부터 거액의 후원금을 받고 있었다고 한다.[13] 실제로, 미국심장협회는 소고기를, 암학회는 가공육을, 미국당뇨협회는 새우베이컨말이를 추천 식단으로 홈페이지에 게재하고 있었다.

어떻게 해서 이런 아이러니가 탄생하는가? 실마리는 후원사에 있었다. 각 협회의 후원사(스폰서)가 축산, 낙농업계와 긴밀한 관계가 있었다. 예컨대, 세계 최대 유제품 회사인 '다농', 가공 치즈 브랜드 벨비타로 유명한 '크래프트', 가공육으로 된 아동 식품 런처블로 유명한 '오스카 메이어'는 미국당뇨협회를, 세계에서 가장 큰 육류 기업 '타이슨'과 '피자헛', 'KFC', '타코벨'을 소유한 '얌!'은 암학회를 후원하고 있었다. 또 미국심장협회는 켄터키, 네브라스카, 콜로라도, 아이다호 우육협회와 수많은 패스트푸드, 가공식품 회사들로부터 수십만 달러의 후원을 받고 있었다. 이런 비리를 미국 정부는 묵인하고 있었다. 요컨대, 정부와 축산업계 및 제약업계, 그리고 각 질병·의학협회 사이엔 모종의 유착 관계가 지속돼, 결국 일반 대중이나 온 사회에 악영향을 끼치고 있었던 것이다.

실은 한국에도 같은 일이 제법 벌어진다. 일례로, 꽤 오래전 일이다. 제주도에서 유기농으로 당근 농사를 짓던 분이 내게 부탁을 했다. 유기농 당근은 맛도 좋지만 그 영양소가 특별해서 특히 성장기 아이들의 두뇌 발달에도 매우 좋다고 했다. 그분의 부탁은, 내가 고려대에 있으니 식품영양 분야 교수들에게 제안해서 제주 유기농 당근의 성분과 효능을 실험실 연구 자료로 제시해 주면 좋겠다는 것이었다. 나 역시 화학농이 아니라 유기농을 지지하고 그분의 농사 철학을 존경하던 터라 기꺼이 그렇게 해 보겠다고 했다. 그러나 고려대에서 그 분야로 연구하던 분에게 말씀드렸더니 뜻밖의 난색을 표명했다. 농민의 의도도 좋고 내가 관심을 갖는 것도 좋은 일이지만, 만일 국산 유기농 당근과 일반농 당근을 비교해서 자료로 발표한다면 아마도 농민경영단체나 농수산부 관련 기관들에서 난리가 날 것이라는 얘기였다. 알고 보니, 그 교수 역시 그런 쪽에서 많은 연구비를 받으며 연구 중인데, 연구비를 주는 쪽에 불리한 연구 결과를 공개적으로 발표하면 모든 게 끊기고 막힌다는 것이었다.

요컨대, 마치 이런 사례들처럼 이해관계가 걸리게 되면 디지털 기기(스마트폰 포함)의 과다 사용(중독)이 사람들에게 미치는 영향에 대한 연구조차 제대로 이뤄지기 어려울 것이다. 설사 연구가 되더라도 그 연구를 지원하는 업체들의 구미에 맞는 결과가 대중들에게 공개되고 말 것이라는 합리적 의심이 든다. 따지고 보면, 바로 이런 현실적 상황 자체가 중독 시스템의 산물임을 알 수 있다.

청소년 스마트폰 중독 치유 프로그램 – 부천시 사례

코로나19가 장기화하고 있는 가운데 경기 부천시가 청소년을 대상으로 스마트폰 중독 해소 프로그램을 운영하고 있어 눈길을 끈다.[14] 2020년 내내 코로나19가 지속돼 학교 온라인 수업이 일상화되고 외부활동이 제한되면서 청소년들의 과도한 인터넷·스마트폰 이용이 문제가 되고 있다. 이에 부천시는 부천시청소년상담복지센터와 함께 청소년들의 건강한 미디어 활용능력을 향상시키기 위해 '자기 주도적 스마트폰 사용 프로그램'을 운영하고 있다. 이번 프로그램에는 2020년 7월부터 400여 명의 청소년이 참여했다. 복지센터는 단순히 스마트폰 사용을 통제하는 것에서 벗어나 사용 시간을 자기 주도적으로 관리할 수 있도록 '미디어 리터러시 프로그램'을 개발했다.

모두 4회기에 걸쳐 진행되는 본 프로그램은 '자기 결정성 이론'에 근거한다. 스마트폰 사용에 대한 기본심리욕구인 자율성·관계성·유능성 인식을 바탕으로 내적 동기를 강화하는 게 목적이다.

부천시 상동에 거주하는 A군은 "무의식적으로 게임이나 SNS를 하며 시간을 보냈는데, 프로그램에 참여하며 스마트폰 사용이 내 안의 다양한 욕구나 기대와 관련이 있다는 것을 알게 됐다"라며, "앞으로 내 마음 상태에 더 많은 관심을 기울이겠다"라고 참여 소감을 밝혔다.

복지센터는 프로그램을 마친 이후에도 전문 상담사를 통해 지속적으로 사후관리와 상담서비스를 제공하고 있다. 아울러 코로나 상황에 대응해 스마트폰을 잠시 멈추고 가족과 함께 활동할 수 있는 비대면 대안활동 프로그램 '슬기로운 실내생활'도 운영 중이다. 자세한 사항은 부천시청소년상담복지센터 홈페이지(http://zzang1318.or.kr/bucheon/) 또는 전화(032-325-3002)로 문의하면 된다.

스마트폰 중독
자가 진단법

스마트폰에 중독된 사람들은 카카오톡이나 페이스북 같은 특정 1~2개의 앱을 집중적으로 사용하며, SNS나 모바일 메신저에 알림 기능이 설정됐을 때 스마트폰을 더 오래 사용하는 것으로 나타났다. KAIST 지식서비스공학과

이의진 교수 연구팀은 스마트폰 사용 기록을 분석해 스마트폰 중독 행동 패턴을 발견하고, 중독 위험에 있는 사람을 자동으로 분류하는 시스템을 개발했다고 2014년 6월에 밝혔다.[15]

이 교수팀은 한국정보화진흥원의 성인 스마트폰 중독 자가 진단 척도를 토대로 95명의 대학생을 중독 위험군(36명)과 비위험군(59명)으로 나눴다. 그리고 이들의 스마트폰 전원, 화면, 배터리 상태, 앱 실행, 인터넷 이용, 전화 및 문자메시지 등 총 5만 시간 이상의 정보를 수집했다.

그 결과, 위험군의 스마트폰 하루 평균 사용 시간은 4시간 13분으로, 비위험군(3시간 27분)보다 46분 길었다. 사용 시간대별로 보면 오전 6시~정오, 오후 6시~자정 사이에 위험군의 사용이 두드러졌다. 사용횟수는 위험군이 11.4회 더 많았다.

특히 위험군 사용자들은 모바일 메신저(카카오톡 등)와 SNS(페이스북 등) 같은 특정 앱 1~2개만을 집중적으로 사용했다. 또한, 모바일 메신저와 SNS 댓글 등에 알림 기능을 설정했을 때 스마트폰 사용 시간은 위험군이 비위험군에 비해 하루 평균 38분 더 길었다. 알림 메시지가 외부 자극이 돼 스마트폰을 더 자주 사용하도록 만들었다는 게 연구팀의 설명이다.

연구팀은 이 같은 분석 결과를 기반으로 스마트폰 사용자 위험군과 비위험군을 80% 이상 정확하게 판별하는 시스템을 개발했다. 이 시스템은 스마트폰 중독 현상에 대한 행동을 조기에 발견하고 적절한 조치를 취할 수 있도록 보다 효과적인 서비스를 제공할 것으로 기대를 모았다.

이의진 교수는 이에 대해 "데이터 사이언스 기법과 빅데이터 분석을 통해 실시간 데이터 확보가 어렵고 입력한 데이터가 정확하지 않을 수 있는 한계를 극복한 연구 결과"라 말했다. 이어 "스마트폰의 과도한 사용을 막을 수 있는 앱을 개발하고 있다"라고 덧붙였다.

한편 이 연구에는 권가진 KAIST 지식서비스공학과 교수, 송준화 KAIST 전산학과 교수, 정경미 연세대 심리학과 교수, 코지 야타니 MS 연구소 박사가 참여했다.

한국과학기술개발원이 발표한 스마트폰 중독 자가 진단표를 보면

1) 스마트폰이 없으면 손이 떨리고 불안하다

2) 스마트폰을 잃어버리면 친구를 잃은 느낌이다

3) 하루에 스마트폰을 2시간 이상 쓴다

4) 스마트폰에 설치한 앱이 30개 이상이고 대부분 사용한다

5) 화장실에 스마트폰을 가지고 간다

6) 스마트폰 키패드가 쿼티(컴퓨터 자판과 같은 배열) 키패드다

7) 스마트폰 글자 쓰는 속도가 남들보다 빠르다

8) 밥을 먹다가 스마트폰 소리가 들리면 즉시 달려간다

9) 스마트폰을 보물 1호라고 여긴다

10) 스마트폰으로 쇼핑을 한 적이 2회 이상 있다

등의 항목이 있다.

이 중 8개 이상 해당하면 중독, 5~7개는 의심, 3~4개는 위험군에 속한다.[16] 독자 여러분의 현재 상태는 어떤가? 현 상태에 대한 본인

의 느낌은 어떠신가? 앞으로 어떻게 하는 게 좋을까?

더불어 생각해 볼 점

1. 스마트폰이나 게임에 중독되지 않고 잘 사는 방법은 무엇일까?
2. 스마트폰이나 게임 중독에 빠진 가족을 어떻게 구할 수 있을까?
3. 나 자신이 스마트폰 중독이라면 무엇을 어떻게 해야 할까?

3. ──

1 윤이나, 풍자와 유머의 작가 프랜 리보위츠와 뉴욕을 거닐다, 〈한국일보〉, 2021. 1. 30; 천다민, 나도 이런 '꼰대'가 되고 싶다, 〈한겨레〉, 2021. 1. 30 참조.

2 신태현, 성인 40.6% "스마트폰 중독됐다", 〈뉴스토마토〉, 2019. 7. 29.

3 백찬기, 온라인 수업 후 청소년 온라인, 미디어 사용 크게 늘어, 〈간호사를 위한 뉴스〉, 2020. 10. 29.

4 장우리, 코로나19로 디지털 중독 위험↑…'언택트' 시대의 초상, 〈연합뉴스〉, 2020. 7. 6.

5 이보해, 스마트폰 과의존 실태조사 결과 발표, 〈환경일보〉, 2020. 2. 20.

6 김영훈, 스마트폰과 정신 건강, 〈위드인뉴스〉, 2021. 1. 11.

7 이홍철, 이해나, 이준원, 『중학생 뇌가 달라졌다』, 마더북스, 2020; 김철관, 10주 스마트폰 끊은 중학생의 뇌, 그 놀라운 변화, 〈오마이뉴스〉, 2020. 10. 4.

8 고광언, 청소년 인터넷·스마트폰 중독 위험, 〈한라일보〉, 2020. 11. 24.

9 고승우, 스마트폰 중독 청소년, 성인 돼도 후유증, 〈프레시안〉, 2018. 10. 26.

10 이새봄, "유튜브 10분만".. 아이 스마트폰 많이 봐도 중독 안 된다고? 〈매일경제〉, 2020. 12. 26.

11 김소영, 비대면 교육이 청소년 스마트폰 중독 가속, 〈중앙일보〉, 2020. 11. 11.

12   최준선, "고3 아들까지 도박 중독이에요 ㅠㅠ" 접속앱 이용 200만 육
      박!, 〈헤럴드경제〉, 2020. 12. 23.

13   최다함, 다큐멘터리영화 '몸을 죽이는 자본의 밥상', 육류 섭취에 대한
      경고, 〈매일경제〉, 2020. 5. 6.

14   이명선, 부천시, 청소년 스마트폰 중독 해소 프로그램 운영, 〈서울신
      문〉, 2020. 11. 30.

15   이준기, 나도 혹시 스마트폰 중독?.. 자가 진단법, 〈디지털타임스〉,
      2014. 6. 2.

16   한국아이닷컴 이슈팀, 스마트폰이 불러온 질병, 거북목부터 안구건
      조증까지.. '혹시 나도?' 스마트폰 중독 자가 진단법 관심, 〈서울경제〉,
      2015. 4. 15.

4부

알코올 중독과
약물 중독

"'폭력적'인
한국인의
음주 문화"

알코올 중독의
정의

알코올 중독(alcohol addiction)은 정신의학적으로 '알코올 의존성'으로 불리는데, 이는 알코올을 포함한 물질(가장 대표적으로 온갖 종류의 술)을 장기간, 과다 사용했을 때 발생하는 정신적, 신체적, 행동적 의존증, 즉 다차원의 의존증이다. 원래 알코올은 세계보건기구(WHO)가 '1급 발암 물질'로 지정한 성분으로, 인체의 뇌·신경·소화기 등 200여 개의 질환과 관련이 있다고 한다. 이 '1급 발암 물질'에 상습적으로 의존하는 알코올 중독증은 대단히 치명적이다.

그렇다면 여기서 말하는 다차원의 의존이란 무엇인가? 일단 정신적 의존이란 특히 기분이 나쁘거나 우울할 때 '기분 전환'을 위해 알코올(술)이 필요하다고 느끼는 것이다. 사실, 모든 중독의 본질은 바로 이 기분 전환을 위해 특정 물질이나 과정에 강박적으로 의존하는 것이다.

신체적 의존이란 알코올을 장기간 섭취함으로써 갈수록 몸에 내성이 생기고 일시적으로 중단했을 때 불안감이나 허전함, 초조함, 식욕 부진, 불면증, 수전증(진전), 경련, 혼동(섬망), 기억 장애, 언어 장애, 오한(식은 땀) 등과 같은 금단증상이 생기는 것이다. 이런 금단증상이 생기는 까닭은 뇌 신경 체계가 혼란해지기 때문이다. 신경의학적으로, 알코올은 뇌의 신경전달물질인 도파민 분비를 늘리는데, 중독 환자는 과다한 도파민 분비에 갈수록 더 많이 적응된다.[1] 그런 상태에서 갑자기 알코올 공급이 중단되면 도파민 작용에 혼선이 생긴다. 그 결과 신체 각 부위에 이상 증상이나 장애가 나타난다. 금단증상이다.

행동적 의존은 알코올 섭취와 연관되어 나타나는 문제성 있는 행동으로, 이는 비단 주사(酒邪)를 부리는 행동만이 아니라 흔히 쉽게 털어 놓지 못하는 속마음을 알코올에 의존함으로써 비로소 솔직(용감)하게 말할 용기를 내는 행동까지 뜻한다. 달리 말해, 이는 '용감'해지기 위해 알코올의 힘에 기대는 것이다.

이를 달리 설명하면, 두 가지 욕망의 결합이라 할 수 있다. 하나는 두려움 등 부정적 느낌이나 부정적 감정을 회피하고픈 욕망이다. 그 둘은 왜곡된 생명 욕망으로서의 향락(쾌락)을 추구하려는 욕망이다. 이 두 욕망이 결합함으로써 생기는 것 중 하나가 알코올 중독이다. 회피 욕망과 쾌락 욕망의 결합은 알코올에 대한 강박적 의존을 심화하고, 갈수록 내성을 높이며, 중단 시 금단증상의 괴로움 때문에 또다시 알코올을 찾게 되는 중독증을 발생시킨다.

흔히 우리는 "껍데기를 벗는다"라는 말을 쓴다. 이 껍데기를 벗는

데도 특별한 용기가 필요하다. 동시에 껍데기를 벗은 이후를 상징하는 특별한 의례도 필요하다. 예를 들면 중고교 시절의 청소년들이 '애들 티'를 벗고 '어른 티'를 내기 위해 (담배나) 알코올을 찾는 것, 진한 화장을 하는 것이 바로 그것이다. 이 경우 역시, 자신의 진정한 욕구나 필요를 건강하게 충족하기 위한 수단이 아닌, 기분 전환이나 자기 기만을 위해 알코올을 찾는 것이기에 이 책에서 문제 삼는 알코올 중독의 본질적 측면을 드러낸다. 화장 중독 역시 같은 원리다.

흥미롭게도 더 이상 술을 마시지는 않으나 알코올 중독자 행동을 하는 사람(dry drunken)도 있다. 이는 다른 중독증에도 적용된다. 즉, 특정 물질이나 과정에 중독되었다가 회복 노력을 하는 사람이라도 여전히 중독 행위 특성을 그대로 드러낼 수 있다는 이야기다. 술 마시지 않는 알코올 중독자 역시 알코올 중독으로부터 치유 중이긴 하지만 아직 완전히 회복되지 않은 상태에서 과거의 사고나 행동을 반복한다. 따라서 (진행 중인) 알코올 중독자나 (더 이상) 술을 안 마시는 중독자나 모두 유사한 중독 행위를 할 수 있다.

정신의학과의 알코올 중독(알코올 의존증) 진단 방법을 예시하면 다음과 같다. 여기서 유의할 것은, 술을 마시는 양이나 횟수는 크게 상관이 없고, 술과 사람 간의 관계라는 질적인 차원이 중요하다는 점이다.[2] 즉, 사람이 술을 통제하는 게 아니라 술이 사람을 통제하는 상황이 곧 알코올 중독이다.

아래의 진단법은 다양한 진단법 중 하나의 예에 불과하다. 그러나 현재 알코올 중독에 빠져 있는데도 스스로는 중독자임을 알아차리지 못한 사람을 위해 요긴하다고 본다. 왜냐하면 통상적으로 우리는 소위 '주사'를 부리거나 '만취' 상태가 되어 '필름'이 끊기는 정도가 돼야 알코올 중독이라 여기지만, 실은 그보다 훨씬 가벼운 상태에서도 얼마든지 알코올 중독일 수 있기 때문이다.

1) 술을 구하고, 마시고, 깨는 데 많은 시간을 소모한다.

2) 원래 마음먹은 것보다 더 많이, 더 오래 마시게 된다.

3) 술 때문에 중요한 직업적, 사회적, 재충전 활동에 지장이 생긴다.

4) 술 때문에 생기거나 악화할 수 있는 질병이 있는데도 계속 마신다.

5) 술을 끊고 싶어 하고 끊으려 노력해도 잘 되지 않는다.

6) 알코올 내성이 생겨, 기분 좋게 취하기 위해 갈수록 더 많이 마셔야 한다.

7) 갑자기 술을 끊으면 불안, 불면, 식은땀 같은 증상이 나타난다.

이 7가지 중 3가지 이상이 1년 이상 지속될 시 알코올 중독(의존증)으로 진단된다. 이 책을 읽는 독자 여러분들의 현재 상태는 어떠한가? 그 상태에 대한 느낌은 어떤가? 그리고 앞으로 어떻게 해야 좋을까?

알코올 중독의
원인

알코올 중독의 원인은 사람마다 정도의 차이는 있지만, 대체로 유전적, 심리적, 사회적, 행동적 요소들이 복합적으로 작용하는 것으로 이해된다. 따지고 보면, 이는 모든 다른 중독증에도 해당된다.

유전적 원인은 부모가 알코올 애호가 내지 중독자였을 때 자녀 또한 그렇게 될 가능성이 높다는 얘기다. 즉, 부모가 알코올 중독자인 경우 자녀가 같은 중독자가 될 확률은 그렇지 않은 경우에 비해 3~4배 높다. 이렇듯 유전적 요인도 무시할 수는 없지만, 실은 사회적 상황 요인들의 영향이 더 크다. 과거보다 현재 어떻게 사는가가 더 중요하다는 얘기다.

심리적 원인은 두려움이나 불안감, 번뇌, 마음고생, 스트레스 등과 같은 심리적 문제를 해소(?)하기 위해 상습적으로 알코올에 의존하게 되는 경우다. 이 경우, 알코올로 인해 몸속에 도파민, 오피오이드, 가바(GABA) 등 신경전달물질이 나와 두려움 등 심리적 문제를 해소하는 데 어느 정도 도움이 되는 듯 보인다.

사회적 원인은 주로 인간관계로 인해 발생하는 것이다. 청소년이 친구나 선배의 권유로 술을 처음 마시게 되고 갈수록 의존증으로 발전하는 경우가 있을 수 있다. 또 부부 관계가 악화하여 갈등이 격심해질 때마다 울화를 다스리기(?) 위해 알코올에 상습적으로 의존(일시적, 간헐적 폭음 포함)하게 되는 경우도 있다. 그러나 가장 흔한 사례는 직장에서 상사나 동료들과 회식하거나 파티를 여는 경우처럼 '나 혼자만 빠질 수 없어' 끌려가다시피 하면서 음주 문화(심지어, '폭탄주'를 동반한 폭음)에 익숙해지고 그러다 자기도 모르게 알코올 중독자가 되는 경우다.

실제로, 직장 회식에서 술은 여전히 빠지지 않는 단골이다. 잡코리아가 2015년 남녀 직장인 799명을 대상으로 설문조사한 결과, 술을 마시는 직장인은 93%로 나타났다.[3] 10명 중 9명이 술을 가까이하는 셈인데, 이 가운데 일주일에 2~3회 음주하는 비율은 21.4%, 1회 음주는 23.4%, 한 달에 2~3회 음주는 36%로 집계됐다. 또한, 직장인의 70.6%는 "친목 도모"를 목적으로 술을 마신다. "조직의 단결"을 위해 회식에서 술을 마시는 비율은 37.1%다. 이 때문에 술을 잘 못 마시는 사람은 조직의 일원이 아니거나 누구와 친하지 않은 사람으로 낙인(stigma)이 찍히기도 한다. 이런 식으로 사회적 관계에서 음주를 거부할 수 없는 환경이 반복되므로 직장인의 술 문화는 좀처럼 바뀌지 않는다.

게다가 공공장소에서 음주를 제한하자는 의견이 있었지만, 외국에서처럼 하지 못하고 있다.[4] 구체적으로, 초·중·고등학교, 병원, 청소년 수련시설에서는 술을 마시지 못하도록 한 법안이 국회에서 두 번이나 무산된 바 있다. 한편, 찜질방과 국공립공원에는 주류 반입이 금지되지만 잘 지켜지지 않고 있다. 그만큼 우리는 술에 관대하다. 물론, 19세 미만 청소년에게는 술이나 담배 등을 팔지 못하도록 하고 있고, 일부 공공장소에서 노골적으로 술 마시는 문화를 규제하고 있다. 하지만 술을 마시고 범행을 저질러도 심신미약 상태를 참작해 형량을 줄여 주기까지 할 정도로 술에 대해 관대한 편이다. 대한민국이 '알코올 중독 사회'가 될 수밖에 없는 조건 중 중요한 측면이다.

행동적 원인은 가장 대표적으로 식사 때 '반주 한 잔'이 건강에 좋다는 세간의 믿음으로 인해 식사 때마다 늘 알코올을 물처럼 섭취하는 경우다. 흔히 술을 마셔야 사람의 생기가 돌고 소통도 잘 되는 등, 이른바 '정상적인 삶'이 가능해진다는 말도 있다. 또는 (나 스스로 종종 해 왔던 말인) '술을 모르고 어떻게 인생을 즐기나?'라는 말처럼 인생살이엔 술이 꼭 함께해야 한다는 신화에 토대하여 스스로 상습 복용을 할 뿐 아니라 가족이나 이웃, 친구 등과 동반 중독자로 발전하는 경우다.

이렇게 알코올 중독은 복합적 요인의 결합으로 나타나는 행위 장애의 일종이다. 여기서 가장 중요한 면은 과거의 가족 관계나 현재의 인간관계나 사회적 상황 등으로 말미암아 알코올(술)을 통해 기분 전환을 해야 한다는 강박에 빠지는 것이야말로 그 뿌리를 이룬다는 것이다. 따라서 과거의 가족 관계에서 비롯된 상처의 치유는 물론 현재의 인간관계나 사회 상황을 건강한 모습으로 바꾸지 않는 한, 알코올 중독의 위험은 상존하게 된다.

한국 사회의 음주 문화와
알코올 중독

OECD에서 나온 한 자료(보건복지부 보건 통계)에 따르면 2018년 기준, 만 15세 이상 인구 1인당 음주량(리터)을 국제 비교한 결과 한국은 8.5리터로 나타났는데, 이는 세계 8위 수준이다.[5] 이것은 일견 경제력 순위와 비슷한 듯 하나 반드시 그런 것만도 아니다. 실제로, 라트비아가 1인당 12.6리터로 1위, 오스트리아가 12.2리터로 2위, 프랑스가 11.6리터를 차지했기 때문이다. 그 뒤로 4위 독일 10.8리터, 5위 영국 9.8리터, 6위 호주 9.5리터, 7위 미국 8.9리터였고 그다음이 한국이다.

그러면 한국보다 적게 마시는 나라는 어디일까? 핀란드가 8.4리터로 9위, 캐나다가 8.2리터로 10위, 그다음이 칠레 7.9리터, 이탈리아 7.8리터, 스웨덴과 일본 7.2리터, 그리스 6.1리터, 노르웨이 6.0리터, 중국 5.6리터, 멕시코 4.4리터 등으로 나타났다. 중국이나 멕시코는 일반적으로 상상하는 것에 비해 적게 마시는 편이었다.

한편, 우리나라 알코올 소비량은 2008년 이후 감소하는 추세이긴 하나 여전히 한 해 7만 명 이상이 알코올 의존증으로 치료받을 정도다. 전통적으로는 남성의 알코올 중독이 압도적이었으나 최근 들어서는 여성의 알코올 의존 역시 늘고 있다.

물론, 이런 자료들은 우리가 실제로 보고 경험하는 것과 차이가 있을 수 있음을 시사한다. 게다가 사회 전체의 평균을 낸 통계는 사회 집단별 특성이나 차이를 상쇄할 위험도 있다. 예컨대, 교수나 의사, 판검사 등 전문직일수록 양주 내지 독주를 마실 가능성이 높고, 중산층 이하 가난한 사람들일수록 소주나 막걸리를 많이 마실 가능성이 크다.

한편, 이른바 "지식과 권력"을 가진 엘리트 집단일수록 술과 함께 "술 시중"을 드는 여성의 음주와 가무, 나아가 성적 서비스까지 소비하는 "요정料亭 문화"가 특히 한국, 일본, 중국 등 3개국에서 "동아시아의 공통적인 밤 문화" 전통으로 이어져 왔다.[6] 과거 박정희 독재 시절엔 일본인 관광객을 유치하기 위한 '섹스 관광'까지 있을 정도였다. 이 모두는 오늘날 '미투' 운동이 나오게 된 깊은 뿌리, 즉 남성 위주의 가부장 문화 및 성 문화의 편협성을 잘 드러낸다.

그리고 이 요정 문화가 1980년대 이후로 대중화한 것이 '룸살롱'이다. 이 문화는 한국 사회의 정치·경제적 변화와 더불어 자연스럽게 알코올 중독 및 성 중독으로 연결되었다. 여기서 정치적 변화란 1980년대 중반 이후의 민주화 과정(군부 독재 종식)이 핵심이고, 경제적 변화 역시 1980년대 후반 이후 한국 경제의 고도 성장기를 가리킨다. 당시 매년 10% 내외의 성장률을 기록한 고도 성장기는 수출 호황과 더불어 재벌 대기업의 도약기였으며, 따라서 양복 입은 회사원들인 '샐러리맨'들의 음주 문화를 민주화, 대중화, 고급화(?)하는 데 기여했다.

룸살롱에서 시작된 양주 문화는 이러한 경제의 고도 성장세에 힘입어 '로컬 위스키'(외국 양주 원액을 수입해 국산 양주처럼 판매) 시장을 폭발적으로 성장시켰다. '시바스 리갈'과 함께 음주 가무를 즐기던 박정희가 사망한 뒤, (참된 민주주의를 열망하며 분연히 일어섰던) 1980년 5월 광주항쟁을 진압하면서 시작된 5공 전두환 군사정부는 소위 '3S 정책'(스크린, 스포츠, 섹스 등으로 우민화를 꾀하는 지배 전략)을 폈고 게다가 '3저 호황'(저금리, 저유가, 저달러) 덕에 한국에는 돈이 넘쳐나기 시작했다.

뒤돌아보면, 1986년경부터 1996년 IMF 직전까지의 약 10년 정도가 한국 경제의 최고조기였다. 이는 또한 흥청망청 음주 문화를 한층 고조했다. 기존의 요정 문화에서 점차 룸살롱이나 나이트클럽, 단란주점 문화로의 변화가 점진적으로 일어났지만, 양주와 맥주에 대한 소비(의존)는 꾸준히 증가했다. 특히 양주 소비를 폭발적으로 증가시킨 것이 바로 '폭탄주'다. 1986년 12월 26일자 〈경향신문〉엔 이런 기사가 나올 정도였다.[7]

"원자탄으로 시작되는 ○○탄 시리즈는 지난해(1985년)까지만 해도 수소탄까지 제조되더니 올해는 더욱 고성능화한 중성자탄까지 개발돼 목하 망년회 전선을 강타하는 중이다. 언제부턴가 지체 높은 몇몇 분들 사이에 오가던 이른바 폭탄주가 어느새 전 국민으로 확산돼 여기서도 폭탄주, 저기서도 폭탄주다."

폭탄주는 양주에 맥주를 타서 마시기 때문에 알코올 도수가 높은 독주를 초고속으로 마시도록 해 주었다. 사람들은 금방 취하게 되었고 이성을 상실했으며, 당연히 술 소비량도 많아졌다. 이때부터 우리나라 위스키 소비량은 지속적인 상승세를 탔다. 1997년경 거품이 터질 때까지 그 상승세는 계속됐다. 특히 한국 경제의 고도 성장기 (1986~1995년)는 다른 말로 한국의 기업들에서 (아래로 '갈'구고 위로 '비'벼야 생존과 출세에 유리하다는 의미에서) '갈-비 법칙'이 가장 전형적으로 뿌리를 내리는 시기였다. 그러나 이는 상하 당사자들에게 모두 스트레스를 의미했다. 따라서 그 노동 과정 안팎에서 쌓인 스트레스를 상사나 부하 모두 한꺼번에 해소하는 장치가 '폭탄주'로 상징되는 음주 문화였고, 이것이 한국 사회 전반의 알코올 중독을 가속화했다.

'IMF 사태'가 터지기 직전인 1997년 9월 30일 〈경향신문〉에 따르면, 1996년 우리나라 스카치 위스키 수입량은 4,000만 병(약 1,920억 원)으로 전 세계에서 프랑스, 미국, 스페인 다음으로 많았다. 이는 일본 전체 수입량보다 많은 양이었다. 이 기사가 나오고 나서 몇 달 지나지 않아 1997년 12월 3일, 한국 정부는 IMF에 구제금융을 신청했다. 경제의 거품만이 아니라 알코올 소비의 거품 역시 한꺼번에 터졌던 셈이다.

IMF 이후 수년간 꺾였던 양주 소비량은 불과 3년 후, 즉 2000년에 '코스닥 버블'을 거치면서 다시 원상회복한다. 한·일 월드컵이 열렸던 2002년에는 IMF 직전보다 높은, 무려 357만 박스의 위스키가 시중에 팔렸다. 사상 최고였다. 이는 병으로 따지면 6,426만 병이었다. 남녀노소를 불문, 모든 국민이 1인당 500ml 위스키를 1.5병씩 마신 셈이다. 성인만 따지면, 1인 평균 3병 이상의 위스키를 마신 셈이니, 가히 '알코올 중독 사회'라고 해도 좋을 터였다.

그러나 2010년대 이후에는 삶의 질이나 건강을 중시하는 풍조('로하스'나 '소확행' 등의 상품화)가 강해지면서, 또 자가용 대중화와 연결된 음주 운전의 대중화에 대한 사회적 경각심이 고조되고 단속이 강화되면서 한국의 음주 문화 내지 양주 의존도는 정체 내지 후퇴의 길을 걷는 다. 물론, 주5일 근무제가 확산하면서 '불금'(불타는 금요일, 삼겹살이나 갈비 등을 불판 위에 구워 먹으며 소주나 맥주 등을 즐기는 주말 문화)이라는 말이 생겼 고 실제로도 불금을 즐기는 이들이 제법 있지만, 결코 예전과 같지는 않다. 과거와 같은 중독적 폭음은 갈수록 줄어들었다. 그나마 다행인 셈이다.

그럼에도 한국의 음주 문화는 여전히 중독 행위자의 행태를 많이 보인다. 오죽하면 몇 년 전에 아랍의 '알자지라' 방송에서조차 한국 의 음주 문화를 "폭력적"이라 했을까?[8] 일례로, 2016년에 중동 방송 '알자지라'는 한국의 음주 문화를 고발하는 보도를 제법 길게 했다. "한국 숙취"라는 제목인데, 아시아 담당 특파원인 스티브 차오는 서 울 현장 취재를 통해 "한국은 세계에서 가장 긴 시간 일하는 나라지 만 밤이 되면 다른 모습으로 바뀐다"라며 한국의 폭탄주 회식 문화를 지적했다. 예컨대, 완전히 만취해 인사불성이 된 젊은 여성을 경찰이 술집 화장실에서 부축해 끌어내는 모습, 술로 인한 가정폭력 등 어두 운 장면들, 수십 잔의 폭탄주를 전문으로 만드는 사람 등이 영상으로 공개됐다. '알자지라'는 "미국인이 독주를 일주일에 평균 3잔, 러시아 인은 6잔 마시는 데 비해 한국인은 무려 14잔을 마신다. 지구상 어떤 곳보다 독주를 많이 마시는 곳이 한국이다. 술로 발생하는 사회적 비용이 매년 200억 달러(약 23조 9,500억 원)에 이른다"라고 하면서 한국의 음주 문화를 한마디로 "매우 폭력적"이라 일갈했다.

우리 자신의 얼굴을 잘 보기 위해서라도 거울이 필요하다. '알자지라' 같은 언론이 비교적 객관적인 눈으로 한국 사회를 담담하게 비추어 주는 거울이라 한다면 우리는 더 이상 우리 현실을 부정하면 안 된다. 요컨대, 가정, 학교, 직장, 사회가 유발하는 스트레스에 대해 '폭력적' 음주 문화로 대처하는 것이 한국의 현실이라면, 우리 사회는 확실히 알코올 중독 사회였고, 지금도 여전히 벗어나지 못한 상태라 하겠다.

또 흥미로운 점 한 가지는, 담배처럼 술 제품에도 경고 문구가 있는데, 1995년 이후 21년 만인 2016년에 그 경고 문구가 변경된 것이다. 더 흥미로운 것은 그 내용이다. 2015년까지는 '지나친 음주는 간경화나 간암을 일으킨다'는 내용이 경고 문구에 있었다. 그러나 2016년부터는 주류 회사가 3가지 경고 문구 가운데 한 가지를 선택해 표기할 수 있게 되었는데, 주로 '지나친 음주는 뇌졸중, 기억력 손상이나 치매를 유발한다'는 내용이 표기된다. 물론 '알코올은 발암물질로 지나친 음주는 간암, 위암을 일으킨다'나 '지나친 음주는 암 발생의 원인'이라는 내용을 표기할 수 있지만 주류업체는 '암'이라는 표현을 꺼린다. 이런 식으로 술 경고 문구가 과거보다 약한 내용으로 나간다. '자유 선택'이라는 미명 아래 명확한 경고 내지 금지를 거부하는 것, 바로 이것이 한편으로는 강박적 의존증을, 다른 편으로는 금단증상을 간접 증명한다.

게다가 1924년에 소주는 알코올 도수가 35도였지만 그 이후 25도로 내렸다가 2014년엔 17.8도로 낮아졌다. 과일 맛이 나는 술도 술을 잘 못 마시는 이들의 구미를 당겼다. 전반적으로 알코올 중독자가 늘게 된 배경이다.[9] 알코올 중독이 꼭 도수가 높아야 되는 게 아니라는 점에서 이런 식으로 도수를 낮춤으로써 더 널리 더 오래 중독증을 존속시켜 나가는 사회, 이것이 알코올 중독 사회가 아니고 무엇이란 말인가?

물론, 2020~2021년 코로나 시국에서조차 유흥업소에 수십 명씩 모여 술판(성인식)을 벌인 20대들이 코로나 수칙을 어긴 죄(감염병예방법 위반)로 입건된 일은 알코올이라는 중독물을 단절하기가 대단히 어려움을 의미한다.[10] 이 업소들은 손님을 비밀리에 모집하기 위해 SNS를 활용했고, 경찰 단속을 피하기 위해 입구엔 문지기까지 배치했다. 단속 시 만일을 위해 뒷문으로 탈출하는 도주로까지 확보해 놓았다. 중독자들이 보이는 전형적인 중독 행위다.

어쩌면 한창 친구들끼리 만나서 '청춘 예찬'을 해야 할 20~30대 청춘들이 '코로나 블루'라는 전대미문의 상황 앞에서 우울감·불안감·갑갑함 등 '코로나 우울'을 해소하고 기분 전환을 위해 술을 마시려는 것은 자연스러운 욕구로 보인다. 하지만 바로 이런 패턴, 즉 우울감 등 부정적인 느낌을 해소하고 기분 전환을 위해 (다른 재미난 일, 창의적인 활동 같은 것을 꾀할 수도 있을 터인데) 곧장 술에 의존하려는 것이 곧 알코올 중독이라는 질병이다.

비교적 최근인 2020년 6월, 우리나라 '중독포럼'에서는 '코로나19 전후 음주, 온라인 게임, 스마트폰, 도박, 음란물 등 중독성 행동 변화 긴급 실태조사'를 실시했다. 이에 따르면 코로나19 유행 전, 주 2~3회, 주 4회 이상으로 평소 음주 횟수가 많았던 집단에서 코로나 이후 음주가 '늘었다'고 답한 비율이 각각 10.8%, 10.1% 늘어 다른 집단보다 높았다고 한다.[11] 코로나19 유행 이전에 자주 음주하던 사람들이 코로나 팬데믹 이후에도 더 자주 마시게 되고 알코올 중독에 노출되기 쉽다는 것이다. 이는 일단 알코올 중독에 빠지게 되면 벗어나기가 얼마나 어려운지, 나아가 코로나 팬데믹이나 여타 삶의 스트레스 등으로 인해 그 중독이 얼마나 더 깊어질 수 있는지를 잘 알려 준다.

그러나 이제 과거와 같은 음주 문화는 주류 자리를 잃어 간다. '샴페인'이나 '와인' 바bar처럼 분위기 있고 개성 있게 자기에게 맞는 술을 조금씩 즐기는 식으로, 음주 문화의 개성화, 건전화가 진전되고 있기 때문이다. 남녀 모두 그런 경향이 있긴 하나, 여성들이 새로운 문화를 더 즐기는 편이다. 실제로, 2018년 국민건강영양조사에 따르면 19세 이상 성인 중 여성의 고위험 음주는 2005년 3.4%에서 2018년 8.4%로 2.5배 늘었다고 한다. 여기서 '고위험 음주'란 주 2회 이상, 한 번에 5잔 이상 음주하는 비율이다. 단순한 고위험 음주를 넘어 알코올 의존증 환자도 최근엔 여성 쪽이 늘었다. 갈수록 전체 알코올 사용 장애 환자는 줄어들고 있지만, 여성 환자는 증가하는 편이다. 그러나 이런 변화가 특이하게 관찰되는 것도 실은 지금까지 한국 사회가 남성 위주로 돌아가고 있었음을 반증할 뿐이다. 실제로, 2019년에 알코올 사용 장애로 진료받은 환자 7만 4,915명 중 남성이 5만 7,958명으로 여성의 3배 이상이었다고 한다(국민건강보험공단 자료).

물론, 이런 식으로 음주 문화가 바뀌는 것이 한국에서 알코올 중독증이 줄거나 사라지는 증거라 보기엔 아직 이르다. 실제로, 2020년 한 해 동안 무려 8만 명이 알코올 의존증으로 치료받은 것으로 나타났다. 이는 음주 문화의 변동에도 불구하고 '코로나 우울' 등 사회적 문제로 말미암아 개인적 차원의 알코올 의존증(소위 '혼술')은 여전할 수 있음을 시사한다.[12] 나아가 수십 년 전부터 개인적, 조직적, 사회적 원인으로 형성된 알코올 중독 사회가 단순히 개인적 차원의 음주 절제나 음주의 질적 고차화, 나아가 경찰의 단속을 강화하는 것 등으로는 근본적인 변화를 이룰 수 없다는 사실을 잘 증명한다고 볼 수 있다. 요컨대, 개인과 조직, 사회 전체 차원에서 (알코올) 중독 사회로부터의 탈출이라는 전반적 문제의식을 갖고 시스템(구조) 변화와 함께 건강성 회복 노력을 지속적으로 해 나가지 않으면 진정한 회복은 어렵다고 본다.

알코올 중독의
사회적 비용

이미 앞에서 나온바, 알코올 중독은 개인의 건강이나 뇌 구조에도 악영향을 미친다. 세계보건기구(WHO)에 의해 '1급 발암 물질'로 분류된 알코올은 신체에 흡수

되는 과정에서 독성 발암 물질(아세트알데하이드)을 만든다. 따라서 술(알코올)은 암의 원인이 되기도 한다. 특히 암 중에서도 간암·구강인두암·후두암·식도암·대장암·직장암·유방암 등이 술과 직접 관련이 있다. 또한, 술은 암 외에도 심혈관 질환 등 만성 질환에 악영향을 미친다. 물론, 즐거운 파티나 인간관계, 분위기를 좋게 하는 맥락에서 약간의 알코올은 윤활유가 될 수 있다. 하지만 상습적이고 중독적인 사용은 매우 조심해야 한다.

다음으로, 알코올은 뇌 구조에도 악영향을 미친다. 알코올이 뇌의 중추신경계 보상회로를 교란해 도파민 분비 장애를 유발함은 전술한 바와 같다. 이를 통해 생각·판단·조절 능력을 담당하는 전전前前두엽에 분포하는 신경세포를 파괴한다. 따라서 알코올 중독이 되면 스스로 음주 횟수나 양을 조절할 수 없다. 그리하여 중독자는 심신을 건강하게 유지하기 어렵고, 따라서 가족생활이나 직장 생활에도 심대한 지장과 폐해를 겪게 된다.

흔히 접하는 뉴스 중에는 음주로 인한 사건이나 사고가 많다. 특히 음주 운전자의 역주행 사고, 뺑소니 사건 등은 무고한 시민들에게 되돌리기 어려운 상처까지 입히기에 사회적 공분을 일으킨다. 실제로, 한국건강증진개발원에 따르면, 2018년 음주 운전 발생 건수는 21만 7,148건, 음주로 인한 부상자는 3만 2,952명, 그로 인한 사망자도 346명에 이른다. 같은 해 주취(술에 취해 비정상적인 행동을 하는 것) 폭행 발생 건수도 137만 2,137건이었다. 이 역시 알코올 의존증 내지 알코올 중독이 낳은 결과다. 안 그래도 '1급 발암 물질'로 분류된 것을 중독적으로 섭취함으로써 자신의 건강을 망칠 뿐 아니라, 음주 운전, 역주행, 뺑소니 등으로 불특정 다수의 생명까지 위협하는, 사실상의 범죄 행위까지 촉발하는 셈이다.

이와 같이 과도한 음주로 표현되는 알코올 중독은 고스란히 사회 경제적 비용으로 이어진다. 그것도 천문학적이다. 예컨대, 국민건강 보험공단에 따르면 우리나라 음주는 매년 9~10조 원 규모의 사회경 제적 비용을 유발한다. 이는 흡연의 사회경제적 비용(7조 원 내외)보다 더 심각한 수준이다. 크게 보면, 사회적 건강이나 전 국민의 삶의 질 향상을 위해 써도 모자랄 사회경제적 에너지가 엉뚱한 데로 새어 나 가는 셈이다. 이와 같이 모든 중독은 개인의 죽음 이상으로 사회적 죽음까지 초래하는 치명성을 띤다.

알코올 중독의
치유와 예방

알코올 중독을 제대로 치유하기 위해서는 개인적 차원의 노력과 사회적 차원의 노력이 통 일적으로 전개되어야 한다. 개인이 아무리 노력하더라도 사회 전체 가 알코올을 조장하고 중독을 당연시하는 풍토라면 그 구성원인 개 인이 벗어날 길이 만무하기 때문이다. 역으로, 사회 전체가 법이나 제도를 통해 알코올 중독 사회로부터 벗어나고자 진력을 다하더라도 개개인이 문제의식을 공유하면서 적극 동참하지 않으면 별 실효성이 없다. 이렇게 모든 사회 변화는 개인과 사회가 유기적으로 협력해야 제대로 성취할 수 있다.

제대로 된 치유 및 예방을 위해서라도 알코올 중독이 한편으로 (두려움 등의) 회피 욕망, 다른 편으로 (그에 대한 보상 심리이면서도 왜곡된 생명 욕망으로서의) 쾌락 욕망이 결합되어 나타난 것이라는 점을 잘 인식해야 한다. 이에 대한 심층적 이해가 필요한 까닭은 당연히도, 진정으로 알코올 중독을 극복하기 위해서다.

즉, (모든 중독이 그렇지만, 죽음까지 초래하는 치명적인) 알코올 중독을 제대로 극복하려면 그 기저에서 작동하는 모종의 두려움을 직시하고 그 뿌리를 근원적으로 제거하기 위한 사회적 노력이 함께 이뤄져야 한다. 특히, 어릴 적부터 (트라우마를 유발하는 것이 아니라) 자존감을 고양하는 방향으로 가정, 학교 시스템을 재구축해야 하고, 직장이나 사회에서는 과도한 스트레스를 유발하는 차별적, 억압적, 권위적 구조를 해체해야 한다. 그런 식으로 개인적 실천과 사회적 구조가 유기적인 상호작용을 하면서 함께 변할 때 비로소 알코올 중독 사회로부터 탈출할 수 있을 것이다. 이를 보다 구체적으로 살펴보자.

우선, 개인적 차원의 노력은 기분 전환(두려움이나 불안감 등을 달래기)을 위해 술에 의존하는 습관을 버리는 것이다. 동시에, 가족이나 친구, 이웃이나 동료 등이 함께 술을 마시자고 할 때 자신의 기분이나 느낌, 상황과 무관하게 상대방의 기분을 상하지 않게 하기 위해 동조하는 것(동반 중독)을 그만두어야 한다. 행여 자기 스스로 원해서 함께 술을 마시더라도 그 양이나 속도, 패턴을 자신이 조절할 수 있어야 한다. '술잔 돌리기' 내지 '모두 돌아가며 건배하기' 식으로 음주가 진행된다면 가차 없이 그 자리를 빠져 나와야 한다. 알코올 중독자 개인은 알코올 중독 사회의 희생자 내지 피해자이면서 자기도 모르게 가해자 내지 공범자가 되기 쉽기 때문이다. 더 장기적으로는 아이 양육이나 교육 과정에서 상처(트라우마)가 아니라 행복감이 충만하도록 가정이나 학교 시스템이 변해야 한다. 그래야 자존감이 고양된다. 모든 중독의 근원엔 트라우마와 두려움이 있고 이는 자존감의 결여, 공허감, 마음의 고통 등과 연동된다. 이 결핍감이나 고통을 보상하기 위해 중독물이나 중독 행위에 곧잘 빠지기에 양육, 교육 과정이 매우 중요하다. 부모나 교사의 역할이 특히 중요한 까닭이다.

다음으로, 사회적 차원의 노력은 전 사회적 차원에서 알코올 중독 사회가 돼 버린 현실을 정직하게 직시하고, 그런 구조를 만든 중요 고리들을 없애 나가야 한다. 특히 사회 전반적으로 성장 중독증에 대한 문제의식이 공유되어야 하고, 술의 유혹을 초래하는 직장 스트레스를 근원적으로 척결해야 한다. 동시에 왜곡된 생명 욕망으로서의 쾌락 추구가 아닌 건강한 즐거움을 찾을 수 있는 대안을 다양하게 만들어야 한다. 여기서 유의할 것은, 값싼 대안이나 피상적인 대안, 성급한 대안을 찾는 것보다 기존 구조에서 근본적으로 뒤틀린 부분들을 냉철하게 잡아내는 것이다. 이른바 '적폐 청산'이란 바로 이런 근본적인 것이어야 한다.

일례로, 영화 〈내부자들〉에는 밤 문화를 장악하고 있는 조폭 두목

이 나오는데, 이미 이런 유흥업계를 장악하고 있는 조폭 집단을 척결하지 않으면 알코올 중독 사회를 벗어나기 어려움을 알 수 있다. 나아가 그런 유흥업소엔 재벌, 금융, 언론, 검찰, 정계의 거물급들이 모여들어 한편으로는 중독적인 방식으로 사업과 거래를 전개하며 다른 편으로는 스스로 알코올 중독자가 되어 가는 모습들이 잘 나온다. 그런데 이는 단순한 상상이 아니라 실제 현실이다.

특히, 법과 정의를 바로 세우는 데 솔선수범해야 하는 검찰 조직이 권력 중독, 알코올 중독, 돈 중독, 성 중독에까지 빠져 있는 현실은 개탄스러움을 넘어 서글픔이 앞설 정도다.[13] 이런 면에서 알코올 중독 사회를 사회구조적 차원에서 벗어나도록 만들기 위해선 단순히 음주 문화 단속이나 규제로 그칠 일이 아니라 재벌, 금융, 언론, 검찰, 정계 등의 '부패 네트워크'를 척결해야 한다. 나아가 이들 기득권 집단과 조폭 사이의 연계 고리까지 철저히 차단해야 한다.

크게 보면, 자본주의는 한편으로 술 사업으로 돈을 벌면서도, 다른 편으로 사람들이 알코올 중독에 빠져들게 함으로써 건강한 비판 정신이나 근본적 대안 탐색을 아예 하지 못하도록 차단하기도 한다. 이런 관점에서 보더라도 자본주의는 구조적으로 알코올 중독을 조장할 뿐 아니라, 알코올 중독을 먹고 산다고도 할 수 있다.

물론, 이미 발생한 알코올 중독자를 치유하는 것도 대단히 시급하고 중요하다. 사실, 이 부분은 기존의 심리 상담이나 단주斷酒 모임[익명의 알코올 중독자 모임(Anonymous Alcoholics)] 등이 상대적으로 잘하고 있다. 하지만 전 사회적 문제의식이나 새로운 종합적 접근 없이 진행되는 개별적 치유 노력은 지속적 효과가 없다. 힘들게 치유해 봤자 또 다시 일터나 사회로 돌아가면 다시 중독에 빠지거나 아프기 때문이다. 따라서 개인적 치유 및 예방 노력과 사회적 치유 및 예방 노력이 유기적으로 통일되어 진행되지 않으면 안 된다.

더불어 생각해 볼 점

1. 대한민국을 '알코올 중독 사회'라 부를 수 있는 근거는 무엇일까?
2. 우리는 어떻게 해서 자신도 모르는 사이에 알코올/약물 중독자가 될까?
3. 알코올/약물 중독으로부터 벗어나는 방법은 무엇일까?

4. ———

1   이도경, 알코올 중독, 술 끊고 환각·환청 생겼다면 '진전섬망' 의심, 〈조
    선일보〉, 2019. 10. 18.

2   이해나, 알코올 중독 진단하는 의외의 기준… "마시는 양, 횟수 상관 없
    어", 〈조선일보〉, 2020. 9. 2.

3   노진섭, 술술 넘어가는 술, '적당히' 마셔도 간암 유발, 〈시사저널〉,
    2018. 3. 7.

4   노진섭, 앞의 글.

5   Alcohol consumption(indicator), doi: 10.1787/e6895909-en, 자료 열람
    일: 2021. 1. 3.

6   이덕주, 대한민국 밤문화와 양주의 흥망성쇠, 〈매일경제〉, 2018. 5. 2.

7   이덕주, 앞의 글 재인용.

8   뉴스팀, 알자지라 방송, 한국의 음주 문화 집중 조명 "매우 폭력적", 〈세
    계일보〉, 2016. 2. 9.

9   노진섭, 앞의 글.

10 박성제, 이 시국에 유흥업소서 70명 술판…손님 중 자가격리자도 있어,
    〈연합뉴스〉, 2021. 1. 3.

11 전미옥, 코로나19 이후 디지털 중독 위험 증가…우울·불안이 원인, 〈쿠
    키뉴스〉, 2020. 6. 30.

12 권대익, '코로나 우울' 탓? 올해 8만 명 알코올 의존증 치료 받았다, 〈한
    국일보〉, 2020. 11. 29.

13 박창민, 지난 12년간 검사 징계 내용 들여다보니…, 〈시사저널〉, 2020.
    12. 23.

5부

**쇼핑 중독과
성형 중독**

"'나를 위한
투자'인가?
'나를 망치는
투자'인가?"

쇼핑 중독의
정의

가수 겸 뮤지컬 배우 아이비가 자신의 쇼핑 중독 과거를 털어놓은 적이 있다.[1] 2020년 9월 23일 MBC 예능 프로그램 '라디오스타'에 출연해서이다. 고백 내용인즉슨, "필요하지도 않은데 뭔가 계속 소비하는 행위에 중독돼 있었다", "(당시엔) 안 사면 불안할 정도였다", "(특별히) 신발을 좋아해서 몇백 켤레씩 소장했다"라는 것. 게다가 "(일단 내 것으로) 사고 나면 바로 흥미가 없어져서 다 나눠 줬다. 100만 원짜리 신발도 그냥 줬다. 뮤지컬 할 때마다 사람들에게 다 나눠 줬다"라고 고백했다. 다행히 아이비는 어느 순간 자신의 중독증을 직시, 자기 치유를 시작했다. 그 이후 신발 쇼핑에 매달리지 않아도 정말 아무렇지도 않은 자신을 재발견하고는 "참 신기하다"라는 느낌이 들었다고 했다. 불행 중 다행인 셈이다.

이 사례에서 보듯, 어떤 중독물에 강박적으로 의존하며, 갈수록 여러 가지 갈등이 생김에도 불구하고 자기 통제가 어렵고, 오히려 (무엇이건 통제가 가능하다는 환상 속에) 더 많이 또는 더 비싼 걸 추구하며, 이 행위를 중단할 땐 금단증상이 생겨 불안하거나 견디기 어려운 것, 바로 이것이 중독의 전형적인 특성이다. 여기서는 그것이 쇼핑 중독이라는 형태로 달리 나타날 뿐이다.

그런데 영화 〈마리 앙투와네트〉에서도 나오듯, 오스트리아 출신으로 프랑스 루이16세의 왕세자비인 앙투와네트가 결혼 생활과 부부 관계 전반에 불만족과 상처가 쌓이면서 그 허전함과 무기력을 메우고자 다른 귀족들과의 파티나 호화 신발 등에 강박적으로 매달리는 모습 역시 쇼핑 중독이다. 다른 중독들과 마찬가지로 쇼핑 중독 역시 상처받은 마음에 대한 가짜 위로일 가능성이 높다. 물론, 당시는 쇼핑 중독이 대중화(또는 민주화)되지 않았다. 돈과 여유가 있는, 또, 시기와 질투 경쟁이 심했던 귀족 사이에서만 볼 수 있었던 예외적 현상이었다. 그런 예외 현상이 대중 현상으로 바뀐 것은 자본주의 대량생산-대량소비 시스템이 정착된 20세기 이후의 일이다.

좀 다른 사례, 즉 스토리라인은 다르지만 결국은 쇼핑 중독의 본질을 드러내는 최근 이야기도 있다.[2] 주인공 젊은이는 어릴 때부터 물욕이 별로 없고 뭔가 사는 것을 좋아하지 않았다. 성인이 되어서도 자취방 역시 "방은 정육면체면 되고, 잠은 누울 바닥만 있으면 된다는 신조 아래 간이침대 하나와 영상 작업용 데스크탑만 들고 입주"할 정도였다. "식기도 하나, 수건도 두세 장. 캐리어 안에 웬만한 짐은 거의 다 들어갈 정도"로 만족했다. '자발적 가난' 내지 '자발적 소박함'

의 철학이었다.

그러나 (자식 걱정을 많이 하는) 부모님이 가만히 있을 리 없었다. 간이 침대가 아니라 정식 침대, 전기포트, TV, 빈백(쿠션), 방석, 수건, 카펫, 실내화, 시계, 식기 등이 모두 꼭 필요할 터이니 전부 갖고 가라 하셨다. 이 젊은이에게는 마치 부모님이 버리기 아까운 것들을 죄다 처분하려는 게 아닌가 하는 '엉뚱한' 생각이 들 정도였다. 그러나 지인들을 불러 집들이 모임을 하면서 젊은이가 견지하려던 '자발적 가난'의 철학이 달라지기 시작한다. 쿠션도, 카펫도, 여분의 식기들도 모두 귀하게 쓰였다. 나중엔 겨울날 난방비를 아끼기 위해 침대 신세도 지고 실내화도 잘 썼다. "다 쓸 데가 있다"라던 부모님의 잔소리(?)는 결국 생활의 지혜로 판명 났다. "때로는 넉넉히 준비할 필요도 있다"라는 것을 배웠다. 그러면서 주인공은 "이제 조금씩 쇼핑을 즐기기로 했다."

주인공은 크리스마스가 다가오면서 조그마한 소품 몇 개를 샀다. 줄 타는 산타, 무지개 마크라메, 분홍빛 무드 등 같은 것인데, 혼자만의 공간 속에서 오롯이 빛나는 것을 보며 행복해한다. 삭막했던 집이 조금씩 사람 사는 집 같아진다. "사람들이 왜 집을 꾸미는지 조금은 알 것 같다"라는 생각으로 어릴 적 봤던 '미녀와 야수' 애니메이션 속의 야수를 생각했다. 야수는 대저택에 혼자 살면서 촛대, 커피 잔, 괘종시계 등 잡동사니를 많이 갖고 있었는데, 알고 보니 '외로운 1인 가구'의 허전함을 달래기 위해 꼭 필요한 것들이었다. 주인공 역시 "텅 비어 있는 내 마음과 같던 방을, 이제는 조금씩 채워 가고 싶다"라고 고백한다.

물론 이 주인공은 전형적인 쇼핑 중독자는 아니지만 그럴 싹이 보인다. 가장 중요한 것이, "텅 비어 있는 내 마음과 같던 방을 조금씩 채워 가고 싶다"라는 고백이다. 쇼핑을 스트레스 해소나 허전함 달래기 등, 기분 전환을 위해 사용할 때, 또 그것을 일회적이 아니라 습관적으로 할 때, 이는 쇼핑 중독이 된다. 물론 이 주인공이 여러 갈등에도 불구하고 갈수록 더 많은 걸 사려 하거나 마침내 금단증상까지 생길지는 두고 봐야 한다. 그러나 일단 여기까지만 보면, 주인공 젊은이의 경우는 쇼핑 중독 상태라기보다는 지나친 인색함에서 자기 필요 충족으로 전환하는 과도기라 보는 게 옳을 것 같다.

여기서도 드러나듯 쇼핑 중독은 습관화한 쇼핑을 통해 허전함, 공허감, 두려움, 불안감, 스트레스, 짜증, 우울감 등 정서적 결핍을 해소(?)하고 동시에 자신의 존재감, 자기 가치, 사회적 위신 등을 확인하고자 하는 만성적 질병이라 할 수 있다. 달리 말해, 열등감 회피 욕망과 사회적 인정 욕망이 절묘하게 결합된 것이 쇼핑 중독이나 성형 중독으로 나타나는 셈이다.

실제로, 쇼핑 과정에서 직원들로부터 '왕(비)' 대접을 받을 때나 쇼핑 후 신용카드를 긁을 때 느끼는 '짜릿함'이 사람들을 곧잘 중독으로 내몬다. 이 경우, 중독은 한편으로 심신이 느끼는 정서적 결핍을 덮는 차단막 역할을, 다른 편으로 자기 존재감을 높이는 포장재 역할을 한다. 중독은 자신의 진정한 느낌과 감정을 마비시키거나 (드물게는) 자기감정에의 완전 몰입 즉, 자아도취로 내몰아, 결국 현실 불감증을 초래한다.

IT기술이 발달한 오늘날은 인터넷 쇼핑 내지 스마트폰 쇼핑이 쉬워지면서, 별생각 없이 살다 보면 자기도 모르게 쇼핑 중독에 더 쉽게 빠져든다. 게다가 최근의 코로나19 상황 속에 사람들이 집에 있는 시간이 늘어나면서 공허한 시간 달래기 차원에서 쇼핑 중독이 더 늘기도 한다.

성형 중독

쇼핑 중독의 연장일 수도 있지만 또 다른 차원을 보여 주는 것으로 성형 중독이 있다. 얼굴을 비롯한 자신의 몸을 미인 또는 미남으로 바꾸려는 것인데, 한번 성형에 성공하면 그 '짜릿함'으로 인해 자꾸 또 다른 부위를 성형하려 든다. 나아가 다른 사람을 만나더라도 사람 그 자체를 보는 것이 아니라 성형의 관점에서 어디를 고치면 좋겠다든지, 어디를 성형하려면 얼마가 든다든지, 하는 식으로 보게 된다. 대한성형외과의사회의 어느 이사는 "2017년 기준, 보톡스·필러·성형 등을 포함한 성형 시장 규모는 연간 5조 원으로 추산된다"라고 했는데, 이는 갈수록 증가일로다.

최근 개그우먼 이세영의 쌍꺼풀 수술이 연예계에서 화제가 된 적이 있다.[3] 2021년 새해 초에 이세영은 용기를 내어 자신의 성형 수술을 고백했다. 유튜브 채널 '영평티비'에 '이세영 드디어 쌍수하고 왔어요'라는 영상을 시작으로 몇 차례에 걸쳐 영상물이 공개됐다. 실은 그전에도(2020년 11월 26일) SBS 플러스 '언니한텐 말해도 돼'에 출연, 그동안 연예계 활동 과정에서 자신의 얼굴 평가와 악플들로 인해 받은 상처를 털어놨다. 그는 "개그우먼으로 활동하면서 얼굴 평가와 '못생겼다'는 악플 때문에 크게 상처를 받았다"라고 고백했다. 더불어 끊임없는 얼굴 평가와 수치심을 자극하는 악플에 개그를 하는 게 "점점 무서워졌다"라고 밝혔다. 그러면서 향후(12월)에 쌍꺼풀 수술을 하기로 했다고 솔직히 예고하기도 했다.

성형 수술 경험을 감추기 급급한 연예계에서 그의 용기 있는 행보는 인상적이다. 성형 계기부터 수술 후 경과까지 솔직하게 고백했기 때문. 그는 쌍꺼풀 수술 후 만족감을 드러냈다. 성형 후 자신에게서 "새로운 아름다운 면을 찾게 돼" 행복하고 편안한 모습이었다. 대중(시청자)도 그를 향해 따뜻한 응원의 목소리를 보냈다. 그가 성형 수술을 결심하고 외면이 바뀌니 내면적으로도 변화가 일어나 상당히 바람직해 보이기도 한다.

여기서 그가 성형 계기부터 자세한 수술 후 경과 등 모든 과정을 투명하게 대중에게 공유한 일은 결코 성형을 권장하기 위해서가 아니다. 오히려 우리 모두에게 외모에 대한 성찰의 계기를 던져 준다. 우선, 그의 용감한 고백은 얼굴을 비롯한 외모에 대한 편향적 평가나 선입견이 누군가에게는 씻을 수 없는 상처가 됨을 보여 준다. 또한, "외모 콤플렉스"가 컸다는 그의 고백과 태도는 성형을 고민하는 사람들에게 위로가 되기도 하고, 그들이 낮은 자존감을 회복하는 데 도움을 줄 수도 있다. 나아가, 최소한의 노력만으로도 얼마든지 자기 자신을 새롭게 보고 내면에 만족할 수 있음을 보여 주기도 한다. 물론, 이것이 타인들에게 그런 성찰의 계기를 줄지, 아니면 또 다른 성형 중독을 자극하는 동기가 될지는 아직 열려 있다.

사실, 온 나라가 연예인이나 영화배우같이 외모가 출중한 이들을 '표준'으로 삼고 마치 그런 외모에 미치지 못하면 뭔가 모자라는 사람으로 취급하는 사회적 풍조 속에서는 개인들이 성형 중독의 유혹에서 자유롭기 어렵다. 오죽하면 '성형 공화국'이라는 말까지 나오고 많은 사람들이 '묻지 마 성형'을 걱정하고 나섰겠는가?

이른바 '성형 공화국'이란 무분별한 성형 수술이 널리 퍼진 한국의 현실을 풍자한 말이다. 원래 성형 수술은 신체적 장해로 인해 '치료'를 목적으로 하는 수술이지만, 현재는 그 의미가 완전히 바뀌었다. 오직 아름다움(?)을 추구하고, 외모를 가꾸기 위한 수술이라는 개념으로 변질됐기 때문이다. 특히 외모가 개인의 '경쟁력'이라 인식되는 현 자본주의 사회에서는 성형 수술 역시 '자기 자신을 위한 투자'가 되기도 한다.

2004년경 어느 TV 프로그램에서 '선풍기 아줌마'가 소개된 적이 있다. 성형 중독에 시달리던 한 여성이 더 아름다워지기 위해 끊임없이 성형 수술을 반복했고, 결국 그 부작용으로 인해 일반인보다 세 배 큰 얼굴을 지닌 채 불편하게 살아가는 모습! 그러나 안타깝게도 그는 성형 부작용으로 인해 2018년 12월에 57세로 사망했다.[4] 이처럼 무분별한 성형 수술과 그 부작용으로 인해 경제적, 심리적, 사회적으로 고통받는 사람의 수가 증가하고 있다. 경우에 따라서는 많은 연예인들이 성형 수술 이후에 온갖 '악플'에 시달리다 우울증이 심해져 자살까지 하기도 한다.

영국인
'올리 런던'(30세) 사례

"이 세상에서 가장 완벽한 인간상인 BTS 지민과 조금이라도 닮을 수 있으면 얼마나 좋을까 생각했다. 지금은 삶을 되돌리고 행복을 찾았다. 성형의 도움을 받긴 했지만, 무엇보다 가장 큰 치료제는 BTS가 말한 '네 자신을 사랑하라'였다."[5]

30세의 평범한 영국 시민 '올리 런던'이 영국을 넘어 미국 등에서도 유명해졌는데, 알고 보니 방탄소년단(BTS)의 지민 때문이었다. 올리는 지민을 닮고 싶어 5년간 서울 강남의 성형외과에서 억대의 돈을 들여 수차례 성형 수술을 받았는데, 이 이야기가 2년 전 영국 매체를 장식했던 것. '팬심'으로 성형한 이들은 적지 않지만 서양인이 동양인을 닮고 싶어 얼굴에 칼을 댄 건 극히 드문 일이다.

올리는 2013년부터 제주도에서 1년간 초등학생 영어를 가르치며 한국을 처음 알게 됐다. 당시 한국에 대해 아는 건 가수 보아(BoA)가 유일했다. 주말마다 콘서트를 다니며 K팝을 익혔다. 직접 본 걸 그룹 씨스타의 공연도 좋았다. 물론 정점은 BTS였다. 올리는 "그해 데뷔한 BTS의 '노 모어 드림(No More Dream)'을 듣자마자 사랑에 빠졌다. 그들은 뭔가 달랐다. 지민의 외모에 빠진 것도 사실이지만, 무엇보다 그들이 지금의 BTS가 되기 위해 얼마나 노력했는지, 얼마나 겸손하게 지내 왔는지 안다는 것이 너무 자랑스럽다"라고 했다.

영국에서 태어난 'BTS 지민 덕후(super fan)' 이야기는 해외 방송가를 솔깃하게 했다. 덕분에 미국 CBS 방송 유명 토크쇼 '닥터 필(Dr. Phil)', 미 엔터테인먼트 전문 'E!Channel', 호주 '투데이쇼' 등에 출연했다. 그는 "영국서 몇 번 성형 실패를 겪은 뒤 한국의 최고 성형술로 다시 태어났다"라면서 "실수를 통해 많이 배웠기 때문에 내 인생에 후회란 없다"라고도 했다.

올리는 K팝 마니아로서 2019년에 K팝 싱글 앨범 '퍼펙션'을 내놓아 '유럽의 첫 K팝 아티스트'로 부상했다. 그의 데뷔곡 '퍼펙션'은 아이튠스 K팝 차트 31위에 올랐고, 뮤직비디오는 유튜브 조회 수 190만을 기록했다. 최근엔 영국의 유명 음악 프로듀서인 사이먼 브리턴(Britton)의 도움을 받아 K팝 크리스마스 싱글 앨범인 '크리스마스 인 코리아'를 발표했다. 노래 초반엔 '불우 이웃을 위해 시간을 내요. 사랑과 기쁨을 크리스마스에 나눠요'라는 한국말 가사도 있다. 그런데 올리는 "순수한 팬심"이라 했지만 지민의 등신대와 결혼식을 올리는 괴이한 행동도 했다. 이에 '과도한 팬심', '성형 중독'이라는 비난까지 일기도 했다. 그의 고백을 들어 보자.

"십 대 시절 못난 외모 때문에 학교에 가기만 하면 괴롭힘을 당했다. 피노키오처럼 커다란 코, 여드름 가득한 퉁퉁한 얼굴에 사람들은 손가락질했다. 거울을 보는 것은 악몽이었고, 마치 내가 메두사가 된 것 같았다. BTS 지민처럼 성형한 건 경의를 표하는 제 나름의 방식이다."(올리 런던; 최보윤, 2020.에서 재인용)

그가 오랫동안 왕따와 괴롭힘으로 고통받았다는 과거가 알려지면서 올리에 대한 여러 논란은 수그러들기 시작했다. "BTS는 다른 사람을 괴롭히는 대신 '서로를 존중하고 사랑을 퍼뜨리라'는 메시지를 가르친다. 어린 시절 사람 앞에 나설 수도 없었던 내가 얼굴 성형을 떳떳이 밝히고 전 세계 TV 토크쇼 앞에 설 수 있었던 것도 BTS와 BTS 팬클럽인 아미(ARMY) 덕분이었다."

올리 런던 사례는 성형 중독을 이야기하는 것 같기도 하고 성형 중독을 극복한 이야기를 하는 것 같기도 하다. 그렇다면 과연 우리는 이러한 올리의 사례로부터 무엇을 배울 것인가?

첫째, 올리의 사례에서도 잘 나타난바, 십 대 때부터 못생긴 외모로 놀림이나 왕따를 당한 트라우마가 성형(중독)을 불렀다는 사실을 기억할 필요가 있다. 다른 중독에서와 마찬가지로, 폭력적 경험으로 인한 트라우마는 내면의 결핍감이나 열등감을 유발하고 이는 괴로움과 두려움을 낳는데, 이를 회피하기 위한 욕망이 사회적으로 인정·존중받고 싶은 (생명 본연의) 욕망과 절묘하게 결합하면서 성형 중독이나 쇼핑 중독 등으로 나타난다. 따라서 성형 중독이나 쇼핑 중독을 사전에 근본적으로 예방하기 위해서라도 어릴 적부터 차별이나 왕따와 같은 폭력적 경험으로부터 자유로운 사회적 분위기, 즉 서로 존중하고 배려하는 분위기, 나아가 다양성의 가치를 공유하는 풍토를 조성해야 한다. 가정과 학교, 마을과 지역사회의 역할이 중요하다.

둘째, 학교나 일터에서 외모 차별을 통한 괴롭힘을 금지하는 법이나 제도를 통해 일정한 규제를 가할 필요도 있다. 물론, 가장 바람직한 것은 사람들이 자발적으로 상호 존중과 신뢰를 쌓는 일이다. 그러나 처음부터 그렇게 되기도 어렵거니와, 모든 사람들이 자발성을 갖고 행동한다고 가정할 수도 없는 게 현실이다. 따라서 특히 학교나 일터에서 외모 차별이나 왕따 등의 괴롭힘을 법으로 엄격히 규제하는 장치가 기본으로 깔려야 한다. 그리고 그 위에서 자발성과 공동체성을 증진하는 가운데 상호 존중과 신뢰의 풍토를 강화해 나가야 한다. 만일 누군가 외모 차별이나 괴롭힘을 당한 경우, 구체적으로 어떤 절차와 방법을 통해 문제를 합리적으로 해결할 수 있을지에 대해서는 학교나 일터에서 상세한 매뉴얼을 공지하고 상담 내지 고충 담당 부서 등을 안내할 필요가 있다.

셋째, 상처가 컸던 올리는 K팝에 대한 사랑과 (성공적인 '롤 모델'인) 지민과의 동일시에, 특히 BTS가 부른 '러브 유어셀프'의 핵심 가사 "네 자신을 사랑하라"에 '필'이 꽂혔다. 물론 지민에 대한 중독적 사랑과 지민을 닮기 위한 수차례의 성형 및 가짜 결혼식은 과도한 면이 없진 않다. 하지만 BTS가 던지는 메시지('네 자신을 사랑하라')나 BTS의 숨은 노력과 겸손, 탁월한 재주와 에너지 등은 올리를 홀리기에 충분했다.

특히 올리는 BTS의 건강한 메시지를 온 세계로 전파하기 위해 스스로 재창조자 및 전도사로 나섰다. 바로 이 점은 올리가 단순한 트라우마나 중독의 '희생자'가 아니라 스스로 '피해의식'을 극복, 이제는 보다 적극적이고 창의적인 '행위자'로 서게 되었음을 의미한다. 비록 사회적 조건이 아직은 외모지상주의를 타파할 정도로 성숙하지 못한 상태라 하더라도, 이러한 올리의 사례는 개인적 차원에서라도 얼마든지 트라우마와 피해의식을 넘어 책임감 있는 주체적 행위자로 거듭날 수 있음을 보여 준다.

쇼핑 중독의 영향

쇼핑 중독이 되면 겉보기에는 화려하고 '남부럽잖게' 보이거나 '좀 있어' 보이긴 하지만, 사실은 경제적, 사회적, 심리적 파산이 기다린다. 경제적 파산이란 말 그대로 돈이 다 떨어지는 것인데, 이미 갖고 있던 돈이 떨어질 뿐 아니라 부모나 배우자, 친구나 동료 등으로부터 자꾸 돈을 (빌려) 달라고 하면서 관계의 파산까지 초래한다. 이제 외톨이가 된 중독자는 카드 대출을 예사로 하기 시작하고 한 카드의 펑크를 다른 카드로 막는 '돌려 막기'까지 하기 일쑤다. 그럴수록 빚은 눈덩이처럼 불어간다. 마지막 코너에 몰린 중독자는 윤리적, 심리적 파산에 이르러 마침내 돈을 구하기 위해 범죄까지 마다하지 않는다. 심지어 영화 〈김씨 표류기〉의 첫 장면처럼 자살이 일어나기도 한다.

실제 사례를 들여다보자.[6] 부산에 사는 20대 청년 A씨는 온라인에서 사람을 해치는 기술(?)이 게시된 카페를 검색했다. 다른 날에는 사람을 기절시키는 방법을 알기 위해 동영상을 탐색했다. 살인 범행을 준비하고 있었다. 2019년 8월, A씨는 온라인 게임으로 알게 된 여자 친구의 집에서 동거를 시작했다. 마땅한 직장이 없던 A씨는 수입이 없는데도 외제차를 렌트하거나 여자 친구와 함께 명품 쇼핑을 하는 등 사치스러운 생활을 했다. 일단 생활비는 사채업자로부터 빌려서 충당했다. 이 무렵 A씨의 계좌 잔고는 총 39만 원에 불과했지만 1,000만 원가량의 채무를 지고 있었다. 이에 A씨는 사채업자로부터 빚 독촉에 시달렸고 그 와중에 범행을 계획했던 것.

2019년 10월 20일, A씨는 범행 대상을 찾기 위해 온라인 플랫폼인 '중고나라'에 접속했다. 그곳에서 중고 가구를 판매하겠다는 30대 여성 B씨의 글을 보고 연락을 취했다. 곧이어 가구를 직접 보겠다며 B씨의 집을 찾아갔다. A씨는 B씨가 혼자 살고 있는 집이 고급 아파트라는 사실을 알게 된 뒤 범행을 결심한다. 사건은 다음날 저녁 벌어졌다. 범행 전에 미리 '한 방에 쓰러트리는 방법'이라는 동영상을 시청했다. A씨는 가구 구매를 핑계로 아파트를 다시 찾아 B씨의 얼굴 등을 마구 폭행하고 협박해 금융계좌 비밀번호 등을 알아낸 뒤 살인을 저질렀다. B씨를 욕실로 끌고 가 전화기 줄을 목에 매어 자살로 위장하거나 도어락 비밀번호를 변경하는 등 범행 은폐를 시도했다.

결과적으로 A씨는 B씨의 계좌에서 총 2,600만 원을 이체하고 600만 원의 현금서비스를 받았다. 그 돈으로 본인의 사채 빚을 갚거나 지인에게 줄 선물을 샀다. 심지어 체포된 이후에도 일부 금액을 변호사 선임 비용으로 지불하려고도 했다.

A씨의 범행은 며칠 뒤 경찰에 의해 전모가 밝혀졌고 재판에 넘겨졌다. A씨는 재판에서 일관되게 계획적 범행을 부인했다. 앞서 경찰 조사에서는 "가격 흥정을 하던 중 B씨가 나를 무시하는 듯한 말을 해 폭력을 휘둘렀다"라고 하기도 했다. 살인 관련 온라인 카페를 검색한 데 대해서도 "빚 독촉에 시달려 자살하기 위해서"였다고 주장했다. 사채업자들이 자신을 찾아와 "위해를 가할까 두려워" 사람을 다치게 하는 영상을 찾아봤다고도 했다.

하지만 수사 과정에서 A씨는 여자 친구와 교제 100일을 기념하기 위해 각종 명품을 검색한 사실이 드러났다. 빚 독촉 압박에 자살까지 하려 했다는 사람의 행동이라고는 보기 어려웠다. 그는 강도살인 혐의로 기소돼 1심에서 무기징역형을 선고받았고, 항고까지 했으나 살인에 대한 죄책감도 느끼지 않고 책임을 피해자에 전가하는 등 개전의 여지가 없어 기각됐다.

그러나 쇼핑 중독의 악영향은 이렇게 알려진 범죄에 그치지 않는다. 실은, 쇼핑 자체가 자본주의 상품을 중독적으로 소비하는 것이기에 (명품 중독은 더 극단적인 경우다), 합법적으로 쇼핑을 하기 위해서라도 돈, 즉 추상적 가치에 강박적으로 매달려야 한다. 그래서 오늘날 자본주의 사회에서 대부분의 사람들은 날마다 눈만 뜨면 돈, 돈, 돈, 외치게 된다.

이런 면에서 오늘날 대다수 사람들은 상품 중독, 화폐 중독에 빠져 있다고 할 수 있다. 왜냐하면 우리가 그 무엇인가 필요를 느낄 때 스스로 만들거나 구하고, 아니면 주변인의 도움을 통해 충족하는 게 가장 기본인데, 오늘날은 그런 자율성이나 유대감이 점점 더 많이 붕괴된 상황이기에 삶의 필요(의식주) 충족을 위해 거의 자동적으로 '돈'을 떠올리기 때문이다.

그러나 돈이란 숫자로 표현된 추상적 가치이기 때문에 아무런 감정도, 개성도 없다. 의미 있는 일을 하고 번 돈이건 강도 짓을 해서 번 돈이건 모두 같은 돈 취급을 받는다. 그래서 '돈세탁'이라는 말도 있다. 불법적으로 만들거나 번 돈을 합법적인 것으로 둔갑시키는 것이다. 앞의 사례, 즉 쇼핑 중독이 살인이라는 범죄로 연결된 경우에서처럼 부단히 뭔가를 사려는 충동(물론, 여기서는 상대방 여성을 물질적으로 유혹하기 위해 쇼핑 중독에 빠진 경우였지만)은 수단과 방법을 가리지 않고 더 많은 돈을 얻으려는 강한 욕망 내지 '돈 중독'으로 발전한다. 그 결과는 불을 보듯 뻔하다.

그러나 위 사례처럼 극단적인 범죄가 아니라 하더라도, 즉 합법적으로 많은 돈을 벌어 쇼핑 중독이나 각종 중독에 빠진다 하더라도 여전히 문제는 심각하다. 그것은, 돈이건 상품이건 아무리 많이 획득하고 소유한다 하더라도 그것이 원래의 인간적 욕구 충족 그 자체는 아니기 때문이다. 왜냐하면, 돈이나 상품은 양적 가치(얼마나 비싼가?)로 자기 얼굴을 드러내는 경향이 있는 데 반해, 인간적 욕구는 질적 가치(내면이 만족한가?) 속에 자기 얼굴을 드러내기 때문이다. 일례로, 멀리 떨어져 사는 자녀 얼굴을 보고 싶은 부모는 자식이 아무리 많은 돈을 선물해 주어도 결코 '그리움' 자체를 해소할 수 없다. 또, 부모의 '조건 없는 사랑'을 받고 싶은 아이는 그 부모가 아무리 많은 장난감을 사다가 방을 한가득 채워 준다 해도 결코 행복감을 느끼기 어려울 것이다. 달리 말해, 부모와 자녀 간 친밀한 소통이나 함께 어울려 노는 시간 등 질적인 차원은 결코 돈이나 장난감 같은, 양적인 가치로 '대리 충족'될 수 없다.

쇼핑 중독은 대량생산-대량소비 체제를 아무렇지 않게 수용한다. 그 한 결과는 감당이 어려운 대량폐기물이다. 애니메이션 영화 〈월-E〉에는 쓰레기로 뒤덮인 지구, 우주선을 타고 지구를 탈출한 생존자들, 그리고 700년 이상 지구에 남아 지구의 쓰레기 산을 치우는 로봇 '월-E'가 나온다. 끔찍한 인류의 미래를 상징하는 영화다.

이 모든 사태를 좀 더 근본적으로 보면 이렇게 말할 수 있다. "돈(화폐 가치)이나 상품(상품 가치)이란 사람과 사람, 사람과 자연 사이의 관계(질적 가치)를 파괴하는 대가로 획득되고 축적되는 것(자본 가치)으로서, 수백 년에 걸친 자본주의 사회의 형성과 발전이란 곧 이런 변화를 그 기저에 내포한다." 이런 면에서 동일한 자본주의 사회라도 후진국에서 중진국, 선진국으로 갈수록 돈 중독이나 쇼핑 중독이 사회적으로 더 많이 확산할 수밖에 없고, 또 역으로 그러한 변화들이 자본주의적 사회관계를 더욱 추동하게 될 것이다. 물론, 좀 다른 각도에서 보면, 선진국이나 후진국을 가리지 않고, 돈 중독이나 쇼핑 중독은 중산층 이상 부자들에게 더 많이 발견되는 현상이다. 일례로, (자본주의인지 사회주의인지 모호한) 중국의 거부들은 천문학적인 돈을 주고 유럽의 고성古城들을 마구 사들이기도 한다.[7]

따라서 근본 성찰이 없다면, 그리하여 근본 변화를 위한 집단적 실천이 없다면, 인류의 파멸은 불가피하다. 중독 시스템이 인류는 물론 지구 자체를 위험에 빠뜨릴 것이기 때문이다.

성형 중독의
영향

성형 중독에 빠지면 성형 그 자체로부터 오는 부작용도 의심되지만, 경제적, 심리적, 사회적 폐해도 유발된다. 예컨대 '예쁜 코'를 만들기 위한 코 성형의 부작용으로 코막힘, 그로 인한 불면과 코골이, 수면무호흡증 같은 일이 생길 수 있다.[8]

앞 기사에 소개된 H양은 대학 입학을 앞두고 '자신감'을 갖기 위해 코를 성형한 적이 있었다. 그나마 그 정도면 자연스러워 보여 괜찮았다. 하지만 대학 졸업 후 취업하고 싶었던 회사의 합격 통지를 받은 뒤 '좀 더 예뻐지고 싶은' 마음에 재수술을 받았다. 다양한 검색 끝에 서울 강남의 한 정형외과를 찾았다. 인터넷에서 찾아본 평가나 후기 내용이 좋았기 때문이다. 비용이 다른 병원에 비해 2배 이상 높았지만 "평생 예쁜 모습으로 살아가는데 이 비용은 절대 비싸지 않다"라며 "나만 할 수 있는 수술 방법이기 때문에 평생 만족할 것"이라는 A원장의 말을 믿었다. A원장은 수술 전 이비인후과 진단검사를 통해 코 내부에 문제는 없지만 콧대에 보형물을 넣어야 할 수도 있다며 필요 시 가장 얇은 보형물을 사용한다고 했다.

하지만 수술 후 몇 가지 이상 증세가 나타났다. 일례로, 높은 콧대로 인한 인위적인 느낌, 보형물의 비뚤어짐, 코막힘 증상으로 인한 불면증과 심한 코골이, 수면무호흡증 등이 바로 그것이다. 특히, 수면무호흡증은 그로 인해 교통사고가 날 확률이 6~10배 정도 높아진다는 연구 결과도 있고 혈액 내 산소포화도 저하는 두통, 치매, 뇌졸중 등 뇌혈관 질환과 당뇨, 고혈압, 심장발작 등 심혈관 질환으로 연결될 수도 있다. 나아가 코막힘은 그걸로 끝나지 않고 만성피로나 입마름으로 인한 구취, 편도염 위험, 주간졸림증 등을 유발하기도 한다. 그래서 수술 2주 후 A원장에게 모양 불만족과 이상 증세를 호소했지만 시간이 지나면서 좋아질 것이란 말뿐이었다. 이상 증세가 6개월 이상 지속돼 다시 찾아가 증상을 호소하니 보험으로 처리해 주겠다며 대한의사협회의료배상공제조합과 합의하고 이제 병원으로 찾아오지 말라고 했다 한다.

결국 H양은 이상해진 코로 인해 그간 힘들게 입사한 회사를 그만두고 집에서 은둔 생활을 하며 병원을 상대할 대응책과 치료 방법을 모색 중이다. 이렇게 성형 내지 성형 중독으로 인해 한 개인의 삶이 회복 불가할 정도로 황폐화하는 경우가 많기에 특히 성형에는 매우 신중할 필요가 있다.

특히, 성형 중독은 (다이어트 중독과 마찬가지로) 원래의 자아를 부정하고 "불가능한 미적 기준을 향한 열망"에 기초하기에 (다른 모든 중독이 그러하듯) 영원히 충족될 수 없는 목표를 향해 나아간다. 실은, 성공해도 '들킬까 봐' 내지 '악플에 시달릴까 봐' 두렵고, 실패하면 비싼 돈을 주고도 몸만 망치게 될까 봐 두렵다. 이런 면에서 중독이란 '환상(착각)'을 좇아가는 행위라 할 수 있다. 따라서 성형 중독은 (다른 중독보다 특히) 이미 그 실패와 좌절을 확실히 내장하고 있는 셈이다.

그러나 성형 중독의 가장 큰 사회적 비용은 이것이 외모지상주의 풍토('외모 감옥')를 가속화한다는 점일 것이다. 실은 성형 중독의 배경이 이 외모지상주의라는 사회적 풍토(분위기)인데, 그렇게 개인들이 성형 중독에 빠질수록 또다시 외모지상주의를 강화한다. 한 사람의 성공담이 '놀라움'과 함께 곧 주변으로 전파되고 성형 바이러스가 마치 팬데믹(코로나 바이러스 같은 감염병의 대유행)처럼 퍼져 나가기 때문이다.

실제로, 2014년에 여의도연구원이 10월 2일부터 20일까지 전국 4년제 대학 68개교 대학생 5,617명(남학생 3,403명, 여학생 2,214명)을 상대로 이메일·면접 설문을 진행한 결과, 여대생 5명 중 1명은 "취업을 위해 성형 수술을 받을 의향이 있다"라고 답했다.[9] 표본 문제가 있을 수 있지만, 대략 여대생의 20%가 취업을 목적으로 성형 수술을 할 의향이 있다는 것은 '외모 강박 사회'를 암시한다. 2021년 현재 이 비율은 당시보다 훨씬 늘었으면 늘었지 줄진 않았을 것으로 추정된다.

'외모 강박 사회'는 10대 청소년에게도 악영향을 미친다. 2017년에 녹색소비자연대전국협의회 소속 녹색건강연대가 전국 남녀 초중고 학생 4,736명을 대상으로 실시한 조사 결과, 초등학생의 12.1%, 중학생의 42.9%, 고등학생의 32.3%가 매일 색조 화장을 한다고 답했다.[10] 청소년 상당수가 색조 화장에 신경을 쓸 정도이니 성형은 그다음 단계에 자연스럽게 따라오는 순서가 되었다. 오죽하면 '아우성(아름다운 우리 아이들의 성을 위하여)'으로 유명한 구성애 선생이 건강한 성교육을 하면서도 젊은이들에게 "제발 성형은 하지 마세요"라고 호소하며 전국을 다녔겠는가?

하나 더. 한국인들은 "나이가 들어 보인다"라는 말을 들을까 봐 몹시 두려워한다. 물론 청소년이나 청년 등 젊은이일수록 오히려 나이가 든 사람으로 보이길 원한다. 그래야 사람(어른) 대접을 받기 때문이다. 이런 면에서 나이는 '권력'이다. 물론 유독 한국 사회가 더 그러하다.

그런데 40대 이후로 가면 나이 듦에 대한 공포가 전 사회적인 현상으로 나타남을 알 수 있다.[11] 일례로, "내가 나이 40이라면 자살하겠다"라는 식의 우스갯소리가 있지만, 이 역시 나이 듦에 대한 공포를 표현한다. 물론, 나이가 들면서 성숙함과 노숙함의 아름다움을 즐기는 사람도 꽤 많지만, 대다수 사람들은 나이가 들고 노인이 된다는 것을 어딘지 모르게 무기력하고 무의미하며 무가치한 것으로 여기는 경향이 있다. 실제로 한국 사회의 노인 빈곤율은 약 44%로 OECD 평균의 3배에 이를 정도로 가난한 편이며, 노인은 어디를 가나 사람 대접 받기 힘들다. 그런 사회 속에서 나이 듦이나 노인 됨을 즐기기란 거의 불가능에 가깝다. 이런 풍조 속에 '몇 년이라도 더 젊어 보이기 위해' 너도나도 성형에 중독되기도 한다.

그러나 이런 식으로 온 사회가 성형 중독을 당연시하게 되면, 사회 전체가 삶의 진정한 가치나 하루하루 삶의 과정 속에서 오는 기쁨 같은 것으로부터 멀어지게 된다. 어린이나 청소년들은 나이가 좀 들어 보이고 싶고, 중년 이상 노년들은 나이가 덜 들어 보이고 싶은 욕망, 이것은 곧 팔팔한 20~30대를 향한 청춘 예찬이기도 하지만, 알고 보면 이는 자본주의의 이상적인 노동력 이미지에 잘 부합한다. 그것은 자본주의 노동력이 20~30대 시절에 가장 왕성한 에너지, 창의력, 수익성을 보여 주기 때문이다. 즉, 자본주의 사회에서 가장 인기 많은 연령대가 20~30대의 팔팔한 청년 그룹이다 보니, 온 사회가 그 연령층을 향한 쏠림 경향을 드러내면서 몇 년이라도 젊어지고 싶은, 나아가 평생 청춘으로 살고 싶은 욕망으로 성형·쇼핑 중독에 빠지는 것이다. 요컨대, 사회 전체의 철학적·윤리적 황폐화, 바로 이것이야말로 성형·쇼핑 중독 사회의 가장 큰 비용이다.

쇼핑 중독· 성형 중독 대처법

우선, 개인적 차원에서 쇼핑 중독에 효과적으로 대처하려면 어떻게 해야 할까? 문요한 정신

과 의사는 다른 모든 중독에서처럼 쇼핑 중독에서 벗어나는 법에서도 역시 세 가지가 중요하다고 한다.[12]

첫째, '능동적 억제(active inhibition)' 능력을 기르는 것. 이는 충동에 따라 행동하는 것이 아니라 잠깐 멈추고, 생각하고, 행동하는 능력이다. 이 억제 능력을 향상하는 방법은 '질문과 관찰'이다. 우선 (쇼핑) 충동을 강하게 느낄 때마다 '이것이 지금 나에게 꼭 필요한가?'라는 질문을 천천히 던져 봐야 한다. '가짜 필요'를 찾아내기 위해서다. 그리고 쇼핑 일지를 작성하는 것도 좋다. 단지 쇼핑을 하지 않으려 애쓰기보다 자신이 쇼핑을 언제 어떻게 하는지를 잘 관찰해 보는 것만으로도 자기 조절력이 향상될 수 있다.

둘째, '가짜 위로'가 아닌 진짜 위로를 찾는 것이다. 흔히 쇼핑 충동은 외롭거나 우울하거나 가만히 있거나 권태로움을 느낄 때 찾아온다. 반대로 누군가와 잘 연결돼 있고, 할 일이 있고, 몸을 움직이고, 자신을 괜찮은 사람이라고 여길 때는 잘 느껴지지 않는다. 친밀감, 유대감, 자존감이 중요한 까닭이다. 나아가 좀 더 몸을 움직이고 쇼핑 외 다른 삶의 즐거움을 찾는 것도 좋은 대안이다.

셋째, 주변 환경의 정비다. 알코올 중독자가 집에 술을 잔뜩 쌓아 놓고 술을 끊겠다고 하는 것은 말이 되지 않는다. 우선 쇼핑의 접근성을 어렵게 만들어야 한다. 쇼핑 앱과 신용카드부터 없애는 것도 방법이다. 만약 이러한 노력을 기울이기 어려울 정도로 조절력이 떨어져 있다면 전문가 상담을 받는 것도 좋다. 흔히 전문가 상담 내지 정신과 방문에 대해 극도의 혐오감이나 거부 반응을 보이는데, 실은 이러한 혐오, 거부 반응 역시 중독 행위자의 특성일 수 있다. 중독의 존재(현실)에 대한 부정(denial)을 드러내기 때문이다. 물론, 이러한 개별적 치유법은 한계가 있을 수 있지만, 그렇다고 개인적 노력이 전혀 무의미한 것은 아니다. 오히려 출발점은 늘 '나부터'이다. 물론, '나부터' 출발해서 '더불어', 그리고 '다 함께'로 전진해야 올바른 치유가 가능하다.

같은 논리로 성형 중독 대처법을 생각해 보자. 첫째, '능동적 억제' 능력 기르기다. 이것은 충동이나 즉흥성에 따라 행동하는 게 아니라 잠깐 멈추어 생각한 뒤 행동하는 것이다. 이를 위해 '질문과 관찰'이 필요하다. 우선 성형 충동이 강하게 느껴질 때마다 '그게 나에게 지금 꼭 필요한가?'라고 자문해 봐야 한다. '가짜 필요'가 아닌지 알기 위해서다. 평소에 일기 내지 마음의 기록을 남기는 것도 좋다. 무조건 "성형은 금지"라고 말하기보다 자신이 성형이나 외모에 대해 어떻게 느끼고 생각하는지 오랫동안 관찰해 보는 것도 자기조절력을 회복하는 길이 될 수 있다.

둘째, 가짜 위로가 아닌 진짜 위로를 찾는 것! 대개 성형 충동은 외롭거나 우울할 때, 또는 연예인이나 배우들과 자신을 비교하거나 자기 마음속에서 강한 열등감을 느낄 때 찾아온다. 친구나 동료들과 잘 소통되고 유대감이 강하다면 성형 충동이 잘 생기지 않는다. 그보다 더 필요한 것은 자존감을 회복하는 것이다. 원래 자존감은 어릴 때 부모님의 '조건 없는 사랑'을 충분히 받아야 튼실하게 잘 자란다. 만일 그렇지 못했다면, 지금부터라도 자기가 자기를 소중하게 여기기 시작해야 한다. 통상적으로 우리는 '이기적으로' 산다고 하지만, 과연 나 자신을 위해 살아왔는지 성찰할 필요가 있다. 즉, 나 자신만의 시간, 나 자신의 개성이나 끼를 존중하는 삶, 나 자신의 자유로운 결정과 판단에 따른 행동 등을 하며 나 자신의 삶을 사는지 진지하게 자문하는 것이 중요하다. 타인을 배려하면서도 진정으로 자기만의 삶을 살면서 자기 인생의 주인공이 되는 것보다 더 신나고 즐거운 인생이 있겠는가?

셋째, 주위 환경을 정비하는 것이다. 즉, 성형 중독을 권장하는 환경을 철저히 차단하는 것이 중요하다. 예컨대, 각종 TV나 유튜브 광고, 스마트폰 광고에 노출되지 않도록 완전히 끊거나 꼭 필요한 정보만 골라서 봐야 한다. 물론, 디지털 세계의 광고는 교묘한 방식으로 우리의 일상 속으로 침투한다. 어쩌면 어릴 적부터 우리의 의식이나 무의식 속에 스며들어 와 있는지 모른다. 따라서 성형 중독의 경우에도 자기 조절력이 없다고 판단되면, 설사 자존감이 좀 상한다고 느껴지더라도 문제 해결을 위해 외부 전문가 상담을 받는 것도 방법이다. 중요한 것은 타인이 나를 어떻게 보는가가 아니라 내가 나 자신을 어떻게 보는가이다. 처음엔 힘들더라도 일단 자신의 중독 증세를 진지하게 인정하고 이를 극복하기 위해 최선을 다하는 것이 중요하다.

그러나 온 사회가 겉으로는 그렇지 않더라도 실질적으로는 외모 지상주의로 달리는 한, 나아가 여전히 연예인이나 인기 배우 등이 미美의 표준으로 수용되는 한, 한 개인이 줏대를 바로 세워 그 무엇에도 흔들리지 않기란 매우 어렵다. 따라서 사회 전체가 외모와 무관하게 사람들의 내면과 개성을 존중하면서도 다양성을 적극 추구하는 방향으로 나아가야 한다.

이를 위해 1) 학교 교육(유치원, 초중고, 그리고 대학과 대학원)에서부터 외모보다는 내면의 아름다움을 강조해야 하고, 외모는 물론 내면의 다양성을 존중해야 한다. 2) 일터에서는 선발에서부터 배치, 승진 등 제반 인사관리 과정에 외모 요인보다는 내면의 인격이나 경험, 잠재력, 통찰력과 지혜 등에 초점을 맞추어야 한다. 3) 나아가 TV나 각종 미디어에서도 외모지상주의를 타파하기 위한 다양한 프로그램을 의식적으로 배치할 필요가 있다. 왜냐하면 통상적으로 미디어나 각종 영상물들이 가장 잘생긴 배우들을 통해 온 사회에서 미의 기준을 표준화, 획일화해 왔기 때문이다. 이런 식으로 온 사회가 '외모 감옥'으로부터의 탈출을 시도하고 외모지상주의 풍토를 타파해야 비로소 개인들은 외모로 인한 콤플렉스를 넘어 자신만의 독특한 개성과 멋스러움을 발현하고자 노력하게 될 것이다.

더불어 생각해 볼 점

1. 대한민국을 '성형 중독 공화국'이라 부를 수 있는 근거는 무엇일까?
2. 가족이나 친구가 성형/쇼핑 중독에 빠졌다면 어떻게 해야 할까?
3. 성형 중독이나 쇼핑 중독으로부터 벗어나는 방법은 무엇일까?

5. ———

1 최승우, 아이비 쇼핑 중독 고백, 〈세계일보〉, 2020. 9. 26.

2 정누리, '무소유'가 신조였는데.. 쇼핑 중독에 걸려 버렸습니다, 〈오마이뉴스〉, 2020. 11. 21.

3 장혜수, 이세영 '성형 수술 고백+경과보고'에 따른 득과 실, 〈뉴스엔〉, 2021. 1. 13.

4 온라인뉴스, 성형 중독 전 선풍기 아줌마의 아름다운 모습, 〈헤럴드경제〉, 2018. 12. 18.

5 최보윤, "BTS 지민처럼 되고 싶어 강남에서 성형했어요", 〈조선일보〉, 2020. 12. 23.

6 박세진, "딩동, 가구 좀 볼게요"…명품 중독 20대 '중고나라 살인극', 〈뉴스1〉, 2020. 11. 4.

7 서유진, 676억 유럽 고성 통째 샀다, 중 갑부의 호화로운 격리 생활, 〈중앙일보〉, 2021. 3. 10.

8 심지선, 코뼈절골술 후 코막힘으로 인한 이상증세 해결법, 〈경향헬스〉, 2020. 5. 29.

9 우푸름, 여대생 5명 중 1명 "취업 위해 성형할 의향 있다", 〈메디컬투데이〉, 2014. 12. 29.

10 송은아, '예뻐야 한다' 강박감…성형홀릭·닥터 쇼핑에 '美치다', 〈세계일보〉, 2018. 9. 12.

11 최경호, 배정원 행복한성문화센터 대표가 말하는 노인의 성(性), 〈월간중앙〉 201809호, 2018. 8. 17.

12 문요한, 마음상담소(인터넷 쇼핑 중독), 〈문화일보〉, 2020. 9. 16.

6부

일중독과
동반 중독

"경쟁, 성과,
성취로 점철된
'보이지 않는'
감옥"

일중독의
정의와 기원

일중독이란 말 그대로 일에 중독되는 것이다. 물론 자본주의 사회에서 일이란 일차적으로 임금 노동을 말한다. 하지만 일중독이라 할 때의 일은 임금 노동 외 가사 노동, 봉사 노동, 사회 활동 등을 모두 포괄한다. 일에 중독된다는 것은 일을 할 때의 기쁨, 일로 인한 성과나 성취에서 오는 기쁨, 일을 통해 얻는 경제적, 사회적 보상(돈, 칭찬, 인정, 승진 등)에의 기쁨에 중독되는 것이다. 이를 의학적, 심리적, 사회적 차원에서 살펴보자.

우리의 뇌에서는 쾌감을 담당하는 신경전달물질인 도파민이 분비된다. 의학적으로는 일을 통한 기쁨이 느껴질 때마다 도파민이 분비되고, 따라서 갈수록 더 많은 도파민이 분비되어야 만족하게 되는 것이 일중독의 원리라 설명할 수 있다. 의학계에서는 이런 설명이 주류다.

심리적으로 일중독이란 어릴 적부터 높은 성취로 인해 칭찬을 받아 온 사람이건 반대로 성취가 낮아 열등감에 시달려 온 사람이건, 일을 통해 사회적 인정을 받고 싶은 욕구가 강렬해 일(직업, 직무, 일자리, 성과, 보상, 승진 등)에 강박적으로 집착하는 질병이다. 일중독에 빠진 사람들은 이러한 강박적 집착 외에 부단히 일을 하기 위해 상황을 통제하는 경향이 있고, '일-삶 갈등'이 생김에도 불구하고 더욱 일에 매달리며, 일을 않고 가만히 있을 때는 도무지 심심해서 견딜 수 없는 금단증상도 나타난다. 심리학계나 상담계, 정신과 등에서는 이런 견해가 주류를 이룬다.

사회적 측면에서 일중독은 다른 중독과 달리 사회적으로 비난(경계, 규제)받는 것이 아니라 거의 유일하게 칭찬받는 중독이다. 실은, 칭찬 정도가 아니라 온 사회가 장려하고 요구하기도 하는 중독이기도 하다. 그것은 자본주의 사회가 일중독에 기초하고 있기 때문이다. 그래서 일중독은 다른 중독보다 정직하게 대면하기도 힘들고 따라서 벗어나기가 가장 어려운 중독이다.

그러다 보니, 일중독자 주변의 사람들은 일중독자가 무슨 잘못된 행동을 하더라도 그 잘못을 똑 부러지게 지적하고 고치도록 독려하기보다 그를 오히려 옹호하고 미화하기까지 한다. 이런 행위를 중독 이론에서는 '동반 중독(co-dependency)'이라 한다.

대표적으로 우리는 일중독자를 가리켜 대체로 "참 부지런한 사람" 또는 "누가 뭐래도 열심히 일하는 사람", "정말 성실하신 분"이라 칭찬하며, 타의 모범이 된다고 '모범 근로자'라는 상까지 주며 박수를 친다. 그러나 그런 분들은 몇 년 뒤에 과로사로 쓰러지기 쉽다. 그런

예가 한두 번이 아니다.

물론, 건강하게 열심인 사람과 일중독자는 다르다. 마치 식욕과 식탐증이 다르듯이 말이다. 뒤에 나올 성욕과 성 중독의 관계 역시 같은 맥락이다. 건강한 인간적 필요의 충족은 즐겁고 홀가분하다. 문제는, 근면 성실이라는 외피로 싸인 일중독증이 너무나 많다는 점, 나아가 일중독으로 인해 심신이 고갈되는데도 그 주변에서는 늘 칭찬과 존경을 아끼지 않는다는 점이다.

더욱 서글픈 점은, 그렇게 일중독과 과로사로 사람이 죽고 나면 모두 슬퍼하거나 분노하며 "장시간 노동과 높은 스트레스에 죽음을 부르는 일터"라는 식으로 성토를 하면서도, 일단 장례식만 끝나면 모두들 "세계 최고의 생산성을 올리기 위해 더욱 일에 매진하자"라는 구호를 외치며 일에 전념한다. 전형적인 일중독 사회의 자화상이다.

그러나 일중독에 대한 가장 중요한 설명은 역사적, 정치경제적 설명과 사회심리적 설명을 통합할 때 나온다.[1] 그것은 자본주의의 역사적 발전 과정이 곧 '폭력의 역사'라는 통찰과 연관된다.

따지고 보면, 자본주의가 제 발로 서기 위해선 한편으로 땅(자연)으로부터 인간의 분리가, 다른 편으로 공동체로부터 개인의 분리가 필요했다. 이것은 인간 노동력을 상품화하는 과정이면서 동시에 자연의 산물을 공업 원료로 사용하는 과정에서 발생한 필연적 폭력(violence)이었다. '인클로저 운동' 및 '유혈입법'(또는 구빈법)으로 상징되는 초기 자본주의의 변화는 그러한 폭력을 상징적으로 보여 주었다. 사회 전반에 가해진 이 거듭된 폭력은 그 구성원들에게 집단 트라우마를 남겼다.

물론 자본주의는 아무 저항 없이 수용된 것이 아니었다. 무수한 저항이 있었고 거대한 억압이 반복되었다. 저항과 억압이 거듭되면서 일부 노동자가 승리한 국면도 있었지만 대부분은 자본과 권력에 의해 패배와 좌절을 겪었다. 그런 과정이 갈수록 집단 트라우마(collective trauma)로 각인되었다. 흔히 이 트라우마는 두려움(fear)을 동반했다. 죽음의 두려움, 패배의 두려움이었다.

이제 두려움에 사로잡힌 이들은 생존을 위해 나름의 전략을 개발했다. '강자' 내지 '승자'와의 동일시(identification with aggressors)다. 강자 앞에 무릎을 꿇고 복종과 충성을 맹세하면 일단 목숨은 구한다. 그런 식으로 강자의 하수인이 되어 적응을 잘하면 나중에 한자리할 수도 있다. 강자 옆에 붙어 다니다 보면 스스로 강자인 듯 착각을 하기도 한다. 그리하여 자기보다 약한 자가 나타났다 싶으면 무자비하게 짓밟으려 한다. 피해자가 가해자로 돌변하는 순간이다.

이와 마찬가지로 초기 자본주의에서 노동자들은 단결했고 저항했지만, 거듭 패배하고 말았다. 이제 자본주의 자체를 지양하는 투쟁은 가망성이 없고 오로지 자본주의 안에서 사회경제적 권익 향상을 추구하는 것만이 현실적이라 여겨진다. 자본주의 시스템과의 동일시(identification with the system)가 이뤄진 셈이다. 더 이상 체제에 대한 저항은 승리하기 어렵고 폭력적 억압 탓에 처절한 패배만 맛볼 것이 너무나 분명하기 때문이다. 이미 그런 경험은 충분히 누적돼 있고, 그 흔적이 트라우마로 각인돼 있다. 이제 자본주의 시스템과 자신의 운명을 동일시하는 상태에서 최선을 다해야 할 것은 자본의 돈벌이에 도움이 되는 방향으로 일을 잘하는 것이다. 그런 사람은 일과 자신을 철저히 동일시하고, 따라서 자신의 정체성을 일(성과, 지위, 일자리) 그 자체에서 찾는다. 바로 이것이 일중독(work addiction, workaholism)의 역사적, 정치경제적, 사회심리적 기원이자 뿌리다.

이러한 일중독을 욕망 개념으로 보면 이렇다. 즉, 자본주의 경쟁 사회가 초래하는 두려움을 회피하고 싶은 욕망이 한편에 있다면, 다른 편에는 인간의 생명 욕망이 왜곡되어 나타난 성취·인정·존경 욕망이 있는데, 이 두 욕망의 절묘한 결합이 일중독으로 나타난다. 이렇게 성과 경쟁이 지배하는 사회에서는 일이 중독물(마약 역할)로 작용하되, 당사자의 성취도 수준에 따라 그 역할이 조금씩 다르다.

첫째, 각성제로서의 일: 어릴 적부터 성인이 될 때까지 꾸준히 높은 성취를 이뤄 낸 이들에게 일이란 일종의 각성제 내지 흥분제(stimulant) 역할을 하는 중독물이다. 정치가, 경영자, 목사, 변호사, 의사, 상담사, 교수, 자영업자 등 비교적 자율성이 높은 일에 종사하는 이들이 여기에 해당된다. 이들의 노동시간은 매우 신축적이면서도 상대적으로 긴 편이다.

둘째, 최면제로서의 일: 반면, 성과 경쟁에서 늘 뒤처진 결과, 내면의 좌절감이나 열등감이 아주 깊은 이들에게 일이란 일종의 최면제 내지 마취제(narcotic) 역할을 한다. 일을 전혀 시작하지도 못하면서, 또 맡은 바 일을 깔끔하게 마무리하지도 못하면서 더 많은 감투를 쓰려 하거나 금세 또 다른 일을 하겠다고 나서는 이들이 바로 이 경우다. 이들의 실노동시간은 매우 짧은 편이다. 이런 면에서 일중독자라고 모두 노동시간이 긴 것은 아니다.

셋째, 진정제로서의 일: 한편, 성과 경쟁에서 우등반도 열등반도 아닌 중간 집단은 그저 성실히 일하는 것만이 마음의 불안감을 줄이고 안심할 수 있는 유일한 길이기에 이들에게 일이란 일종의 안정제 또는 진정제(sedative) 역할을 하는 중독물이다. 대다수의 생산직이나 사무직 노동자들, 주부들이 이런 형태의 중독증을 보이기 쉽다. 이들의 노동시간은 대체로 규칙적(하루 8시간)이지만, 2~4시간의 초과 근로조차 습관화해 버린 경우가 많다.

이런 식으로, 성과를 최우선시하는 자본주의 사회에서 일은 사람들에게 그 성취 수준에 따라 서로 다른 역할을 하는 마약(중독물)이 된다. 그러나 어느 역할(형태)을 띠건 중독물이 된 일은 당사자의 느낌과 감정을 마비시키고, 심신이 고갈되어 감에도 현실 부정을 일삼게 하다가 결국은 죽음으로 유도하고 만다. 그것이 곧 우리에게 널리 알려진 '과로사'다.

일중독의 현실

일중독에 빠지면 일에 대한 강박적 집착으로 실제 노동시간이 길어지는 것은 당연하다. 물론, 전술한 (기형적) 일중독 유형으로, 일을 전혀 시작하지도 못하면서 (다양한 일을 나서서 떠맡거나) 겉으로만 일을 하는 척하는 경우도 있다. 이런 경우는 [마치 술 안 마시는 알코올 중독자(dry drunken)나 음식을 거부하는 음식 중독자(anorexia)처럼] '일 않는 일중독자'다.

하지만, 가장 흔한 것이 하루 종일 일하고도 또 초과 노동까지 습관적으로 하면서도 크게 문제의식을 느끼지 않는, 오히려 그것을 정상적인 성실함 정도로 여기는, 과도한 일중독이다. 우선 한국의 악명 높은 노동시간부터 따져 보자.

우리나라 노동시간이 OECD 나라 중에서 1~2위를 다투는 것은 이미 널리 알려진 일이다. 2008~2011년 사이만 해도 한국은 OECD 회원국 중 가장 긴 실노동시간(2,136~2,228시간)을 기록했지만, 2012년부터 현재까지는 (법정 주 노동시간이 48시간이고, 최저임금이 한국의 1/10 수준인) 멕시코보다 조금 더 짧아 2위 자리를 유지하고 있다. 2019년에는 멕시코가 (노동자 1인 평균) 2,137시간이었으나 한국은 1,967시간으로 보고되었다. 물론, 이 노동시간 통계는 대단히 부정확하다. 일단 평균치라는 점에서 대다수 중하층 노동자들의 실노동시간이 과소평가되었을 가능성이 크다. 게다가 OECD에 보고되는 실노동시간은 노동자들이 직접 응답한 결과가 아니라 사용자들이 당국에 보고하는 자료를 기초로 작성된다는 점에서 축소 보고의 위험이 있다. 그럼에도 실노동시간 국제 비교에서 한국이 꾸준히 1~2위를 한다는 것은 일중독 사회 대한민국의 간접 지표로서 충분하다.

이런 일중독 현실을 반영하듯, 영국의 '렌즈코어'가 대도시 44곳을 조사해 최근 발표한 '건강생활도시지수 2021'에서 서울이 18위에 머물렀다.[2] 세계 주요 대도시 가운데 가장 건강한 생활을 할 수 있는 곳은 네덜란드 암스테르담이었다. 이 조사는 도시인의 건강생활에 영향을 미치는 10가지 항목(행복도, 오염도, 비만율, 노동시간, 일조시간 등)을 기준으로 평가했다. 암스테르담에 이어 스톡홀름(스웨덴), 코펜하겐(덴마크), 헬싱키(핀란드) 등 북유럽 주요 도시가 4~6위에 올랐다. 이들 북유럽 도시의 국민 행복도는 7.35~7.80으로 매우 높은 편인데 연간 노동시간도 1,380~1,540시간으로 최저 수준이다. 이에 비해 서울은 비만율·기대수명·행복도에서 일본 후쿠오카(7위)와 엇비슷하지만 2,000시간 가까운 긴 노동시간 때문에 훨씬 낮은 평가를 받았다. 게다가 서울은 사무실이나 거리(식당 포함)나 불이 꺼지지 않을 정도로 '밤'이 사라졌다. 24시간 배달도 된다. 그나마 코로나 사태가 좀 주춤하게 만들었지만, 그 경향성은 변하지 않았다.

한편, 일중독자들은 일이 자신의 정체성(identity)을 규정하기에 아무 일도 않고 편하게 휴식을 취하는 것이 불편하게 느껴진다. 사회나 직장 분위기 역시 휴가 가는 사람들을 '일하기 싫어 놀러 가는 사람'이라 부정적으로 인식하는 편견이 강한 편이다. 심지어 육아휴직 신청자에게 "(이런 위기의 시기에 육아휴직썩이나 신청하다니) 간 큰 사람" 또는 "(남들 일하는데 자기만 쉬려 하다니, 그리고 자기만 쉬면 다른 사람들 일이 더 많아지니) 남의 시간을 뺏는 범죄자" 취급을 하기 일쑤다. 물론 이런 선입견이나 편견은 지난 10년 사이에 많이 줄어든 편이나 그래도 여전히 강고하다. 법에 규정된 휴가조차 편하게 쓰기 어려운 것이 일중독 개인과 일중독 조직들이 압도적으로 많은, 일중독 한국 사회의 현실이다.

이런 맥락에서 한국인의 휴가 실태를 살펴보자. (공식 통계만으로도) 고도 성장기이던 1989년에 연평균 노동시간이 2,900시간대였고, IMF 외환위기 이후로도 연 2,300~2,400시간대를 기록하던 한국은 2004년 7월부터 연차적으로 주5일제를 도입했다. 주5일제란 토요일과 일요일을 휴무하는 것으로, 서양처럼 주말이 길어짐을 뜻한다. 나아가 법정 공휴일에다 유급 연차휴가(15~25일)까지 합치면 한국의 휴가도 서양 복지국가 못지않게 길다.

게다가 2018년 2월부터는 '명실상부' 주40시간제 (초과근로 12시간 포함 시 최고 주52시간제)를 순차적으로 실시하고 있다. 이렇게 제도만 보면 한국은 이미 유럽 수준을 따라잡았다.

하지만, 문제는 '실제로' 그렇게 쓸 수 있는가이다.[3] '실제' 사람들의 삶을 보면, 제도는 겉만 번지르르 꾸미는 포장재로 보인다. 표리부동, 겉과 속이 다른 것이 전형적인 중독 행위 논리임을 인식할 필요가 있다. 이런 사회 속에서는 법과 제도가 선진국 수준이라도 실제 행동이나 실천은 후진국 수준에 머문다.

예컨대, 2015년에 온라인 여행사 '익스피디아'는 리서치 회사에 의뢰해 한국과 일본, 미국, 영국, 독일, 프랑스 등 총 26개국의 18세 이상 직장인 9,273명을 대상으로 '유급휴가 국제 비교 2015 통계'를 조사했다. 이에 따르면 유급휴가 소진율이 가장 높은 유럽 국가는 프랑스와 오스트리아, 스페인, 브라질 등지로 평균 30일, 소진율 100%였다.[4] 독일은 특히 제조업에서 연간 40일의 유급휴가를 사용한다. 그런데, 한국의 직장인은 유급휴가 15일 중 실제 사용하는 휴가 일수가 6일에 불과했다. (그것도, 많은 경우 토요일과 일요일을 포함해서 그렇다. 극단적인 경우는 1년에 추석날과 설날 단 이틀만 쉬고 '늘' 일하는 사람들도 있다.) 소진율이 40%에 불과한 셈이다. 일본은 유급휴가가 20일인데 소진율이 60%로 실사용 휴가는 12일이었다. 중국의 유급휴가 소진율은 한국과 일본의 중간 정도다.

결국, 실제 유급휴가가 가장 짧은 나라는 단연코 대한민국이다. 이는 한국의 노동자들이 일을 위해 삶을 희생한다는 것, '워라밸'은 거리가 멀고 오히려 일-삶 갈등이 심하다는 것, 일 때문에 휴가 일정도 잘 짜지 못한다는 것, 일에 강박적으로 매달리는 사람들이 그만큼 많다는 것, 나라 전체가 일중독을 당연시하며 자랑스러워하거나 장려한다는 것 등을 의미한다. 앞서 말한바, 나라 전체적으로는 (경제)성장중독증이, 개인별로는 일중독증이 한국 사회를 지배하고 있다고 해도 과언이 아닌 셈이다.

이러한 점은 실제 통계로도 검증되었다. Kang(2020)이 2014년 한국노동연구원(KLI) 노동패널 통계자료(KLIPS) 중 4,242명의 표본을 대상으로 K-WAQ라는 일중독 측정도구(4개 요인, 15개 항목으로 구성)를 개발, 그 타당성(validity) 검증과 함께 한국의 일중독자 비중(유병률)을 추정한 결과, 무려 39.7%가 일중독이라는 결과를 얻었다.[5] 이는 (비록 동일한 추정 방법론을 쓴 것은 아니지만) 캐나다 27%, 미국 25%, 일본 21%, 이란 13.8%, 노르웨이 8.3%, 이탈리아 7.6%, 그리고 폴란드 6% 등, 지금까지 학술적으로 제시된 일중독 유병률(prevalence) 중 가장 높은 수준이다. 여기서 특히 흥미로운 점은, 전통적 일중독 국가인 일본보다 한국이 더 높은 일중독 유병률을 보인다는 것. 이제 한국은 일본을 물리치고 명실상부 세계 최고의 일중독 사회다. 자랑이 아니라 부끄러운 일이다.

한국형 일중독 측정도구(K-WAQ)와 일중독 수준

일중독을 어떻게 정의하는가도 중요하지만, 이를 어떻게 측정하는가 하는 문제도 학자들 사이에서 중요한 논란거리가 되어 왔다. 학계에서는 미국에서 개발된 두 척도, 즉 Brian Robinson(1989)의 25문항 WART(Work addiction Risk Test)[6]나 Spence & Robbins(1992)의 25문항 Work-BAT(Workaholism Battery)[7]를 많이 사용해 왔다. WART는 최초의 도구이면서 가장 널리 사용되긴 했지만 그 타당도 검증에 문제가 있다고 지적되기도 했다. 그것은 무엇보다 WART가 대학생이나 익명의 일중독자 모임과 같은 동질적인 집단을 표본으로 해서 개발되었기 때문이다. 게다가 WART의 구성 요인이 당초엔 5가지로 제시됐지만, 이후 검증에서는 3개 요인만이 타당한 것으로 판명됐다.

반면, Work-BAT는 영어권 일중독 연구에서 가장 많이 사용된 측정도구로, 일 몰입, 일 강박, 일 향유 등 상호 독립적인 세 요소로 구성된다. Spence & Robbins(1992)에 따르면 일중독자들은 일 몰입과 일 강박은 높은 편이나 일 향유는 낮은 편이라 했다. 이런 식으로 위 세 요소 간의 다양한 결합에 따라 총 6가지 유형의 일중독자가 구분된 다. 그런데 이 척도는 그 개념 구성에서 이론적 근거가 약하다는 지적 이 있으며, 심지어 일중독의 핵심 요소를 모두 포괄하고 있지 못하기 도 하다. 게다가 이 척도 역시 요인 구성이 안정적이지 않다고 한다.

그 이후에 등장한 척도들이 DUWAS (Dutch Work Addiction Scale) (Schaufeli et al., 2009)[8]과 BWAS (Bergen Work Addiction Scale) (Andreassen et al., 2012)[9]이다. DUWAS는 앞의 WART 및 Work-BAT에 기반하고 있 는데, 일을 과도하게 한다는 측면과 일을 강박적으로 한다는 측면으 로 구성된다. 그런데 이 척도는 비교적 단순하다는 강점이 있긴 하지 만 그 요인 구성에 결함이 있다. 가장 큰 문제는 이 척도가 중독 이론 이 아니라 인지 행동 심리학에 기초한다는 점이다. 그 결과 이 척도 는 통제 환상이나 재발 위험성, 두려움 회피를 통해 일-삶 갈등 참기 등과 같은 일중독의 기저에 흐르는 동태적 과정을 포착하는 데 실패 했다.

한편, BWAS는 일중독의 성분 모델을 기초로 7개 항목으로 구성 된 척도인데, 각 항목이 하나의 성분을 대변하는 구조다. 물론 이 척 도는 단순함과 편리함의 강점을 지니지만, 아무래도 한 항목이 한 성 분을 측정한다는 것은 타당성 문제를 야기한다. 왜냐하면, 일중독의 특징 중 하나가 부정(denial)임을 감안할 때 단일 항목으로 일중독의 한 성분을 정확하게 측정하기가 구조적으로 난망하기 때문이다. 또,

BWAS에서는 일중독자를 판명하기 위해 컷오프 점수를 부여한다. 즉, 7개 항목 중 4개 항목 이상에 긍정 응답을 한 이들이 중독자로 분류된다.[10]

물론 이 척도는 임상학적으로 명확하고 유용한 면이 있지만, 잠재적으로 일중독인 사람을 건강한 사람으로 오판할 위험도 있다. 일중독이 어떤 고정된 상태가 아니라 진전 또는 후퇴하는 식으로 동적인 면이 있기 때문에 일중독 측정 역시 컷오프를 기준으로 이원화(binary variable)하기보다는 일련의 연속성 위에 존재하는 변수(continuous variable)로 파악하는 것이 낫다.[11]

이런 문제들을 극복하기 위해 미국의 Aziz et al.(2013)은 WAQ(Workaholism Analysis Questionnaire)라는 새 척도를 개발했는데, 이는 총 29개 항목으로 구성된, 포괄적인 일중독 측정도구다. WAQ는 5개 핵심 요인으로 구성되는데, 일-삶 갈등, 완벽주의, 일중독, 불쾌함, 금단증상 등이 바로 그것이다. 그런데 WAQ는 일중독 측정도구임에도 그 구성 요소 중에 다시 일중독이 들어 있어 그다지 바람직해 보이지 않는다. 게다가 일-삶 갈등은 일중독의 구성 요소라기보다 그 부정적 결과 중 하나로 보는 것이 타당하다. 설상가상으로, 일중독을 측정하는 데 있어 29개 문항은 과다하게 보인다. 더욱이 한국 사회에서는 미국에서 개발된 척도의 타당성이 다르게 나타날 수 있기에 WAQ에 대한 비판적 분석이 필요하다.

Kang(2020)은 당초 미국에서 개발된 29개 문항의 WAQ에 대한 비판적 분석을 시도한 결과, 한국에서 일중독을 측정할 때 타당도와 신뢰도가 검증된 15개 문항의 K-WAQ라는 도구를 쓰는 게 좋다고 제시했다. 당초 WAQ를 사용한 한국노동연구원의 2014년 패널자료 중 4,242명의 응답을 분석한 결과, 다음의 4요인 모델(강박적 의존, 통제 환상, 일-삶 갈등 인내, 금단증상)을 도출하게 되었다.[12]

1) 강박적 의존: - 일에 대한 생각이 강해 다른 활동들을 즐길 수 없다
    - 종종 일에 대한 집착으로 잠을 설치기도 한다
    - 나 스스로도 일에 많이 중독된 것 같다
    - 일을 할 때 매우 공격적·적극적인 편이다

2) 통제 환상: - 나는 일을 마무리하기 전에 여러 차례에 걸쳐 체크를 한다
    - 나는 종종 일의 목표나 성과를 철저히 점검하는 편이다
    - 나는 시간이 오래 걸려도 일을 완벽하게 끝내는 편이다
    - 나는 종종 타인들이 내 일을 체크해 주길 요청한다

3) 일-삶 갈등 인내: - 나는 일 때문에 종종 개인적인 문제 해결을 뒤로 미룬다

　　　　　　　　　　－ 일 때문에 개인적으로 중요한 모임조차 종
　　　　　　　　　　　종 빠진다
　　　　　　　　　　－ 회사 일이 나의 삶을 자주 간섭하는 것 같다

　　4) 금단증상:　　　－ 아무 일도 않고 있을 땐 마음이 불안하다
　　　　　　　　　　－ 일이 없으면 심심하고 편히 쉴 수 없다
　　　　　　　　　　－ 일을 않고 가만히 놀고 있으면 죄책감 같은
　　　　　　　　　　　게 든다
　　　　　　　　　　－ 집에서조차 일 생각이 자꾸 나 푹 쉴 수 없다

　첫째, 여기서 강박적 의존(compulsive dependency)이란 일중독의 기본 정의상 도출되는 요인인데, 자나 깨나 일 생각만 하는 것이다. 이는 일중독자가 '일을 곧 나 자신'이라 생각하고, 일과 자신을 동일시하기 때문이다. 중독자는 일을 사랑하고 기꺼이 '중독'에 빠진다. 심지어 스스로 일중독자라 자랑하기도 한다. 즉, 일중독자는 자신의 정체성이 곧 일이라 본다. 일에 대한 강박과 집착으로 다른 활동에는 거의 신경을 못 쓴다. 일을 할 때도 (주변인들로부터 공격적이라는 말을 들으면서까지) 매우 적극적으로 임한다. 심지어 밤에도 일에 대한 생각을 하느라 잠을 못 잔다. 그러니 강박적 의존은 일중독을 정의하는 데 가장 기본적이면서도 가장 핵심적이다.

　둘째, 통제 환상(illusion of control)이란 일중독자가 자신의 일중독 상황을 시간적, 공간적, 관계적 측면에서 자기 구미에 맞게 마음대로

통제 가능하다고 착각하는 걸 말한다. 체크, 점검, 통제, 완벽 등의 용어는 곧 통제 환상과 직결된다. 일중독자는 스스로 완벽하다고 믿으며, 어떤 일이라도 완벽하게 마무리해야 한다고 믿는다. 또, 갈수록 일의 성취 수준이 올라가야 만족하면서도, 자기나 타인의 작은 실수를 잘 용납하지 못한다. 한 치의 빈틈도 없어야 한다고 믿기에 행여 뭔가 잘못되면 상황을 조작하거나 은폐하려 한다. 최소한 겉으로라도 '완벽'해야 하기 때문이다. 그렇게 해서 자신이 일을 맡으면 완벽하다면서 무슨 일이건 자기에게 맡기라는 식의 태도를 보인다. 하나가 끝나기 무섭게 또 다른 일에 착수한다. 심지어 몇 가지 일을 동시에 진행하기도 한다. 일중독자들에게 일이란 한시라도 끊겨서는 안되는 약물과도 같기 때문이다. 그래서 완벽한 통제를 위해, 첫째도 점검, 둘째도 점검, 셋째도 점검이다. 그러나 이 통제 환상은 환상 내지 착각일 뿐, 실제로 완벽하게 통제되는 일은 없다. 따라서 중독자가 통제 환상에 빠질수록 그 부산물인 고도의 스트레스와 번아웃(소진), 그리고 우울증 등을 피할 길이 없다.[13] 솔직히 고백하자면, 나 스스로 이런 과정을 경험했다.

셋째, 일-삶 갈등 인내(endurance of work-life conflict)는 일중독자들에게 '일-삶 갈등'이 필연적으로 나타날 수밖에 없음에도 '불구하고' 지속적으로 일에 매달리는 상황을 말한다. 그래서 개인적인 일들이나 심지어 각종 모임 참여 등에도 소홀해진다. 따라서 일중독자들은 일이 자기 삶을 침해한다고 느끼지만 그렇다 하더라도 "어쩔 수 없다"라고 합리화하면서 일에 계속 매진한다. 일을 통해 성취감도 느끼고 상사나 조직으로부터 지속적으로 인정받고 싶기 때문이다.

끝으로, 금단증상(withdrawal symptoms)이란 누누이 지적된바, 일을 않고 가만히 있을 때 견디기 어려운 현상이다. 불면에 시달리거나 얼굴이 붉어지고 식은땀이 나는 등 신체적 증상이 나타나기도 하고, 허전함이나 불안함, 무기력함과 죄책감, 심심함과 우울감 등 심리적 증상이 나타나기도 한다. 스스로 아무 가치도 없는 존재라는 느낌 때문에 견디기 힘들다. 바로 이런 이유로 일중독자는 마음먹고 일(마약)을 끊더라도, 얼마 지나지 않아 곧잘 다시 일중독으로 뛰어든다. 그렇게 뭔가 일을 하고 있어야 마음이 좀 편해지고 뭔가 쓸모 있는 존재라는 느낌이 들기 때문이다.

이 4요인 모델로 측정한 한국인의 일중독 유병률은 전술한바 39.7%로 나타났는데(Kang, 2020), 이는 지금까지 학술적으로 제시된 세계 각국의 일중독 유병률 중 가장 높다. 일중독과 과로사로 악명 높던 일본을 앞질러 이제는 한국이 1위 자리를 차지하게 된 현실이다.

마치 이 사실을 증명하듯, 한국인의 수면 부족이 큰 문제로 대두한다. 2020년 12월 국민건강보험공단에 따르면, 2019년에 '수면장애'로 병원을 찾은 건강보험 적용대상자는 64만 1,806명에 이르렀다. 이는 2014년 41만 5,502명과 비교할 때 5년 만에 54%나 늘어난 수치다. 평균 수면 시간을 보면 한국의 경우 OECD 회원국 가운데 가장 낮다. 중고교 학업에 지친 청소년은 더 심하다.

한국청소년연구원에 따르면 한국 청소년의 평균 수면 시간은 7시간 18분에 불과해, OECD 평균보다 1시간 이상 적다. 단순한 수면 부족이 아니라 (일중독 사회가 초래한) 수면 박탈인 셈이다. 설상가상으로, 최근 코로나19로 인한 경제 불황이 겹치면서 사업 부진, 조기퇴직 등으로 인한 불면증으로 고통받는 사람도 늘었다. 또, 배달 라이더나 택배 노동자, 의사와 간호사 등의 의료진, 소방공무원 등 코로나로 인해 업무가 크게 늘어난 직장인들은 수면 시간이 더 많이 줄었다. 요컨대 한국인의 수면 시간은 6시간 정도(하루의 1/4)다. 2017년 7월 한국갤럽이 조사한 한국인 평균 수면 시간도 6시간 24분으로 나타났다.

나아가 번아웃 증후군을 앓는 이들도 많이 늘어나는 추세다.[14] 시장조사업체 '마크로밀엠브레인'이 2015년에 직장인 1,000명을 대상으로 조사한 결과 10명 중 4명이 스스로 번아웃 증후군 상태라 답했다. 이어 2019년에 취업포털 '잠코리아'가 직장인 492명을 대상으로 조사한 결과에서는 놀랍게도 10명 중 9명 이상인 95.1%가 번아웃 증후군을 경험했다고 말했다.

원래 번아웃burnout이란 신체적·정신적으로 모든 에너지가 소모되어 무기력증이나 자기혐오, 직무 거부 등에 빠지는 현상이다. 2019년 5월 세계보건기구의 제11차 국제질병표준분류기준(ICD-11) 발표에서도 번아웃 증후군을 직업 관련 현상으로 포함하고 이를 "성공적으로 관리되지 않은 만성적 직장 스트레스"로 정의했다. 번아웃의 주요 특징은 에너지 소진의 느낌, 일에 대한 심리적 괴리감, 일에 대한 부정적인 감정의 증가, 업무 효율의 저하이다.

최근에 95%의 한국 직장인들이 번아웃 증후군을 겪은 5대 이유는 (위 '잡코리아' 조사에서 복수 응답 결과), '일이 너무 많고 힘들어서'(46.2%), '매일 반복되는 소모적인 업무에 지쳐서'(32.5%), '인간관계에 지쳐서'(29.3%), '직무가 적성에 안 맞아서'(25.9%), '상황이 나아질 것 같지 않아서'(21.8%) 등이었다.

참고로, 서울대병원 정신건강의학과가 제공한 아래의 '번아웃 증후군 자가 진단표'에서 10개 문항 중 3개 이상에 해당하게 되면 번아웃 증후군을 의심할 필요가 있다고 한다.

- 맡은 일을 수행하는 데 정서적으로 지쳐 있다
- 일을 마치거나 퇴근할 때 완전히 지쳐 있다
- 아침에 일어나 출근할 생각만 하면 피곤하다
- 일하는 것에 심적 부담과 긴장을 느낀다
- 업무를 수행할 때 무기력하고 싫증을 느낀다
- 현재 업무에 대한 관심이 크게 줄었다
- 맡은 일을 하는 데 소극적이고 방어적이다
- 나의 직무 기여도에 대해 냉소적이다
- 스트레스를 풀기 위해 음식, 약, 술, 쾌락을 즐긴다
- 최근 짜증과 불만이 많아지고 여유가 없다

독자 여러분들은 과연 몇 개 항목에 해당하는가? 항목들을 체크한 뒤의 느낌은 어떠신가? 본인의 현 상태에 대해 무엇을 어떻게 해야 할까?

일중독자의 세 유형과
'보이지 않는' 감옥

많은 학자들이 일중독을 다양한 형태로 분류하고 유형화했지만, 나는 일중독이 자본주의의 성과 지상주의 풍토에서 체계적으로 조장된다고 본다. 이런 관점에서 일중독자를 크게 세 유형으로 나눌 수 있다. 그것은 고성과형, 저성과형, 보통형 일중독자이다. 이러한 유형 구분은, 앞서 살핀바, 일이 어떤 마약으로 작용하는지 고찰한 내용과 정확히 일치한다.

물론, 자본주의의 성과 지상주의 풍토가 만들어지는 역사적, 사회적 과정도 중요하고, 각 개인이 출생하고 성장하는 가정의 분위기('조건 없는 사랑'의 중요성)도 중요하다. 하지만, 결국 각 개인이 사회적으로 인정받을 수 있는 성과나 성취를 얼마나 이루는가에 따라 일중독자의 유형도 달라진다.

고성과형 일중독자는 어릴 적부터 성취 수준이 남달라 칭찬과 상장을 많이 받으면서 성장한 일중독자다. 이들은 일터나 사회에서도 늘 높은 성취도를 보인다. 이들에게 일은 흥분제 내지 각성제 역할을 한다. 아침에 눈을 뜬 뒤 일만 생각하면 가슴이 활기차게 뛰기 때문이다. 이들의 노동시간은 엄격한 규정이 없기에 늘 기꺼이 초과 노동을 하는 편이다. 이 유형에 속하는 직업군은 정치가, 행정가, 기업가, 경영자, 관리자, 의사, 교수, 목사, 변호사, 판검사, 컨설턴트, 명강사 등이다.

보통형 일중독자는 어릴 적부터 성취 수준이 평균치를 맴돌았다. 고성과 집단에 들기 위해 숱한 노력을 했지만 결과는 생각처럼 되지 않았다. 실망도 있었지만, 그래도 이 정도라도 대견하다고 자부해 오기도 했다. 이들의 특징은 탁월하게 튀는 것도 아니고 그렇다고 무능하다고 낙인찍히지도 않는, 보통의 성실한 사람이라는 점이다. 고성과형 일중독자처럼 적극적이거나 공격적인 태도로 일하진 않는다. 앞에 나서기보다는 중간이나 뒤에서 성실하고 책임성 있는 모습을 보이기 위해 꾸준히 노력한다. 이들에게 일이란 삶의 과정에서 생기는 온갖 고통이나 불안을 잠재우는 진정제 역할을 한다. 이 유형의 일중독자는 흔히 말하는 생산직이나 사무직 등 일반적인 노동자들 속에서 많이 발견된다.

저성과형 일중독자는 어릴 적부터 성취 수준이 기대 이하였다. 노력을 하지 않는 건 아니나 결과는 늘 실망과 좌절, 낙담과 한숨이었다. 그런 마음의 상처를 받으며 성장한 일중독자는 나름대로 일을 해 보려고 의욕을 내 보지만 어느 것 하나 깔끔하게 마무리하는 법이 없다. 자신의 무능을 은폐하기 위해 이것저것 그럴듯하게 벌이거나 남들 눈에 '좀 있어 보이는' 프로젝트를 맡아 보기도 하지만 막상 일을 하려면 엄두도 내지 못한다. 시작조차 못 하거나 행여 시작하더라도 마무리를 잘 못한다. 이들에게 일이란 자신의 무능과 좌절을 감추기 위한 최면제 내지 마취제 역할을 한다. 이 유형은 직업군과 무관하게 누구에게나 나타날 수 있다.

물론, 이 유형들은 결코 고정적인 게 아니다. 저성과형이나 보통형 일중독자가 나름대로 성공을 해서 고성과형 일중독자가 되기도 하며, 역으로 고성과형이나 보통형 일중독자가 어느날 갑자기 큰 난관에 부딪혀 저성과형 일중독자가 될 수도 있다.

문제는 끊임없이 경쟁력과 성과를 최고 우선순위로 내세우는 자본주의 사회에서는 고성과형이건 저성과형이건, 아니면 보통형이건 갈수록 더 많은 이들이 일중독의 세계로 빠져들 수밖에 없다는 점이다. 따라서 문제 해결의 돌파구는 저성과형에서 보통형으로, 나아가 고성과형으로 상승하는 데 있는 것이 아니라 성과주의 (성과 경쟁) 자체로부터 벗어나는 것이다.

따져 보라. 자본주의 성과 경쟁이란 무엇인가? 그것은 자본을 위해 더 많은 이윤을 벌어 주는 데 누가 더 많이 기여하는가 하는 경쟁이다. 청군과 백군으로 나뉘어 공놀이 게임을 하는 경쟁은 몇 시간만에 끝이 나지만, 자본이 유도하는 성과 게임은 날이면 날마다 한도 끝도 없이 해야 하는 생존 경쟁이다. 자본이 추구하는 가치(이윤) 증식은 결코 만족선이나 결승점이 없는, '무한대' 논리에 따르기 때문이다.

게다가 현재 무슨 직장에서 특정한 일에 종사하지 않는 사람들, 즉 실업자나 해고자, 주부나 학생, 노인과 같은 사람들 역시 '취업'을 할 수만 있다면 수단과 방법을 가리지 않는 태도를 보인다. 물론, 부당 해고를 당한 사람들이 부당 해고 취소 소송까지 하며 해고자 원직 복직을 위해 투쟁하는 것은 천 번 만 번 정당하다.[15] 그리고 당연히 부당 해고(예, 『소금꽃나무』의 저자이기도 한, 김진숙으로 상징되는 한진중공업 해고자,

그리고 2009년 2,646명의 쌍용자동차 정리해고자)는 모두 철회돼야 한다.

하지만 이 문제를 다른 각도에서 보면, 자본주의 사회가 그 구성원들로 하여금 얼마나 일중독이라는 늪에서 허우적거리게 만드는지 잘 알 수 있다. 다시 말해, 취업자건 실업자건 해고자건 '일을 못 하면 살수 없다'는 논리를 자기도 모르게 각인하고 '일=나의 정체성'이라는 공식 속에 살아가는 것이 곧 일중독 사회다. 이러한 논리는 '고용 창출'을 동반한 대규모 개발 프로젝트(국가, 자본이 추진)에 대다수 사람들이 별다른 문제 제기 없이 동조, 지지하는 태도로 이어진다. 이제 '일=국민소득'으로 간주되기 때문이다.

이는 구조적으로 자본주의가 '노동력 상품화'를 전제로 하기 때문인데, 노동력이 곧 생계 수단인 노동자로서는 당연한 생각이다. 그러나 '당연한' 생각이라 해서 '바람직한' 건 아니다. 바람직하기로는 노동자가 인간다운 삶을 위해 자본·노동을 넘어 인간적 유대를 형성하며 사는 것이다. 즉, 그간 자본주의로 인해 잃어버린 사람과 자연, 사람과 사람 간 참된 관계를 복원하고 연대와 소통, 우애와 환대, 친밀과 협동, 나눔과 생명의 가치를 회복해야 한다.

그러나 이런 애기를 하면 많은 이들이 "꿈꾸고 있네", "현실은 냉혹해!"라는 식으로 반응한다. 이해가 되지 않는 바는 아니다. 하지만 이런 '현실주의'적 태도는 온 사회에 만연한 중독증을 방증할 뿐이다. 즉, 중독 사회 속에서는 사람들이 뒤틀린 현실을 냉철히 직시하기보다는 비현실(대안)에 대한 두려움만 여실히 드러낸다. 일종의 PTSD(외상 후 스트레스 장애), 즉 트라우마 효과인 셈이다. 그러나 실은 이런 식의 (현실주의적) 반응들이야말로 '중독 공화국'을 지속·영속시키는 원동력이다. 따라서 우리는 과연 현실주의 태도가 무엇인지 깊이 성찰할 필요가 있다.

여기서 말하는 현실주의(realism) 내지 현실(reality)이란, 일을 해서 돈을 벌어야 겨우 생계라도 유지할 수 있는 사회, 노동력 상품화가 거의 유일한 생존 조건이 되어 버린 사회, 즉 말로는 자유로운 사회라지만 사실상 노동이 강제되는 사회를 말한다. 따라서 사람들이 '현실적'으로 살아야 한다고 말할 때 이것은 노동력 상품화라는 조건 자체에 대한 문제 제기보다 그 구조에 재빨리 적응하고 그 안에서 지위 상승을 꾀하라는 말과 같다.

바로 이런 구조에서는 사람들이 (자본이 조장하는) 성과주의 경쟁을 가슴 깊이 내면화하기 쉽고, 또 그렇게 될수록 우리는 잠재적으로 누구나 일중독자가 될 위험에 놓인다. 즉, 저성과자는 저성과자대로, 고성과자는 고성과자대로, 보통인들은 보통인대로 각기 나름의 일중독을 발달시킨다. 그 결과, 개인적으로는 누가 더 인정받고 누가 더 유복한가의 차이로 나타나겠지만, 사회 전반적으로는 일중독을 조장하는 사회적 틀에 '모든' 사람들이 갇히게 된다. 바로 이것이 일중독이라는 '보이지 않는 감옥'의 탄생이다!

기존 일중독
대처법의 함정들

　　　　　　　　　　미국의 목사이자 교수
였던 윌리엄 오우츠가 『어느 일중독자의 고백』이라는 책을 1971년에
펴낸 뒤 일중독에 대한 사회적 논의가 구미 각국을 가리지 않고 활성
화하기 시작했다. 그 뒤 미국의 브라이언 로빈슨 교수 역시 『워커홀
리즘: 책상에 묶인 마음』(1998년)이라는 저서에서 자신이 일중독자임
을 고백하고 자신의 경험과 오랜 연구를 바탕으로 일중독의 개인적,
사회적 위험성을 체계적으로 제시했다.

　독일에서는 1979년경 게르하르트 멘첼 의학박사가 학술지에 일중
독(노동 중독)에 대해 발표한 것이 선구적이다. 그는 일중독자가 알코
올 중독자와 유사한 발전 단계를 밟는 것에 주목하고, 특정 환자를
오랜 기간 동안 밀착 관찰하면서 심리적 역학 조사를 실시했다. 특히
그는 환자가 경험하는 근육 경색이나 고혈압, 심장마비 등과 같은 위
중한 질병이 일중독의 결과로 나타날 수 있다고 보았다. 2002년엔 브
레멘대의 홀거 하이데 교수가 『대중 현상이 된 노동 중독』이라는 책
을 펴냈다. 그는 일중독의 심층적 원인이 트라우마에 따른 두려움에
있다고 보고, 사람들이 이 두려움을 회피하는 방법으로 중독을 선택
하게 된다고 했다.

　이제는 세계 각국의 심리학, 경영학, 노동학, 사회학, 의학, 보건학,
가족학 등 다양한 분야에서 일중독에 관한 연구가 활발한 편이다. 일

례로, 2021년 2월 1일에 구글 학술 검색에서 2000년부터 2020년까지 기간을 설정하고 키워드 'workaholism'을 치니 15,000건 이상의 논문이 검색되었다. 더욱 놀랍게도 키워드를 'work addiction'으로 치니 무려 1백만 건 이상의 논문이 검색되었다. 한국에서는 일중독을 주로 workaholism으로 이해하나 세계의 학술 연구자들은 work addiction으로 이해한 결과이기도 하다.[16]

이렇게 수많은 연구들이 축적되어 왔음에도 불구하고 지금까지 나온 일중독에 대한 학술 연구나 대처 방법을 냉정히 따져 보면 몇 가지 근본적인 결함이 발견된다.

첫째, 한국은 물론 세계 각국에서 일중독 연구자들은 제법 많으나 진정으로 일중독 자체를 없애려는 의도를 갖고 수행한 연구는 보기 드물다. 대다수 연구들이 연구를 위한 연구, 연구 업적을 위한 연구들로 보인다. 그러다 보니, 거의 모든 연구가 일중독의 정의나 측정 도구, 일중독과 가족 내지 조직 변수 간 관련성 등을 연구하는 데 집중되어 있다. 달리 말하면, 일중독의 근본 뿌리가 무엇인지, 이 근본을 해소하는 방법이 무엇인지에 대한 연구가 별로 없다는 게 이 분야 연구의 핵심 문제다.

둘째, 사실상 인명까지 뺏어 갈 수 있는 치명성을 지닌 일중독 또는 일중독자를 조직의 성과 향상에 긍정적이라 파악하는 일부 연구(자)들도 있는데, 실은 그런 시각 자체가 일중독 사회의 일부임을 증명한다. 이런 관점에서는 일중독이 권장할 만한 중독 내지 진심으로 칭찬해 주어야 하는 중독으로 격상된다. 이 관점은 그러나 일중독이

'지나치면' 반드시 부정적인 효과를 동반하기에 가능한 한 '적정' 수준을 유지하라고 조언까지 한다. 결과적으로, 이와 같은 시각은 일중독증은 물론, 일중독 사회를 온존하는 데 기여한다.

셋째, 상당히 많은 정신과 의사나 심리학자들은 일중독의 부정적 측면을 지적하면서도 그 근본 원인을 따지는 일에는 소홀한 편이다. 설사 일중독의 선행변수를 따지더라도 대체로 개인의 성격이나 태도, 가족 관계, 경제적 상황 등에 주목하는 편이다. 더욱 놀라운 점은, 일중독이 초래하는 부정적 영향을 줄이거나 예방하기 위한 조언들이 지극히 피상적이거나 대중 요법에 불과하다는 점이다. 일례로, 일중독자는 쉼 없이 일만 하려고 하기에 (소확행' 같은 잔잔한 행복감을 담당하는 신경전달물질인) 세로토닌이 부족해 우울증에 빠지기 쉽다. 따라서 스스로 일중독자라 생각되면 가능한 한 햇볕을 많이 쬐라, 충분히 휴식·여행·독서·산책·명상·심호흡 등을 하라고 충고한다. 이러한 조언들은 일견 과학적인 대처법으로 보이지만, 그 조언에 따라 햇볕을 많이 쬐고 나서 다시 일로 돌아가 어떻게 해야 할지에 대해선 아무 말이 없다. 일중독은 그대로 둔 채, 다만 그 부작용(우울증, 스트레스 내지 과로사)만 막으면 된다는 시각이기 때문이다.

넷째, 많은 일중독 연구들이 일중독을 줄이거나 예방하기 위해선 정책적, 제도적으로 노동시간을 줄여야 한다고 본다. 일례로, 일중독 설문지에서 흔히 등장하는 문항이 "당신은 주 60시간 이상 일을 하십니까?" 또는 "귀하는 하루에 8시간 이상 일하시나요?"이다. 이 말에는, 하루 8시간 이내로, 주 60시간 이내로 노동시간을 줄이기만 하면 더 이상 문제성 있는 일중독은 발생하지 않을 것이라는 가정이 깔려 있다. 그리하여 많은 이들이 (개인의 생각이나 태도를 넘어) 사회 전반의 제도나 정책을 통해 노동시간을 엄격히 준수·제한하고, 주말 노동을 금지하며, 적정 휴가를 보장하도록 하는 등의 조치를 하면 일중독이 줄어들 것이라 본다. 물론, 이 제안은 긍정적인 면이 있고, 개인적 태도나 인식 변화보다 한 걸음 더 나갔다는 강점이 있다. 그러나 일중독이 노동시간과 연관성이 높긴 하지만 노동시간을 줄인다고 (휴식이나 휴가를 늘린다고) 일중독이 줄거나 없어지는 건 아니다. 오히려 (2004년 주 5일제 도입 이후 한국 사회에서도 여실히 나타난 바와 같이) 제도적인 노동시간 단축이 실제 노동시간 단축으로 이어지기는커녕 시간당 임금 상승효과만 냈을 뿐, 일중독 현실은 불변이거나 오히려 강화했다. 예컨대, 만일 어느 노동조합이 '노동시간 단축과 일자리 나누기'를 전략적 구호로 내세우면, 많은 조합원들이 "나는 잔업이나 철야를 하더라도 (아직 안 잘리고 있을 때) 일을 많이 해서 돈을 더 벌고 싶다"라거나 "우리의 정규직 일자리를 지키기 위해서는 고용위기가 왔을 때 완충작용을 해주는 비정규직을 쓸 필요가 있다"라는 식으로 말할 정도다. 이런 결과가 나오는 까닭은 일중독의 근본 뿌리와 그를 둘러싼 사회관계들이 전혀 불변이기 때문이다.

이와 같이 그간 수많은 연구들이 홍수처럼 쏟아지긴 했어도, 전 세계적 차원이나 한국 사회 차원에서 일중독 현실에는 변함이 없다. 오히려 갈수록 일중독 현상은 더 공고해진다. 취업자는 일-삶 균형(워라밸)이 무너지는데도 실직의 공포 속에 더욱 일에 매달리고, 실업자나 해고자는 굶주림의 공포 속에 더욱 취업과 복직에 목숨을 거는 게 현실이다. 아직 노동시장에 들어가지 않은 대학생이나 중고생들조차 자신의 소망이나 적성에 대한 탐색보다는 취업 준비에 올인한다. 심지어 초등 시절부터 '공부를 잘해야' 한다고 모두가 믿는 현실은 그래야만 나중에 일류대를 나와 일류직장에서 일할 수 있다고 믿기 때문이다.

요컨대, 한국 사회(자본주의 세계 전체)는 전반적으로 일(일자리, 고용, 노동, 취업)을 중심으로 돌아가고 있다고 해도 과언이 아니다. 이런 면에서 2017년 이후 문재인 정부 아래 나온 '노동존중 사회'라는 구호는 '노동자 존중 사회' 내지 '인간 존중 사회'로 바뀔 필요가 있다. 노동존중 사회란 그 선의의 의도와는 달리 일중독 사회를 기반으로 돌아가는 사회이기 때문이다. 좀 더 웃기는 것은, 바로 그 '노동존중 사회'를 위해 문재인 정부는 '주40시간제'를 단계별로 시행한다고 했지만, 흔히 언론에서는 주40시간에다 12시간의 초과 근로를 당연한 듯 포함해 "주52시간제"라고 말하고 있다는 점이다.[17] 이에 대해 '고용노동부'(실은 이 이름조차 '노동부'에서 바뀐 것인데, 안 그래도 자본부냐 노동부냐 하는 논란이 있을 지경인데, 아예 자본의 관점인 '고용'이 앞에 붙으니 더욱 이상해졌다. 이 역시 일중독 사회를 정직하게 반영하고 있다고 보는 편이 더 타당하다.)가 단 한 번도 '주52시간제'가 아니라 '주40시간제'로 고치도록 권고하거나 경고한 것을 들어 본 적이 없다. 냉정히 말하자면, 오히려 이런 여러 현실들이야말로 바로 우리 모두가 일중독 사회에 살고 있다는 생생한 증거다.

더불어 생각해 볼 점

1. 대한민국을 '일중독 공화국'이라 부를 수 있는 근거는 무엇일까?

2. 열심히 일하는 사람과 일중독자를 구분하는 기준에는 어떤 게 있을까?

3. 일중독에 대한 기존 대처법들의 중대한 결함들은 무엇일까?

6. ———

1   강수돌, 홀거 하이데 공저, 『자본을 넘어, 노동을 넘어』 이후, 2009; 『중독의 시대』 개마고원, 2018 참조.

2   박중언, '건강생활 1위' 도시 암스테르담, 서울은 장시간 노동 탓 18위, 〈한겨레〉, 2021. 1. 29.

3   물론, 복지국가조차 중독 시스템에서 자유롭지 못하다. 이에 대해선 『중독의 시대』 134쪽 참고.

4   송혜진, 유급휴가 독일 年 40일.. 한국은 6일 쓴다, 〈서울신문〉, 2016. 6. 25.

5   Kang, S., "Workaholism in Korea: Prevalence and Socio-Demographic Differences", *Frontiers in Psychology*, 11(2020), 569744(doi: 10.3389/fpsyg.2020.569744).

6   Robinson, B. E., *Work addiction: Hidden legacies of adult children*, Deerfield Beach, FL: Health Communications, 1989.

7   Spence, J. T., and Robbins, A. S., "Workaholism: definition, measurement, and preliminary results", *Journal of Personality Assessment*, 58(1992), pp.160~178.

8   Schaufeli, W. B., Shimazu, A., & Taris, T.W., "Being driven to work excessively hard: The evaluation of a two-factor measure of workaholism in the Netherlands and Japan", *Cross–Cultural Research*, 43(4)(2009), pp.320~348.

9   Andreassen, C. S., Griffiths, M. D., Hetland, J., & Pallesen, S., "Development of a Work Addiction Scale", *Scandinavian Journal of*

Psychology, 53(3)(2012), pp. 265~272.

10 이와 측정도구는 다르지만 15개 문항으로 구성된 K-WAQ를 써서 동일한 방식으로 한국의 일중독자 비중을 추정한 결과, 39.7%라는 결론을 얻었다(앞 주석 5 참조).

11 위 연구(Kang, 2020)에서 일중독을 연속형 변수로 보고 전체 표본의 평균을 구한 결과 5점 만점 중 2.31이었고, 표준편차는 0.51로 나타났다. 한국노동연구원에서 공개한 원자료는 리커트 5점 척도로 측정했는데, 그 중간점(3점)이 '보통이다'다. 이는 일중독자들이 전형적으로 중독 현실을 '부정'하는 경향을 감안할 때, 오히려 빼는 게 나을지 모른다. 이런 면에서 평균점 2.31은 결코 무시할 수치가 아니다.

12 한국형 일중독 척도(K-WAQ)의 타당도 검증 등에 대해선 위 논문(Kang, 2020)을 참조.

13 편집부, 일중독 한국인의 슬픈 자화상 '번아웃증후군', 〈메디게이트뉴스〉, 2019. 5. 29.

14 노진섭, 다 때려치우고 싶다면 '번아웃 증후군?', 〈시사저널〉, 2020. 8. 1.

15 정대연, 김진숙, '복직 도보행진' 한 달…청와대 앞 40일째 단식, 4명이 쓰러졌다, 〈경향신문〉, 2021. 1. 31.

16 둘 다 일중독으로 번역되지만, workaholism은 저널리즘의 용어이면서 스스로 워커홀리커라고 자랑스러워할 정도로 일부 긍정적인 뉘앙스까지 내포한다. 반면, work addiction은 아카데미즘의 용어이면서 일중독을 병리학(질병)으로서의 중독, 그중에서도 행위 중독의 한 유형으로 파악한다.

17 박천영, 워라밸 위한 주 52시간제 내년부터 중소기업으로 확대, 〈K-TV〉, 2020. 12. 24.

7부

재물 중독과
종교 중독

"많이 벌면
행복할까?
무조건 믿으면
행복할까?"

재물 중독

재물 중독이란 흔히 시장 상인들이 "나는 돈 세는 재미로 산다"라고 하는 것처럼 재물을 모으는 행위 자체에 중독이 된 상태를 말한다. 다른 말로, 돈 중독 내지 화폐 중독이다. 여기엔 다다익선多多益善의 원리가 지배한다. 이 재물 중독은 크게 보면 일중독과 사촌 관계다. 왜냐하면 '일=돈'이기 때문이다.

이 재물 중독의 심리적 메커니즘은, 한편으로 굶주림, 빈곤, 결핍에 대한 두려움을 피하고 싶은 회피 욕망이, 다른 편으로 왜곡된 생명 욕망인 탐욕적 소유 욕망과 결합된 것이다. 누군가 재물 중독에 빠지면 결코 '충분함'을 느끼지 못한다. 충분함을 느낄 수 있는 것은 건강한 인간적 필요가 충족되었을 때다. 그러나 건강한 인간적 필요의 자리에 두려움 회피 욕망과 탐욕적 소유 욕망이 들어서면 '충분함'을 느낄 수 있는 그 순간에도 '부족함'에 대한 두려움이 들어선다. 재물 중독자는 결국, 부족함에 대한 두려움과 탐욕적 소유욕에 끌려다니는 사람이다. 이들은 다른 말로, '영원한 불충분함'의 노예다.

한편, 모으고 쌓는다는 점에서 그 원리는 동일하나 좀 다른 차원을 갖는 '수집 중독'도 있다. 예를 들면, 어릴 적 우표 수집부터 시작해서 옛날 돈 수집, 도자기 수집, 수석 수집, 앤틱(골동품) 수집, 음악 CD나 레코드판 수집 등에 강박적으로 빠진 경우다. 만일 우리가 쇼핑 중독을 볼 때, 사는 행위 자체가 아니라 구매한 상품에 초점을 맞추면 쇼핑 중독 역시 수집 중독의 한 형태로 볼 수 있다.

재물 중독이건 수집 중독이건 여기서 중요한 점은, 사물(돈, 땅, 수석 등) 강박적 집착 내지 강박적 의존이 그 행위의 핵심에 자리한다는 점이다. 나아가 그 행위의 동기가 정서적 허기 또는 허전함(끝없는 굶주림)을 달래기 위해, 또 타인들로부터 주목을 받아 자존감을 드높이기 위해 등과 같이 '기분 전환'을 위해 (즉, 자신의 감정이나 느낌을 있는 그대로 받아주면서 건강하게 떠나보내거나 해소하기보다 자기도 모르게 부정적 감정을 회피하는 대신 자존감의 고양과 같은 긍정적 감정을 느끼기 위해) 특정 행위에 과잉 몰입하는 것이 곧 중독이다.

오늘날 재물 중독은 돈 중독 내지 부동산 중독으로 곧잘 표현된다. 일례로, 수조 원을 지닌 재벌급 경제인이 자기 삶에 만족하면서 가족이나 이웃, 사회를 위해 어떻게 나누고 봉사할지 고민하기보다 어떻게 하면 이 재산을 기하급수적으로, 천문학적으로 불려 볼까 고민하는 경우를 들 수 있다. 2014년 5월에 쓰러져 2020년 10월에 장례식을 치른 이건희 삼성 명예회장 역시 활발하게 활동하던 시기에 이미 수천억대를 넘어 수조, 수십조의 돈을 갖게 된 사람으로, 이른바 "성공한 기업가"였음에도 뭐가 부족해 삼성의 고위 간부들 수십 내지 수백 명의 이름을 빌려 차명계좌에다 비자금을 숨겨 두었는지 모를 정도다.

여기서 『삼성을 생각한다』의 저자인 김용철 변호사의 폭로를 상기할 필요가 있다. 그는 1995년에 12·12 및 5·18 사건 특별수사본부에 차출될 만큼 '특수 수사통'이었다. 당시 그는 쌍용 김석원 회장이 보관하던 사과 상자에 담긴 전두환 비자금 61억 원을 찾아냈다. 그러나 그때는 김영삼 정부 시기로, 수사 과정에서 김석원 회장과 관련한 수사를 덮도록 만류한 청와대 및 검찰 수뇌부와 갈등을 빚었다. 이로 인해 그는 정기 인사에서 불이익을 당했다. 마침내 그는 1997년 8월에 검찰을 떠나 삼성으로 옮겼다.

삼성에 들어가서는 그룹 구조조정본부의 법무팀 이사, 재무팀 상무를 거쳐 법무팀장(전무, 2002~2004년)으로 있다가 2004년 8월에 삼성을 떠났다. 약 7년간 삼성을 위해 일했던 셈이다. 그가 쓴 『삼성을 생각한다』를 보면 삼성 재벌이 얼마나 재물 중독에 빠졌는지, 이를 매개로 온 사회를 얼마나 타락시켰는지 잘 알 수 있다.[1]

그 책이 나오기 3년 전인 2007년 10월 말 서울 제기동 성당에서 김용철 변호사와 정의구현사제단이 삼성 비자금 의혹을 폭로하는 기자회견을 열었다. 김용철 변호사는 자기 명의의 통장에도 삼성 비자금이 50억 넘게 들어 있었다고 했다. 김 변호사는 삼성 법무팀장으로 재직할 당시 간부급 검사들 40명에게 수시로 금품을 건네는 등, 삼성과 검찰 사이의 유착 관계를 폭로했다.

'관리의 삼성'이라 불리는 삼성 재벌은 평소에도 검찰 인맥 수십 명을 관리하고, 현직 고위급 검사에게도 뇌물과 향응을 정기적으로 제공했다. 어쩌면 삼성 재벌의 입장에서 보면 국가 기구들인 검찰, 법원, 국정원, 청와대, 재경부, 국세청, 국회의원 등과 언론은 통상적인 '대관업무' 정도를 넘어 철저히 관리해야 하는 '작은 조직들'에 불과하다. 그런데 이 모든 놀라운 일들(비자금, 뇌물, 관리, 통제, 유착, 매수, 조작 등)은 결국 삼성 재벌가의 재물 중독으로 연결된다. 물론, 더 근본적으로는 주식회사 자본주의 자체가 '가치 법칙'에 따라 자본의 무한한 증식을 위해 움직이기 때문에 처음부터 재물 중독을 부채질하면서 또 동시에 재물 중독의 기초 위에 움직인다고 할 수 있다.

그러나 문제는 재벌만이 아니다. 대부분의 아이들이나 어른들은 재벌처럼 '부자 되기'를 소망한다. 오죽하면 사업가 이명박이 대통령(2008~2012년)이 되어 '부자 되세요!'를 전 국민적 인사말로 통용시키려 했을 때 상당수 언론과 국민이 큰 호응을 했겠는가? 그는 한 걸음 더 나아가 허구적인 '4대강 살리기'를 통해 국토 균형 발전과 관광사업 육성으로 전 국민을 잘 살게 하겠다는 거짓말을 했다. 거짓말을 하면서도 그런 생태 파괴적인 정책에 비판적인 발언들을 겨냥해 이렇게 말했다. "여러분들, 이 모두 다 거짓말인 거, 아시죠?" 대통령부터 권력 중독자, 재물 중독자가 되니 그 주변의 참모나 간부들까지 '동반 중독'이 되어 옹호, 찬양, 호위하고 나섰다. 이에 별 고민 없는 보통사람들조차 덩달아 춤을 추었다. 부자들에게 세금을 많이 매겨야 한다는 주장이 나오면, 부자들이야 그렇다 치고 심지어 가난한 이들마저 "세금 올리면 안 된다"라고 비판할 정도로 재물 중독 사회가 된 대한민국은 상하 계층을 막론하고 돈 중독에 빠져 있다.

재물 중독의
뿌리

그렇다면 사람들이 재물 중독에 빠지는 근본 원인은 무엇일까? 물론, 돈 내지 재물을 마다하는 사람이 있겠는가? 그러나 돈 역시 살아가는 데 필요한 정도로 충분하면 이미 부자가 아닐까? 그런데 우리 사회를 가만히 들여다보면, 부자는 더 부자가 되려 하고 빈민은 부자를 닮아 가려 한다. 모두, 부자 되기에 미쳐 있는 셈이다. 근본적으로 무엇이 이렇게 만들까?

사람들이 재물 중독에 빠지는 근본 원인 역시 마음 깊이 자리하고 있는 허전함이나 두려움이다. 무엇에 대한 두려움인가? 가난, 빈곤, 궁핍, 굶주림, 죽음에 대한 두려움이다. 나아가 타인으로부터의 멸시, 경멸, 무시, 차별, 배제, 주변화 등을 당할 것에 대한 두려움이다. 요컨대, 한편으로는 죽음에 대한 두려움, 다른 편으로는 차별에 대한 두려움이 사람들을 재물 중독으로 몰아간다.

그리고 이 모든 사태의 기저에는 '빈곤 트라우마'가 있다. 빈곤·궁핍으로 인한 굶주림, 버려짐, 그에 따르는 심신의 고통, 풀뿌리를 캐 먹거나 솔잎을 뜯어 먹던 전쟁 상태의 혼란과 불안, 나아가 실제로 (영화 〈국제시장〉이나 〈웰컴 투 동막골〉에도 나오듯) 한국전쟁 당시의 피난 행렬과 배고픔, 충격과 공포, 이별과 상실 등 이 모든 것이 대한민국 사회를 강타한 빈곤 트라우마였다. 이러한 '집단 트라우마'의 결과 (1세대는 물론 그들 아래 자라난 2세대까지) '없는' 사람들은 '좀 있어 보이는' 사람들을 삶의 지향점으로 동경하면서 재물 중독에 빠지게 되었고, 어느 정도 출세와 성공을 한 사람들은 이미 많은 부를 누리면서도 갈수록 더 많이 향유하고자 재물 중독에 빨려 든다. 나는 전자의 경우를 '동경 중독', 그리고 후자를 '향유 중독'이라 부른다.

그리고 2세대를 지나 3세대 이하로 가게 되면 궁핍의 집단 트라우마보다는 차별과 경멸의 집단 트라우마가 더 지배적으로 된다. 왜냐하면, 그나마 빈곤과 궁핍 속에서는 '없는' 살림에서도 사람들이 여전히 우애와 환대의 가치를 지니고 있었는데, 전반적인 풍요의 시대에서는 그 대신 재산과 지위의 가치가 삶을 압도하기 때문이다. 이제는 집단과 계급의 상하를 가리지 않고 모두가 타자로부터 차별과 경멸을 받지 않으려고 '위를 향한 경주'를 한다. 요컨대, 오늘날 지위나 재산의 상하 간 격차가 갈수록 벌어지는 속에서도, '없는' 자들은 가진 자들을 동경하면서 재물 중독에 빠지고, '있는' 자들은 더 많이 누리기 위해 향유 중독에 빠진다.

이제 사람들은 재벌가 정도는 아니더라도 가능한 한 더 많은 돈, 더 많은 자산(집, 땅, 금, 건물, 증권, 주식, 로또 등)을 갖기 위해 전 인생을 바친다. 대한민국이 '부동산 공화국'으로 변한 것도 바로 이런 맥락이다. 오죽하면 초등학생들조차 "건물주가 되는 게 꿈"이라 말하는 세상이 되고 말았을까?

물신주의의 결정체, 부동산 공화국

원래 땅(지구)은 뭇 생명의 어머니다. 사람들이 먹을거리를 얻는 토대이며, 온갖 야생동물들까지 먹여 살린다. 풀과 꽃, 나비와 벌, 채소와 열매 없인 그 어떤 생명체도 살기 힘들다. 크게 보면 강이나 바다조차 땅이다. 수산물, 해산물도 모두 땅의 산물이다. 집도 마찬가지다. 땅이 있으니 집을 짓고 산다. 허공의 아파트조차 땅의 기초 없인 불가능하다. 그 땅에 길이 있어 사람들이 다닌다. 학교나 일터나 문화 등 그 모든 것들도 가장 기본적으로 땅(지구)이 있어 가능하다. 영화 〈나의 마더〉나 〈아일랜드〉, 〈그래비티〉, 그리고 애니메이션 〈월-E〉 등을 보면 잘 느껴지듯, 사람은 어차피 지구 아니면 살아남기 힘들다. 그래서 지구 온난화와 이상 기후로 위기에 처한 지구를 살리고자 스웨덴의 16세 소녀 그레타 툰베리가 "우리 모두의 집인 지구가 불타고 있는데, 당신들은 무얼 하고 있는가?"라며 나서지 않았던가? 이렇게 살림살이 관점에서 보면 땅은 우리 삶의 가장 근본적인 토대이며, 따라서 고맙고도 고마운 존재다.

그런데 요즘은 '땅이 곧 돈'인 세상이 되었다. 살림살이 관점이 아니라 돈벌이 관점으로 세상을 보니 모든 땅이 돈이다. 이게 자본주의다. 그래서 어느 부동산 중개소의 간판은 우습게도 "땅은 거짓말을 않는다!"라고 외친다. 땅을 사 놓으면 반드시 돈을 번다는 뜻일 게다.

그러나 살림살이 관점에서 보면 이 말 자체가 거짓말이다. 땅 자체는 거짓말을 못 하지만, 그 땅을 팔아 돈을 벌고자 하는 이들은 예사로 거짓말을 한다. 왜 그런가? 아주 구체적인 사례를 보자.

서울 강남 소재의 어느 기획부동산이 있다. 무에서 유를 창조한다는 철학을 강조하며 청년들을 고용한다. 연봉이 얼마며, 앞으로 전망이 어떠하다고 꼬드긴다. 전국의 시골 구석구석 골짜기까지 상세히 보이는 지도를 준다. 이들이 하는 일은 특히 세종시나 여타 혁신도시들처럼 새로이 건설되는 곳, '기회의 땅'이 열리는 곳, 그 외곽 둥지를 이 잡듯 샅샅이 뒤져 미개발 농경지나 임야를 찾아내는 것이다. 상대적으로 값싸지만, 머리를 잘 쓰면 금세 황금 덩어리가 되는 곳들이다.

이제 그런 땅을 대거 팔아야 한다. 누구에게? 중산층 이상, 여윳돈이 좀 있는 이들에게 팔아야 한다. 그래서 매주 ○요일마다 부동산 세미나를 연다. 누구는 어디에 투자해 1년 만에 몇 억 벌었다, 이 한 마디면 모두 눈이 뒤집힌다. 그래서 15명 내외를 한 팀으로 꾸려 매주 세종시로 '부동산 투어'를 간다. 현장까지 소풍을 가는 셈이다. 나들이를 하며 군데군데 맛집까지 즐기고 돈벌이도 하고! 무슨 이런 환상적인 프로그램이 다 있다, 하며 너도나도 몰려든다. 좋은 말로 투자, 나쁜 말로 투기가 바로 그런 것이다.

현장에 가 보면 농경지나 임야(야산)가 마치 돈 있는 사람을 애타게 기다리듯 버티고 있다. 대체로는 덤불이 우거지거나 방치된 상태다. 깔끔한 땅들은 이미 개발 완료된 상태기 때문이다. 약간의 우려와 함께 "저기에 어떻게 집을 짓나요?" 누가 물으면, 회사는 멋진 설계도를 내민다. 잘 정리된 전원주택 단지 그림이다. 약 200평씩 되는 땅을 하나씩 분양한다. 요즘 시세로는 평당 200만 원 내외다.

원래 농경지나 산을 개발하려면, 해당 지역이 관련법에 따라 정해진 특정 용도에 맞아야 하고 각종 인허가 조건들도 맞아야 한다. 예컨대, 쌍방 통행이 가능한 진입로도 개설돼야 하고, 행정 당국으로부터 각종 인허가 절차를 받아야 하며, 허가 이후에도 준공 시까지 오폐수 시설 등 여러 가지 인프라(전기, 상하수도, 방재 등)도 만들어야 한다. 이 모든 일을 한 개인이 잘 모르기도 하고 신속하게 추진하기도 힘드니 "회사가 다 알아서 한다"라며 예비 투자자들을 안심시킨다. 이제 투자자들은 전체 비용의 1/N씩만 부담하면 된다. 개인이면 엄두도 안 날 일인데, 부동산 회사가 다 알아서 한다니, 여윳돈 조금씩 투자해 '1년에 몇천만 원 내지 몇억 원'을 남기고 싶은 자들은 '눈에 콩깍지가 씌인 듯' 그냥 일정한 돈(계약금 내지 분담금)을 회사 측 통장으로 쏴 준다. 지금까지 '범생이'처럼 살아왔지만, 이제 보니 완전히 헛산 것 같다. 완전히 새로운 세상이다. 놀고먹는다는 말이 이런 것이던가, 싶을 정도다. 정말 세상, 많이 좋아졌다. 이렇게 돈 놓고 돈 먹기가 정말 '식은 죽 먹기'일 줄이야!

어차피 남아도는 돈, 일정 액수의 돈만 투자하면 집 지을 땅이 저절로 생기고, 일단 산을 까부순 뒤에 몇 년 기다리면 산 위에 경치 좋은 곳이나 시골에 별장을 하나 지을 수도 있고, 정 안 되면 시세 차익을 남기고 팔아넘기면 된다. 이렇게 '땅은 거짓말을 않는다'라는 말이 정말일 것같이 느껴진다.

그러나 '회사'나 '사람'은 단연코 거짓말을 한다. 왜? 법이나 정책으로 규제되는 지역도 마치 규제가 없는 것처럼, 개발이 불가능한 보존 지역인데도 개발이 되는 것처럼 속이기 때문이다. 게다가 관청 공무원들 역시 높은 사람의 부탁이나 뇌물 앞에 거짓을 행한다. 머리를 쓰면, 불법이 합법처럼 둔갑한다. 그래야 돈이 되기 때문이다. 그것도 뭉칫돈이 된다. 그래서 각종 조작과 편법도 불사한다.

예컨대, 거주자가 거의 없는 농경지 한복판에 '근린생활시설' 허가가 나고, 좁은 농로가 2차선 도로로 변한다. '산지 경사도' 기준을 피하기 위해 의원들을 통해 조례까지 바꾼다. 세종시 역시 산지(임야) 등에 '전원주택 단지' 개발을 쉽게 하려고 2016년 2월, 시의회 의원들 5명이 주도하여(그것도 민주당 소속 의원들이!) 국가의 도시계획법이 바뀌기도 전에 미리 '세종시 도시계획조례'를 바꾼 이상한(?) 행위까지 저질렀다. 엄밀히 이는 위법이다. 하위법이 상위법보다 엄격해야 하지만 오히려 세종시 조례는 더 풀어 버렸다. 그 내용 중 하나는 임야 개발이 가능하려면, 예전엔 '최대 경사도'가 17.5도 이하라야 했는데, 이제는 '평균 경사도'만 충족하면 된다. 사실, 산지는 경사가 급한 곳도 있고 완만한 곳도 있다. 산지(녹지, 숲)를 보존하려면 경사가 가장 급한 곳을 기준으로 규제를 해야 한다. 그러나 개정법은 '평균 경사도' 개념으로 바꿈으로써 평균치만 기준을 맞추면 되니 개발하기가 훨씬 용이해진다. 누군가 경사진 곳을 살금살금 낮추어 놓고 나중에 평균 경사도를 재면 그 어떤 땅도 개발이 쉬워질 것이다.

이런 식이다. 돈으로 사람을 매수하고, 관련 규정들도 우회한다.

지방의회 의원들은 각종 개발 정보를 남보다 우선 접하기에 땅 투기 하기도 좋다. 그래서 부인이나 부모 이름을 빌려 돈 될 땅을 미리 사 둔다. 사실, 이는 '새 발의 피'다. 이명박 4대강 사업 때는 그 친인척, 지인들 명의로 4대강 주변 땅 약 80만 평을 사 놓았다는 얘기가 있었 을 정도이니. 이런 상황에선 의원들이나 정치·행정가들이 개발업자 들을 잘 도와주어야 자신이 사 놓은 땅들이 쉽게 황금으로 변하지 않 겠는가? 이들에게 인생은 참 아름답고 땅은 황금 덩어리다!

그래서 남는 돈으로 괜찮은 땅만 사 두면 돈이 저절로 불어난다. 하루하루 날이 가는 게 정말 고마울 따름이다. 그러니 '땅은 거짓말 을 않는다'는 말을 믿으라고 한다. 눈에 오로지 돈밖에 보이지 않는 자(재물 중독자)들이 '순진한(?)' 중산층을 꼬드겨 투기꾼으로 만든다. 이 들도 처음엔 투자자이지만 갈수록 투기꾼으로 변한다. 이런 식으로 세종시를 비롯한 전국의 '혁신도시'들이 개발 호재와 더불어 투기 대 상으로 변한다. 그 결과는? 부동산 가격 인상과 물가 인상, 청년들이 나 무주택자들의 좌절감 증가, 돈이 어중간한 사람들의 빚(부채) 증가 등이다.

이렇게 우리가 잘 모르는 사이에 삼천리금수강산이 삼천리투기강 산으로 변한다. 아, 이런 사회 분위기 속에서는 남북통일 같은 이야 기는 제발 그만! 금강산이나 개성, 평양, 그리고 백두산 천지 등까지 부동산 투기꾼들이 몰려가는 상상만 해도 정말 소름이 돋는다. 북한 전역이 투기와 난개발 천국으로 변할까 봐 무섭다. 투기와 난개발, 기획부동산을 잡지 않으면, 경제도 통일도 모두 헛일이라 보는 것은 바로 이 때문이다.

문재인 정부의 실책으로 거론되는 대표적 두 가지를 들면 교육과 부동산이다. 그중 부동산 문제는 더 복잡하다. 이해관계가 노골적으로 얽혀 있기 때문이다. 사실, 나는 '부동산'이라는 말 자체부터 불편하게 느껴진다. 차라리 집과 땅, 이 말이 더 좋다. 거주나 생명의 의미가 깃든 집과 땅이라는 말에 비해 '부동산'이라는 말은 이미 상품 가치, 자본 가치를 내포하기 때문이다. 이미 오래 전인 1854년 북미 시애틀 추장이 한 말처럼 땅과 숲, 동물, 식물 등은 모두 "우리의 형제자매들"인데, 어떻게 사람들이 쉽게 "돈으로 사고팔 수 있다"라고 생각하는가? 설사 사고팔더라도 땅에 대한 예의는 있어야 하지 않은가?

이런 면에서 부동산에 대한 근본 해법이 있다면, 그것은 땅을 경제 가치 범주로부터 생명 가치로 복원하는 것이다. 즉, 땅은 '모두의 것'이기에 누구도 사적으로 소유하지 못하게 하는 것, 그리하여 땅을 재산 증식의 도구로 쓰지 않는 것, 다만 그 땅 위에 세운 건물에 대한 것만 소유를 인정하는 것이다. 실제로, 중국, 싱가포르, 에티오피아 등 여러 나라들에서 이런 모델을 시행 중이다.

물론 우리나라가 이 모델을 채택하려면 2016~2017년의 촛불혁명 이상으로 큰 변화가 있어야 한다. 보통사람들 대다수가 이 새로운 모델을 간절히 열망해야 한다는 얘기다. 이는 집이나 땅을 재산 증식이나 투기의 수단으로 삼는 태도 자체를 버리는 일이다. 오히려 현재 우리가 지구에서 살아가는 것만으로도 감사하고 행복을 느끼는 게 자연스럽지 않은가? 이 가을, 산과 들의 단풍, 그리고 바닷가의 시원한 바람과 모래사장, 이 모두는 우리의 머리를 정화하고 마음을 포근하게 감싼다. 이렇게 원래 천지天地는 모든 인류의 것! 아니, 어느 누구의 것도 아니다! 그러나 이는 근본적 시각이라 좀 이상적이다. 이상을 버릴 순 없지만, 그렇다고 당장 강요할 수도 없는 노릇이다.

그렇다면 보다 현실적인 해법은 무언가? 첫째, 나는 사람들이 가진 '내 집 마련의 꿈'을 현실적으로 인정하고 이 꿈을 실현하게 도울 필요가 있다고 본다. 따라서 거주용 집 외의 집에 대해선 보유세를 높이되, 거주용 집은 세금이 낮아도 좋겠다. 게다가 모든 청년이 처음 집을 장만하려면 집값이 싸야 한다. 그리하여 자기 월급을 3~5년 정도 저축하면 작은 집 한 채 장만할 정도가 돼야 한다. 혹 집값이 오르더라도 은행 이자율 이상으로 오르진 못하게 하면 어떨까? 사실, 현재는 자기 월급을 성실히 저축해 내 집을 마련한다는 건 불가능이다. 갈수록 더하다. 달리 말해, 내 집 마련의 꿈을 실현하는 것, 나아가 집을 여러 채 갖는다는 것은 (상속분 외에) 투기나 약삭빠른 행위들이 있어야 쉬이 가능하다. 그러니 '부동산 계급사회'가 공고해지는 건 명약관화다. 이 잘못된 현실을 고치려면 우리의 '기득권'을 내려놓고 원점에서 출발하는, 특단의 사고가 필요하다.

둘째, 독일의 사회주택(Sozialwohnung)처럼 비교적 넉넉지 않은 이들도 저렴하게 거주할 수 있게 영구임대주택(저렴한 월세)을 많이 지을 필요가 있다. 이미 한국에도 청년주택 내지 신혼주택 프로젝트들이 시작되었다. 이런 모델을 더욱 확장, 곳곳에 사회주택을 많이 지으면 좋겠다. 그것도 천편일률적인 건물 구조가 아니라 전반적인 배치나 미학적 매력, 자연 경관과의 조화 등을 고려한 것으로 말이다.

셋째, 한국에서는 독특한 전통의 전세 제도가 있는데, 이것 역시 개념을 확장, 사실상의 영구임대주택으로 만들면 좋겠다. 즉, 한번 전세살이로 들어가면 본인이 원하는 한 별다른 추가 인상 없이 계속 살 수 있는 권리를 주는 것이다. 오랫동안 살다가 사정이 생겨 이사하고 싶으면 새로운 곳에서 또 다른 '영구 전세'를 얻으면 된다. 그렇게 되면 굳이 자기 집 마련을 위한 희생을 하지 않아도 되고, 부동산 투기나 난개발 같은 기형적 현실도 사라진다.

요컨대, 집·땅으로 사기를 치거나 투기하는 걸 근절한다면(예, 전국 시·도마다 '난개발·투기 신고 센터' 설치), 부동산 문제는 쉽게 해결된다. 그렇게 돼야 재물 중독의 일환인 부동산 공화국 역시 극복할 수 있다.

반만년 단군 자손들이 물려받아 잘 살고 물려줄 이 나라와 이 땅, 값비싼 투기 상품이 아니라 모두의 공동 자산이라 여겨, 후손들이 큰 고생 않고 잘 살도록 물려주는 게 인간의 도리가 아닐까? 이런 현실 요법과 근본 요법을 잘 결합한다면 우리에겐 희망이 더 커질 것이요, 그렇지 않고 마냥 '대박'이나 '로또'만 바라며 이리저리 몰려다닌다면 우리 앞날엔 1990년의 일본 부동산 거품 붕괴나 2008년 미국발 금융 거품 붕괴처럼 절망과 몰락이 기다릴 것이다.

대학조차
재물 중독에 빠질 때

한때 대학들도 'CEO 총장' 개념을 도입해야 한다고 앞다투어 외쳤다. 연세대가 선두에 섰고 고려대, 서울대가 따라나섰다. 그 뒤로 한국의 대학들은 서울이나 지방을 가리지 않고 앞다투어 전격적으로 '비즈니스business' 개념을 도입했다. 대학의 사업화는 이런 식으로 전개됐다. 하기야 절이나 교회조차 사고파는 사업체가 된 지 오래고 대형 종교 기관일수록 재벌 기업과 맞먹을 정도의 형식과 운영, 구조와 기능이 만들어질 정도다. 그럴 지경이니 노골적으로 물질만능주의로 치닫는 세속 대학이 그 자체로 비즈니스 조직이 되고 그 우두머리가 CEO(최고경영자)가 된다 한들, 그 무슨 죄악이 될 것인가? 이런 식이었다.

첫째, 총장 직선제부터 바뀌었다. 간선제 내지 임명제로 바뀐 것이다. 재단이나 법인이 있다면 그 이사회에서 총장을 낙점한다. 삼성이나 두산 같은 재벌들이 대학을 인수하여 경영하는 것은 두말할 나위 없이 대학의 자본화가 더 노골적이다. 이제 일반 교수들은 '위로부터' 낙점된 후보자에 대한 찬반 투표만 한다. 지극히 형식적이다. 선거 흉내만 내고 민주주의 흉내만 낸다. 직선제가 민주주의를 보장하는 건 아니지만 최소한의 기준은 될 터인데 그마저도 없앤 것이다. 그러면 과연 어떤 사람이 추천되는가? 그것은 단연코, 총장이 되었을 때 교육부나 여타 기관들로부터 거액의 지원금을 끌어오는 데 능력이 탁월한 분, 그러면서도 재단이나 법인에 해를 끼치지 않을 분이 추대된다. 역시 돈이 핵심이다!

둘째, 단과대학과 소속 학과나 학부의 재편이다. 큰 그림은 '돈'이 되는 학과나 학부는 살리되, 그렇지 않은 곳들은 통폐합 내지 소멸이다. 동시에, 그 대신 돈 되는 학과의 새로운 창설이 따른다. 그 과정에서 '입바른' 소리 하는 교수들은 은근히 배제되거나 무시된다. '학교 발전', 즉 돈벌이에 큰 도움이 되는 교수들은 이래저래 칭송받는다. 갈수록 교과 내용도 비즈니스 마인드로 바뀐다. 경영이나 경제 관련 학과만 그런 게 아니라 심지어 어학이나 문학 관련 학과도 비즈니스 마인드를 중심으로 돌아가는 것으로 바뀐다. 이제 논문도 영어로 쓰고 강의도 영어로 해야 더 높은 평가를 받는다. 그것도 SCI 또는 SSCI급의 저명(?) 저널에 발표해야 더 높은 평가를 받고 논문 지원금 역시 훨씬 더 많이 받는다. 그 논문의 내용이 무슨 의미인지, 얼마나 읽히고 사회적으로 어떤 영향을 끼치는지, 이런 부분에는 다들 관심이 없다. 오직 '결과'로서 무슨 저널에 논문 몇 편을 냈는가, 하는 점만 중요할 뿐이다.

셋째, 요즘은 '산학협력'이라는 이름의 새로운 조직이 대학에 뿌리를 내렸다. 산업과 학문을 하나로 통합하여 관리하자는 것인데, 일견 고용 창출도 되고 학계의 연구 성과를 산업계에 효율적으로 적용할 수 있을 것 같기도 하다. 하지만 그 본질은 진리탐구와 학문 공동체인 대학을 보다 자본 지향적으로 바꾸는 것이다. 여기서 자본 지향적이란 학술 연구나 대학 교육, 행정 관리 전반을 '비용-수익 분석(cost-benefit anlaysis)'에 의거하여 이윤(profit)을 기준으로 결정하고 집행하는 것이다. 심지어 연구 결과를 효과적으로 상품화하는 것도 중요한 목표가 된다. 오죽하면 '기업대학' 내지 '대학기업'들도 우후죽순 격으로 생겨났겠는가?

넷째, 신입생 모집 역시 '훌륭한 학생 고객'을 얼마나 많이 뽑는가의 문제로 치환된다. 상대적으로 점수가 높은 학생이 많이 올수록, 상대적으로 경쟁 비율이 높을수록, 또 (겉으로 표현은 않지만) 상대적으로 부자 학생들이 많이 올수록 신입생 모집은 '대성공'이라고 평가된다. 우수한 학생을 많이 뽑아야 나중에 학교 이름을 드높일 '인재'가 많이 탄생할 것이기 때문이다. 일례로, 고려대가 (세계적인 피겨 스케이터인) 김연아 선수를 학생으로 선발한 뒤 김 선수가 탁월한 성과로 언론에 대서특필 되자, "고려대가 낳은 김연아"라고 했다가 호된 비판을 받은 일이 있을 정도다.

다섯째, 대학들이 '훌륭한' 학생들을 많이 배출해야 좋다고 하는 것은, 실제로 이들이 사회에 진출하여 돈과 권력을 많이 누릴수록 학교에 '실질적으로' 좋기 때문이다. 돈을 많이 벌수록 그들이 '장학금'의 이름으로 학교에 기부를 많이 할 것이고, 권력이 높을수록 그들을 본교의 자문관이나 고문관으로 모셔 여러모로 도움을 받을 수 있기 때문이다. 소위 '사용 가치'가 높은 인재를 많이 배출해야 그 학교 역시 교육시장에서 인기를 많이 누리고 돈, 즉 '교환 가치'를 더 많이 획득할 수 있다. 나아가 장학금을 거액으로 기부하여 사회적 책임이나 위신을 드높인 졸업생은 그런 명예와 평판을 바탕으로 더욱더 많은 교환 가치(돈, 권력 등)를 벌 수 있다. 이 모든 것이 재물 중독의 소산이다.

여섯째, 이런 분위기 속에서는 진정으로 진리, 자유, 정의, 사랑, 봉사 등의 가치를 탐구하고 그런 방향성 속에서 사회에 필요한 다양한 대안을 제시하는 연구나 토론은 이제 설 자리를 잃는다. 갈수록 속물가치, 경제 가치, 돈의 가치, 권력 가치만 칭송받고 지원이 될 뿐이다. 이런 대학들은, 설사 신입생들에게 여전히 인기가 좋다 할지라도, 이미 죽은 거나 다름없다. 이미 오래전에 죽었지만 이런 저런 핑계를 대며 아직 장례식을 치르지 않은 꼴이다.

이스털린의 역설 – 얼마나 벌어야 행복할까

1974년 미국 펜실베니아 대학교의 리처드 이스털린 교수가 흥미로운 연구 결과를 발표했다. 1946년부터 1970년까지 미국인들의 소득 수준과 행복도 사이의 상관관계를 분석한 결과, 일종의 역설을 발견한 것이다. 즉, 일반적으로 소득이 증가하면 행복 수준도 올라간다. 그런데 소득이 증가하는 일정 시점까지는 당사자의 행복도 역시 올라가지만, 일정 지점을 넘어선 뒤로는 아무리 소득이 늘어도 행복도가 더 이상 증가하지 않는다는 것이다. 이를 '이스털린의 역설(Easterlin Paradox)'이라 부른다.

이스털린 교수는 처음엔 미국인들 자료만으로 이런 역설을 발견했으나 차츰 다른 선진국, 나아가 중진국(개도국), 그리고 전환국(사회주의에서 자본주의로) 등의 자료들도 분석했는데, 그 결론은 대체로 일관성이 있었다. 즉, 나라를 불문하고 소득 수준과 행복도 사이엔 일정 수준까지는 동반 상승, 즉 비례 관계가 있지만 그다음부터는 소득 증대에도 불구하고 행복도가 같이 증가하진 않는다는 '역설' 현상이 보인다는 이야기다.

따지고 보면, 우리나라 역시 1960년에 비해 2021년 현재 1인당 국민소득이 300배 이상 증가했지만 사람들이 체감하는 행복도는 그리 높지 않고 오히려 지난 60년 동안 스트레스만 몇 십 배 증가한 듯하다. 그래서 이스털린 교수 역시 자기 이론이 가장 잘 들어맞는 나라 중 하나가 한국이라 하기도 했다. 이를 증명하기라도 하듯, 많은 사람들이 옛날을 그리워하며 "그때는 가난했지만 그래도 행복했던 것 같아"라고 말한다.

물론, 그렇게 말하는 사람들에게 "정말 옛날로 돌아가고 싶은가?"라고 물으면, 아마 십중팔구는 "아니"라고 대답할 것이다. 따지고 보면 누구든 지나 버린 옛날로 갈 수도 없을뿐더러 그게 반드시 바람직하지 않을 수도 있다. 하지만 현재 우리가 느끼는 스트레스 지수는 참으로 높다. 일례로, 아이들이 초등학교 시절부터 느끼는 경쟁 압력, 대학생들의 취업 불안감, 직장인들의 고용 불안감이나 성과 압박, 농민이나 노동자들이 느끼는 생계 불안, 사회 전반적으로 폭등하는 집값이나 땅값, 여전히 세계 최고를 기록하는 산업재해나 노인 빈곤율, 그리고 자살률 등은 한국 사회의 불행도를 상징한다.

그런데 정작 이스털린 교수 자신은 '왜' 그런 역설이 발생하는지에 대해선 명확한 설명을 달지 않았다. 그렇다면 과연 무엇 때문에 소득 증대에도 불구하고 행복도를 증가시키지 못할까? 나는 크게 세 가지 설명이 가능하다고 본다.

첫째, 소득 수준, 즉 삶의 양이 아무리 높아지더라도 '삶의 질'이 떨어지면 행복도가 증가하기는커녕 오히려 떨어질 것이다. 그렇다면 '삶의 질'이란 무엇인가? 그것은 ① 건강과 여유, ② 존중과 평등, ③ 인정스러운 공동체, ④ 조화로운 생태계 등 네 차원으로 정리된다. 즉, 돈을 많이 벌어도 건강이 나빠지거나 공동체가 해체되거나 또, 지금처럼 물과 공기가 악화하면 행복도는 오히려 추락한다. 사실, 오늘날 대한민국은 경제력으로 G7에 든다 하고 자동차, 선박, 컴퓨터, 각종 가전제품, 스마트폰 등 제조에서도 세계적으로 명성을 떨치고 있다. 또 한국인은 평균적으로 예전보다 수백 배 잘살게 되었지만(50~60년 전엔 자장면 값이 15원 했는데, 오늘날 4,500원이라 쳐도 300배 상승), 날마다 미세먼지를 걱정해야 하고 푸른 하늘을 볼 수 없으며 실직 위협이나 고용 불안에 시달려야 한다. 또, 성차별도 심하고 학력 차별 역시 심하다. 자산 격차나 소득 격차는 사회 불평등의 원인이 되기도 한다. 삶의 전반적 질이 이러니 아무리 많이 번다 한들 쉽사리 행복해질 리가 있겠는가?

둘째, 이와 유사한 것이 '상대적 박탈감'이다. 아무리 많이 벌어도 부단히 남과 비교하기 시작하면 결코 만족하지 못하고 불행해질 것이다. 처음엔 절대적인 수준이 높아지면서 조금씩 행복해지더라도 갈수록 최고의 부자들과 비교하기 시작하면 행복감이 오히려 사라질 것이다. 이런 면에서 예로부터 어른들이 '굳이 남과 비교하려면 자기보다 힘들게 사는 사람과 비교하라'고 한 말은 삶의 지혜다. 만일 자기보다 힘들게 사는 사람과 비교하면 내가 지금 누리는 것도 큰 축복으로 느껴진다. 그러나 늘 최고의 부자들이나 나보다 더 '가진' 자들과 견주기 시작하면 언제나 불행해진다. 물론, 이것은 어디까지나 개인적 차원이다. 사회 전체 차원에서는 부의 불평등이나 양극화 문제를 해소하는 게 중요하다. 그런 사회의식에 토대한 사회적 실천을 하면서도 개인적으로는 탐욕을 버리고 소박한 삶을 추구하는 것이 행복 증진에 중요하다는 이야기다. 바로 여기서, 환대와 공동체의 사상가였던 피터 모린의 역설을 기억할 필요가 있다. "아무도 부유해지려 하지 않으면 모두 부유해질 것이다. 모두 가난해지려 하면 아무도 가난해지지 않을 것이다."

셋째, 가장 근본적인 차원인데, 소득 수준이 어느 정도 올라가면서 우리가 충분한 행복감을 느낀다면, 그때부터는 그 수준만 잘 유지되어도 충분히 행복하다는 이야기 아닌가? 이런 점에서 이스털린 교수가 전제했던 것처럼 소득 수준에 비례하여 굳이 행복감도 지속적으로 늘어날 필요는 없을 것이다. 이런 면에서 사람의 행복감에는 '충분함'의 원리가 작동하는 반면, 소득 수준에는 '무한대'의 원리가 작동한다고 볼 수 있다. 물론, 충분함을 어떻게 평가할지는 주관적일 수 있다. 그러나 최소한의 건강과 생계가 유지되면서도 약간의 여유를 누릴 수 있다면 객관적으로도 충분할 것이다. 최근 코로나 상황

속에서 '사회적 거리두기'를 해야 하고 사태가 악화하여 5인 이상 모임도 규제를 받는 처지는 (소득 수준과 무관하게) 모두에게 불행한 일이다.[2] 심지어 서양의 크리스마스에 해당하는 우리의 설날이나 추석 명절 때조차 전국의 온 가족이 함께 모이지 못하는 비극, 이 얼마나 큰 불행인가? 물론, 동일한 상황에서도 생계조차 해결하기 어려운 이웃들은 더욱 서글플 것이다. 마을이나 지역 공동체, 그리고 복지 기구가 제대로 작동하여 이런 계층을 특히 배려할 필요가 있다. 이런 면에서 소득 자체도 무한대를 향해 부단히 증가할 필요가 없고 오히려 골고루 잘 나눠지면 좋겠다. 그리고 우리의 행복도 역시 일단 충분히 행복한 수준에 이르면 그 정도에서 충분함을 인지하고 감사할 줄 알며 서로 배려하면서 살면 인생 성공이 아닐까?

종교 중독

종교 중독 역시 중독 이론의 관점에서 보면, 종교를 중독물로 여기는 행위다. 사람들이 느끼는 결핍이나 고통을 더 이상 느끼지 못하게 하는 데서 나아가 '천국'이나 '천당'과 같은 곳으로 구원을 받게 될 것이라는 환상을 갖게 하는 데 있어 종교는 매우 강한 마약이 된다. 흔히 잘못된 종교에 거리감을 두는 이들은 "종교가 마약 역할을 해서 사람의 이성을 마비시킨다"라고 하는데, 이는 정확히 종교 중독의 문제를 지적한 것이다. 서울역 앞에서 흔히 보는 "예수 천당, 불신 지옥" 같은 구호가 가장 전형적인 사례다.

중독 이론의 관점에서 종교 중독을 정의하면, 사람들이 종교의 이름으로 행하는 의례나 행동에 강박적으로 의존하는 것, 갈수록 그 의존성(흔히 "믿음"이라고 부르는 것)이 더 깊어지고 더 넓어져야 만족이 되는 것, 종교의 틀을 벗어나면 불안해서 견딜 수 없는 것, 이 모든 것이 종교 중독의 핵심 요소다. 성직자건 신도건 종교 중독에 빠지면 '자아'를 잃고 오로지 종교 기관이나 의례, 성직자만 숭배한다. 모든 중독에는 참된 '자아 돌봄'이 없다. 자아를 느낄 수 없기 때문이다.

박성철 교수의 『종교 중독과 파시즘』(새물결플러스, 2020)이라는 책은 이 종교 중독에 대한 이해는 물론, 종교 중독의 연장선으로 기독교 파시즘이 한 사회를 지배할 때 얼마나 비극적인 상황이 발생하는지 잘 보여 준다. 특히, 2020년 코로나 상황에서 대구의 신천지 교도나 이른바 '빤스 목사'로 알려진 서울의 전 모 목사와 그를 추종하는 '태극기 (모욕) 부대', 그리고 광주의 안디옥 교회 등이 코로나 감염병 확산과 재확산에 얼마나 기여했는지 상기한다면 이러한 문제의식이 지극히 타당함을 알 수 있다.

물론, 모든 기독교가 다 그런 것은 아니지만, 오늘날 우리가 한국이나 미국에서 접하는 많은 기독교 교회들은 상대적으로 폐쇄적이고 획일적이며 우월주의적이다. 이러한 경향을 위 책에서는 "근본주의 기독교" 내지 "권위주의적 종교"라 명명한다. 일반 신도들이 이러한 종교적 권위에 과도하게 의존하여 구원과 축복을 얻으려는 행태가 곧 종교 중독이다. 특히 권위주의적 종교는 인간에 대한 통제 환상을 집착적으로 드러내며 그 추종자를 은연 중에 억압함으로써 작동한다. 이런 폐쇄적 종교는 "권위주의"와 "차별 기제"를 핵심 특징으로 한다.

권위주의에 물든 종교 지도자나 신도들은 모두 카리스마적 권위를 가진 최고 지도자에 신성한 매력을 느낀다. 최고 지도자의 권위가 강력할수록 추종자들은 복종심을 더욱 강하게 느낀다. 한 번이라도 종교 행사에 빠지면 죄를 범한 것같이 느끼고, 24시간 내내 신자다운 모습으로 생활해야 한다고 믿는다. 그러면서 스스로는 이런 모습이 가장 독실한 종교심이라 생각한다. 그러나 이런 행위 패턴이야말로 전형적인 종교 중독이다.

흥미롭게도 이 종교 중독은 결국 권위 중독 내지 권력 중독과 일맥상통한다. 왜냐하면 이들은 모두 '통제를 하느냐 아니면 통제당하느냐'를 중심으로 작동하기 때문이다. 전형적인 이분법이다.

박성철 교수의 위 책에 따르면, 종교 중독의 문제는 일부 사교 집단이나 기독교 사이비 집단에 국한된 일이 아니다. 실은 한국 개신교 전반이 종교 중독으로부터 자유롭지 않기 때문이다. 한국의 개신교는 교파도 다양하고 지역도 다양하지만, 대체로 한국 자본주의 발전이나 정치적 보수주의와 큰 차원에서 상호 조화(?) 및 상생을 견지해 왔다고 볼 수 있다. 특히 한국의 기독교 근본주의는 미국의 영향을 많이 받아 반공주의를 노골적으로 내세우면서, (박정희, 전두환, 노태우 정부 때) 군사 독재 이데올로기와 결합하기도 했다. 이 부분은 서양에서 기독교 근본주의가 파시즘 체제와 우호적인 관계를 맺었던 역사와 유사하다. 70년 이상 분단된 한국에서는 기독교 근본주의가 분단 극복과 상호 화해를 지향하기보다는 오히려 분단 의식의 고착화와 상호 적대 관계에 기여해 왔다.

왜 사람들은 종교 중독에 빠지나?

통상적으로 누군가 삶의 다른 측면들을 외면한 채 종교를 중독물처럼 여기고 그에 완전히 빠질 때 우리는 그런 사람을 '광신도'라고 부른다. 지금 이 책의 관점에서는 '종교 중독자'라 불러야 마땅하다. 그러나 막상 당사자들은 절대 중독이 아니라 한다. 자신들은 중독이 아니라 "독실한 믿음" 또는 "깊은 신앙심"이라 한다. 때론 "믿음이 깊어" 그런 것이라 한다. 그러나 이는 마치 많은 사람들이 일중독자들을 "대단히 성실하고 부지런한 사람"이라 부르는 것과 유사하다.

그렇다면 이런 의문이 생긴다. 왜 사람들은 남들로부터 '광신도'라고 불릴 정도로 종교 중독에 빠지는가? 거두절미하고 솔직히 말하자면 이는 '죽음'에 대한 두려움 때문이다. 실은 죽음에 대한 두려움을 영생·천국에 대한 믿음을 통해 절묘하게 회피하고 싶은 것이다. 종교, 경전, 종교 조직, 종교 의례, 종교 지도자, 종교의 카리스마, 목사나 스님의 영생 내지 환생에 대한 약속 등, 이 모두를 무조건 믿고 의지함으로써 현재의 삶, 책임성 있고 자율성 있는 삶, 주체적인 삶을 포기하는 셈이다.

독일의 철학자 에리히 프롬은 독일 역사에서 가장 부끄러운 나치 시대를 얘기하면서 이런 질문을 던진다. "도대체 왜 보통사람들이 나치를 지지하게 되었나?" 여기서 보통사람들이라 함은 소상인, 장인, 사무직 또는 생산직 노동자, 그리고 중산층 시민을 말한다. 프롬의 질문은 달리 표현하면, "힘겹게 중세 봉건 사회를 타파하고 등장한 근대라는 시대가 사람들에게 자유와 평등, 우애의 가치를 심어 주었는데, 특히 그중에서도 매우 비싼 대가를 치르고 획득한 자유를 왜 사람들이 스스로 포기하고 파시즘의 전체주의에 열광했을까?"라고 할 수 있다. 프롬은 이 질문에 답한다. "자유란 견디기 어려운 고독과 통렬한 책임이 따르기에 사람들은 그 부담이 싫어 자유를 스스로 버렸다."

또한, 프롬은 "사회적 성격"이라는 개념을 썼는데, 그는 당시 보통사람들의 사회적 성격이 스스로 자유의 무게에서 벗어나 새로운 의존을 추구하는 성향, 즉 권위주의적 성격을 지녔다고 보았다. 이런 권위주의적 성격을 가진 사람들은 권위를 따르기 좋아하는 한편, 스스로도 권위를 갖고 싶어 하고 당연히도 다른 사람을 복종시키고 싶어 한다. 내가 『경쟁 공화국』에서 누차 강조한, 생존 전략으로서의 '강자 동일시' 심리가 바로 이것이다.

그러나 이런 권위주의적 사회 성격이나 강자 동일시 심리는 한편으로 자신의 삶에 대한 책임을 회피하는 것이고, 다른 편으로는 자기 내면에서 느끼는 근원적인 무력감을 반영하는 것이다. 자기 삶에 대한 책임감이 있는 사람은 권위주의에 주눅 들지 않고 당당하다. 또 강자 앞에 저항할 줄 알고 약자 앞에 공감과 연대를 실천한다. 이들은 자신의 생각과 판단, 통찰과 역량을 믿는다. 물론, 과대평가나 과소평가는 금물이다. 약점은 약점대로, 강점은 강점대로 수용하며, 더 나아지기 위해 노력할 따름이다. 이런 모습이 (자기 삶에 대해) 책임감 있는 태도다. 그러나 자신의 생각과 역량을 믿지 못하고 늘 외부의 권위에 의존하는 사람들은 겉으로는 '강자 동일시'를 통해 마치 자신이 강하고 멋진 존재인 것처럼 드러내긴 하나 속으로는 늘 무력감이나 열등감에 시달린다. 이들은 종종 피해의식에 사로잡힌 나머지 기회만 되면 피해자 코스프레를 한다. 이런 상황에서는 외부의 믿음직스러운 권위나 권위를 가진 인물이 구세주가 된다.

더불어 생각해 볼 점

1. 대한민국을 '재물 중독 공화국'이라 부를 수 있는 근거는 무엇일까?
2. 내 주변에 종교 중독자가 있다면 어떻게 해야 할까?
3. 부동산 정책을 어떻게 펴야 중독적 투기를 예방할 수 있을까?

7. ——

1   조계완, "내 계좌에 삼성 비자금 50억 이상 있었다", 〈한겨레〉, 2007. 10. 29.

2   조형국, 설 연휴라도 직계가족 5인 이상 모임 금지, 〈경향신문〉, 2021. 1. 31.

8부

관계 중독과
성 중독

"사람에 매인
볼온한
관계 갈망"

관계 중독이란

관계 중독이란 인간관계가 과잉 '밀착'된 경우로서, 두 사람이 서로 상대방이 없으면 죽을 것 같은 관계, 한시라도 떨어져 있기 힘든 관계이다. 즉, 과잉 밀착이라는 관계가 일종의 중독물로 작용하는 특별한 중독이 곧 관계 중독이다. 흥미롭게도 이 관계 중독은 오늘날 우리의 일상생활은 물론 사회 전반에서 아주 기본적인 문화로 통용된다. 너무나 친숙한 나머지 과연 이게 중독이라 할 수 있는지조차 모를 정도다. 관계 중독의 위험성이 바로 이 익숙함에 있다.

예를 들어 보자. 서로 사랑을 나누는 사이를 연인 관계 내지 친구 관계라 하지만, 사랑하는 두 사람이 각자 관계 중독에 빠지면 그 당사자 모두 그 밀착 관계야말로 자신의 존재 조건이자 존재 이유라 느낀다. 즉, 두 사람은 각자 두 개의 반쪽 인간이 되는 셈이다. 그러니 늘 두 존재가 같이 있어야 비로소 온전한 하나의 사람이 된다고 믿는다. 이 둘은 일상의 모든 결정을 늘 같이 해야 한다. 심지어 숨쉬기조차 같이 호흡을 맞추듯 산다.

그런데 우리들 다수는 어린 시절부터 '참된 사랑'이라는 이름으로 이러한 관계 중독에 익숙해졌다. '잉꼬부부'를 모범으로 삼는 부부 관계가 그러하고 부모와 자녀 간 밀착 관계가 그러하며, '서로 죽고 못 사는' 남녀 관계가 그렇다. "난 너 없인 못 살아" 그리고 "나도 그래!"가 가장 널리 통용돼 온 관계 중독의 언어적 표현이다.

원래 바람직한 인간관계란 서로 사랑하면서도 어느 한쪽이 다른 쪽을 구속하거나 완전히 삼켜서는 안 된다. 즉, 각자의 독립적 인격을 존중하면서도 서로 아껴 주고 도와주어야 건강한 관계가 된다. 그래서 바람직한 인간관계를 짧게 요약하면 '같이 또 따로', 그리고 '따로 또 같이' 하는 관계라 할 수 있다.

그러나 사람들이 한번 관계 중독에 빠지면 이 중독된 관계는 그 힘이 너무 강하고 유혹적이어서 쉽게 저항할 수 없다. 연애 때도 관계 중독에 빠지기 쉽지만, 결혼을 하면 더하다. 예컨대, 부부의 경우, 서로가 서로에게 중독된 관계라면 서로 상대방 없이는 하루도 살지 못한다. 소위 '잉꼬부부'가 그렇다. 이들은 24시간 늘 같이 붙어 있어야 좋은 부부라고 믿는다.

그러나 역설적이게도 '잉꼬부부' 중 누군가 먼저 사망하면 남은 자는 도무지 독립적으로 살아가기 어렵다. 이런 경우 남은 자가 제대로 살기 위해서라도 (먼저 죽은 이에게는 미안하지만) 가능한 한 빨리 재혼해야 한다. 그래야 관계 중독이 유발하는 금단증상의 괴로움을 피할 수 있기 때문이다.

반면, 평범한 부부의 경우는 누가 죽더라도 혼자서도 잘 산다. 물론, 여성이 먼저 죽으면 혼자 남은 남성의 경우는 십중팔구 힘들다. 남성은 여성에 비해 삶의 자율성이 약하기 때문이다. 그러나 남성이 먼저 죽으면 뒤에 남은 여성은 혼자서도 얼마든지 잘 산다. 예외는 있겠지만 대체로 그렇다. 여기서도 확인되듯, '참된 사랑'인 듯 잘못 이해되는 관계 중독은 그 힘이 너무나 강력하다.

흥미로운 점은, 잉꼬부부는 물론 보통 부부들조차 가부장적인 사회 분위기 속에서는 그 역할 분담이 확연하다는 것이다. 즉, 대체로 집안에서는 여성이 엄마 노릇을 하고 남성은 아이 노릇을 한다. 먹을 것이나 입을 것을 챙기는 등의 대부분 생활 과정을 여성이 담당하고 남성은 어린애처럼 보호를 받는다. 그러나 바깥에 나가면 남성이 아빠 노릇을 하고 여성은 마치 딸처럼 남성의 보호 대상이 된다. 이런 경우에서도 잘 나타나듯, 어느 쪽도 자기 짝을 떠나기 어렵다. 가능하면 서로 '안정적'으로 붙어 있어야 한다. 왜냐하면 각자 상대방 없인 절대 살 수 없다고 믿기 때문이다. 이들에게 "사랑은 움직이는 거야"와 같은 말은 아주 위험하다. 행여 상대방이 자기를 홀로 남겨 둔 채 훌쩍 떠나 버릴까 봐 두려움에 떨기 일쑤다. 물론, 통상적으로는 사별死別이야 어쩔 수 없다고 하지만, '잉꼬부부'의 경우 그것조차 인정이 안 된다. 그 정도로 각자 독립적으로 책임성 있게 행위하기를 주저한다. 이게 곧 관계 중독이다. 관계 중독은 결코 '모범적'이거나 '최고의' 관계가 아니라 '아픈' 관계이다.

사람들이 관계 중독에 빠지는 까닭

그렇다면 사람들은 어떻게 해서, 왜 관계 중독에 빠지는가? 앞에서도 암시되었지만, 그것은 어릴 적부터 '너 없인 절대 못 살아'와 같은, 관계 중독적인 가정 분위기 속에서 성장했기에, 관계 중독 자체를 '참된 사랑'이라고 잘못 학습해 왔기 때문이다. 이것은 마치 알코올 중독자 부모 밑에서 자란 아이가 술을 잘 마시는 것을 넘어 '술을 마시지 않고서 어떻게 사느냐?'는 식의 태도를 갖는 것과 비슷하다.

관계 중독에서는 인간관계, 그것도 과잉 밀착 관계가 곧 중독물(마약) 기능을 한다. 거듭 말하거니와 모든 중독의 배후 내지 기저엔 가슴 깊숙이 자리한 두려움(fear)이 존재하는데, 관계 중독의 경우 '버려짐(abandonment)'에 대한 두려움이 핵심으로 작용한다. 전술한, 어릴 적부터 '너 없인 절대 못 살아'와 같은, 관계 중독적인 가정 분위기는 다른 말로, 버려짐에 대한 두려움과 동전의 양면이다. 그러니 버려짐에 대한 두려움으로 인해 24시간 내내 한시도 떨어질 수 없다. 이런 식으로, 관계 중독에 빠진 이들은 떨어짐을 버려짐이라고 느낀다. 건강한 관계라면 떨어짐은 떨어짐대로 좋고, 함께함은 함께함대로 좋다. '같이 또 따로', 그리고 '따로 또 같이'! 이 구호를 늘 가슴에 새기면서 살 수 있다면 결코 관계 중독에 빠지진 않는다.

그러나 관계 중독에 빠진 사람들은 행여 안정된 관계가 깨질까 봐

노심초사하면서 서로 상대방을 기준으로 삼아 느끼고 생각하고 행동한다. 음식을 먹어도 상대방이 결정하기를 바란다. 이 경우, 자기의 소망을 솔직히 말하고 상대방의 소망 역시 경청한 뒤 서로 좋다고 합의되는 걸로 결정할 수도 있고, 또 각자 따로 먹을 수도 있지만, 이들은 그렇게 하지 못한다. 행여 상대방의 기분을 건드릴까 봐 걱정을 하기 때문이다. 늘 걱정이 태산이다.

요컨대, 관계 중독자들은 자신의 내면에서 꿈틀거리는 그 모든 것에 정직하게 반응하기보다는 오히려 그것과의 연결을 차단한다. 자기 내면과는 연결을 끊지만 상대방과는 24시간 연결되려 한다. 그것이 '참된 사랑'이라고 착각하면서 말이다.

앞에서 나는 '잉꼬부부'의 경우가 전형적인 관계 중독을 나타낼 수 있다고 했다. 이런 경우, 동반자와 사별 또는 이혼을 한 경우, 당사자는 관계 중독의 금단증상, 즉 외로움, 쓸쓸함, 캄캄함, 버려졌다는 느낌 등을 도무지 견딜 수 없다. 그나마 여성의 경우는 남성의 경우보다 좀 낫겠지만, 크게 보면 양측 모두 이 '참을 수 없는 존재의 외로움'을 이겨 내기 힘들다. 그래서 가능한 한 빨리 '대리만족'을 찾아 제2의 '잉꼬부부'를 만들어 보려고 노력한다.

하지만 당사자가 관계 중독의 본질이나 위험을 제대로 직시, 인식하지 못한 상태에서는 아무리 제2, 제3의 파트너를 찾아내도 그 관계가 오래 지속되기 어려울 것이다. 만족과 행복의 기준을 자기 내면에서 찾기보다는 늘 자기 외부에서 찾으려 하기 때문이다.

이런 면에서 관계 중독 역시 그 뿌리 중 하나가 자존감 결핍이라

할 수 있다. 자존감이 튼실하게 자란 사람들, 즉 정서적 균형이 잡힌 사람들은 늘 자신의 느낌이나 생각을 존중한다. 물론, 이는 (세상 만물이 자기를 중심으로 돌아간다고 믿는) 자기중심성이나 (자기가 최고라고 믿는) 자아도취와는 구분된다. 자신의 느낌이나 생각을 존중하면서도 타인의 느낌이나 생각 역시 존중하기 때문이다. 그러나 관계 중독증에 빠진 이들은 '자기 생각'이 없다. 실은 자기 느낌이 없다. 있더라도 느끼지 않으려 한다. 의도적 불감증이다. 상대방의 심기를 건드리지 않기 위해서다. 그러나 이는 결코 상대방을 진정으로 존중하는 게 아니다.

인간관계에서 존중이나 신뢰란 '늘' 상호 간 관계 속에 존재하는 것이 옳다. 즉, 어느 한쪽으로 쏠리면 안 된다. 일방적 존중이나 일방적 신뢰란 수직적인 관계에서 나온다. 반면, 쌍방적 존중과 신뢰란 수평적인 것이다. 수평적 존중과 신뢰가 아닌 것은 참된 존중과 신뢰가 아니며, 따라서 참된 인간관계가 아니다.

관계 중독이란 이런 면에서 기형적인 수평 내지 기형적인 수직의 관계다. 서로 상대방만 중시되는 듯 보이고 정작 자신은 '그림자'처럼 숨어 버리기 때문이다. 물론, 이런 관계는 겉보기와는 달리 오히려 자기중심성의 산물일 수 있다. 내 중심으로 상대방을 끌고 오기 위해 또는 나를 위해 우리 관계를 안정적으로 유지하기 위해, 바로 그런 목적에서 늘 상대방을 배려하는 듯 나타나기 때문이다. 물론 이런 관계는 정상일 리 없고, 나아가 오랫동안 유지되기도 어렵다. 겉보기에 오랫동안 유지된다 하더라도 실제로는 표리부동이기 쉽다. 실제로, TV 같은 데 자주 나오던 모 탤런트 부부의 경우, 겉보기엔 세상에 둘도 없는 '잉꼬부부'라 했지만, 알고 보니 가정폭력이나 상호 불신 관계가 존재했고 그것도 오랜 기간 그랬다고 해서 사회적으로 충격을 주기도 했다.

이런 면에서 '영원한 사랑'을 강조하고 '순수한 사랑' 또는 '변함없는 사랑'을 강조할수록 오히려 관계 중독을 의심해야 한다. 물론 모두가 그런 건 아니다. 하지만 위험성이 높기에 잘 살펴야 한다. 많은 이들이 마치 그런 사랑이 정상적이거나 최고인 것처럼 착각하기 때문이다.

요컨대, 관계 중독은 한편으로는 버려짐에 대한 두려움을 회피하고픈 욕망이, 다른 편에서는 상대방으로부터의 사랑과 인정(존중)을 안정적으로 확보하고 싶은, 왜곡된 생명 욕망과 절묘하게 결합된 것이라 할 수 있다. 그런데 관계 중독을 통해 참된 사랑의 관계를 형성할 수 있을까? 물론, 이는 착각이고 환상이다.

진실은 다른 데 있다. 오히려 '먼 듯 가까운 듯' 그렇게 은근하면서도 꾸준히 가는 관계가 더 오래 지속된다. 게다가 사랑의 영원성을 전제로 관계를 형성하기보다 사랑의 '유한성'을 전제로 관계를 형성하면 오히려 '현재'의 관계를 더욱 진실하고 균형 잡힌 방식으로 만들 수 있다. 죽음을 의식한 삶이 더 건강하듯, 유한성을 의식한 사랑이 훨씬 더 건강하다.

동반 중독의
정의

　　　　　　　　　　　　　　동반 중독은 관계 중독
의 일종이면서 그 성격상 수직적인 측면이 강하다. 예컨대, 알코올
중독자 부/모가 있는 가정에서 자란 아이는 그 중독자 부/모가 술에
쩔어 늘 폭언이나 폭행을 일삼기 때문에 그런 분위기 속에서 살아남
기 위해 '눈치 보기'를 남달리 학습해야 했다. 나름의 생존 전략이다.
아버지가 알코올 중독자였다면, 그 어머니 역시 아버지의 심기를 건
드리지 않기 위해, 즉 가정의 평화를 위해, 숨죽이고 살았다. 가능한
한 모든 걸 아버지에게 초점을 맞춰 성실히 일했다. 이런 모습을 보
면서 아이(들) 역시 순종적이고 인내심 있게 사는 것이 생존에 유리
함을 배운다. 행여 남들이 아버지를 비난하면 이렇게 옹호한다. "어
쩌다 술을 많이 드셔서 그렇지, 술 안 마시면 얼마나 신사인데…." 이
런 식이다. 이렇게 중독자 주변(사실은 아래)에서 중독자의 심기를 불편
하게 하지 않으면서 기분을 좋게 만들기 위해 모든 노력을 다하는 행
위, 이것을 '동반 중독(co-dependency)'이라 부른다.

　가정에서조차 그러한데 기업은 두말할 나위 없다. 작은 회사는 물
론 재벌급 대기업으로 가면 더하다. 재벌 회장을 예로 들어 보자. 회
장 앞에선 고위직인 이사급들도 벌벌 기어 다닌다고 할 정도다. '두
눈 똑바로 뜨고' 얘기를 할 수도 없다. '눈을 깔고' 또 '고개를 숙이며'
말을 해야 한다. 절을 해도 허리를 90도 각도로 숙여야 한다. 마치 왕

이나 황제를 대하듯 그렇게 해야 한다. 행여 회장님의 '실수'(예, 성매매나 폭력 행사 등)로 '사회적 물의'가 빚어지면, 모든 수단과 방법을 동원해 언론이나 시민사회에 알려지지 않게 막아야 한다. 이미 때가 늦었다면, 언론의 기사를 최소화하거나 더 큰 건을 터뜨려 회장님 기사가 '덮이도록' 해야 한다. 이 큰 건들 속에는 (좋은 일도 있겠지만) 엄청난 사회적 참사가 포함될 수 있다. 그래야 전 국민의 눈이 다른 데로 쏠리기 때문이다. 그런 식이다. 이 경우, 재벌 회장 주변의 이사급들이나 계열사 사장들은 모두 동반 중독자로 역할한다. 회장과 이들 간 관계는 (부부 관계나 연인 관계, 친구 관계와는 달리) 대체로 수직적이고 일방적이다.

미국에서 동반 중독 문제를 연구해 온 샤론 벡샤이더-크루즈에 따르면, 미국인의 90% 이상이 동반 중독증에 빠져 있다.[1] 무서운 일이다. 그것은 핵심 중독자나 중독 시스템이 가진 가치관이나 행위 양식을 대부분의 다른 사람들(동반 중독자)도 공유 내지 내면화한 상태라는 뜻이기 때문이다. 이런 면에서 앤 윌슨 섀프는 『중독 사회』에서 "만일 우리가 동반 중독증 문제를 제대로 살피지 않은 채 중독 시스템에 관한 논의를 진행한다면, 그것은 대단히 불완전하다"라고 말한다. '중독 공화국' 한국 사회 역시 미국보다 더했으면 더했지, 그보다 약하진 않을 것이다. 이것은 한국 사회가 여전히 수직적이고 일방적인 관계로부터 자유롭지 않음을 시사한다.

이것은 무엇을 의미하는가? 여러 가지가 있겠지만, 가장 중요한 점은, 우리가 중독 치유를 하더라도 그 특정 중독자 당사자만을 치유해서는 별 의미가 없다는 것이다. 왜냐하면 사실상 '모든' 사람들이 관계 중독이나 동반 중독으로 서로 얽히고설켜 있기 때문이다. 이런 면에서 앤 윌슨 섀프가 "치유의 무게중심이 개인에서 시스템으로 이동했다. 그 결과 이제는, 동반 중독자 치유에 더 많은 강조점이 간다"라고 한 것은 매우 타당하다.

동반 중독의 특성

동반 중독자는 대체로 '좋은 사람'이다. 이는 좀 놀라운 일인데, 그것은 보통 우리 모두 타자에게 '좋은 사람'이 되려고 노력하기 때문이다. 오늘날 '좋은 사람 되기'는 우리 모두에게 자연스럽게 통용되는 사회적 규범이다. '좋은 사람'이 되자는데 그 누가 딴지를 걸겠는가?

그러나 여기서 '좋은 사람'이란 절대적 개념이 아니다. 깊은 산골에서 '나 홀로' 수련을 통해 득도得道를 한다는 뜻이 아니란 말이다. 여기서 '좋은 사람'이란 상대적 개념이다. 즉, 상대방(특히 중독자, 그중에서도 핵심 중독자)에게 기분 좋은 행위를 하는 자가 곧 '좋은 사람', 달리 말해 동반 중독자다.

이들은 우선 가족 시스템 안에서 다른 이들을 돌보는 일에 열심이다. 나아가 이웃 등 타인들을 돌보는 데도 열심이다. 어떤 사람들은 아예 직업적으로 돌봄 노동을 수행하기도 하는데, 이들 중엔 동반 중독자가 많다. 대표적으로 간호사, 의사, 카운슬러, 종교인(목사, 수녀, 신부, 스님), 노약자 돌보미, 사회사업가나 사회복지사 등이 그렇다.

앞서 말한 벡샤이더-크루즈에 따르면, 동반 중독 증세를 나타내는 미국 간호사의 80% 이상이 알코올 중독자의 자녀였다. 부모가 알코올 중독자인 경우 그 자녀들은 살아남기 위해 어쩔 수 없이 동반 중독자가 되어야 했다. 그런데 이 동반 중독자들은 대체로 자존감이 낮은 편이다. 그래서 자신을 다른 사람들에게 중요한 존재, 필요 불가결한 존재로 만들고자 애를 많이 쓴다. 타인의 호감을 사기 위해, 즉 타인들에게 '좋은 사람'으로 기억되고자 전력을 다한다. 이들이 순교자 내지 희생자, 봉사자 내지 이타주의자의 이미지를 갖는 것도 이 때문이다.

그러나 전술한바, 동반 중독자들이 자신의 욕구나 소망보다 상대방의 입장을 더 우선시한다고 해서 반드시 상대방을 진정으로 존중하고 있다고 말할 순 없다. 동반 중독자들의 헌신적 이타심은 종종 '숨겨진 부정직함'이기도 하다. 즉, 진정으로 존중하지 않으면서도 마치 존중하는 것처럼 '인상 관리(impression management)'를 하는 것이라 봐야 한다. 이는 또한 이들이 쉽사리 과로와 일중독에 빠지는 배경이기도 하다. 또 그 결과, 이들은 서로 보살피고 위로한다는 미명 아래 종종 알코올 중독에도 빠진다. 타인의 욕구(필요)에 부응하려고 애쓰는 가운데 자신의 욕구(필요)는 늘 주변으로 밀린다. 결국 자신의 몸과 마음이 소진되고 억울함이나 우울함이 몰려와 술과 같은 것으로 스트레스를 해소(?)하려 한다. 그러나 이런 식으로 스트레스가 풀리진 않는다. 오히려 이들은 장기적으로 위궤양, 고혈압, 장염, 척추통, 류마티스 관절염, 심지어 암 같은 병까지 얻기 쉽다. 경우에 따라선 과로나 '일-삶 갈등'을 견디지 못해 자살하기도 한다. 다른 중독과 마찬가지로 동반 중독 역시 이렇게 치명적이다.

한편, 동반 중독이 우리에게 드러내는 또 다른 특성은, 동반 중독자의 보살핌을 받은 상대방으로 하여금 동반 중독자에 의존하도록 만드는 것이다. 이 역시 앤 윌슨 섀프가 위 책『중독 사회』에서 강조한 바다. 일례로, 재벌 회장 주변의 사람들은 재벌 회장에게 충성하고 보살핌을 제공하는 동반 중독자가 되기 쉬운데, 이런 관계가 지속되다 보면 재벌 회장 역시 동반 중독자에게 의존하게 된다. 결국 '상호 의존'이다. 앞서 살핀 관계 중독의 일종이 이렇게 탄생한다.

이렇게 동반 중독이 관계 중독의 한 형태이다 보니 동반 중독을 치유하기란 다른 중독 치유보다 더 힘들다. 왜냐하면 동반 중독의 핵심 문제는 '상호 관계' 자체에 있기 때문이다. 나 홀로도 치유가 불가능하지만, 둘 다 동시에 치유의 길로 들어서지 않고선 치유가 힘들다는 얘기다. 이렇게 동반 중독이란 대단히 은밀하고 교묘하다는 특성을 띤다.

대체로 알코올 중독이나 성형 중독처럼 다른 중독들은 상당히 부정적인 것으로 간주된다. 그러나 동반 중독은 (성장 중독, 일중독과 마찬가지로) 오히려 사람들에 의해 바람직한 것으로 적극 권장된다. 그러니 동반 중독자들이 자신의 행위 패턴을 고쳐야 할 필요성을 느끼거나 하겠는가?

이 모든 논의를 요약하자면, (가정, 학교, 기업, 종교, 언론, 사회 등) '중독 시스템'은 여기서 말한 동반 중독자들 없이는 생존하기 어렵다고 할 수 있다. 동반 중독자들이야말로 중독 시스템이 계속 유지되도록 만드는 장본인이다. 동반 중독자들은 중독 시스템의 옹호자다.

동시에 이렇게 말할 수도 있다. 따져 보면, '중독 시스템'이야말로 자신의 번영과 지탱을 위해 우리로 하여금 동반 중독자가 되도록 유도하는 경향이 있다. 만일 동반 중독자가 없다면 중독 시스템은 단번에 허물어지고 말 것이다. 따라서 중독 시스템은 동반 중독의 토대 위에 존속이 가능하며 또 동시에 동반 중독을 적극 조장하며 돌아간다고 할 수 있다.

성 중독의 정의와 원인

성 중독은 말 그대로 섹스라는 행위에 중독되는 것이다. 달리 말해, 누군가 늘 섹스에 대해 강박적으로 집착하며, 또 갈수록 더 강렬한 쾌락(짜릿함)을 추구하고, 일정 기간 섹스를 하지 않으면 허전함과 무기력에 시달리게 되는 경우, 그 당사자는 성 중독에 빠졌다고 할 수 있다.

성 중독의 기저에 흐르는 욕망 구조를 이렇게 볼 수도 있겠다. 즉,

한편에 허전함이나 무기력에서 오는 두려움을 회피하려는 욕망이 있고, 다른 한편에 뒤틀린 생명 욕망으로서 쾌락 욕망이 있어 이 둘이 절묘하게 결합하면서 성 중독으로 나타나는 것이다.

여기서 허전함이나 무기력에서 오는 두려움을 회피하고 싶은 욕망은, 다른 말로 진실한 사랑에 대한 욕망이다. 두 사람 사이에 형성되는 진실한 사랑이란 무엇인가? 그것은 일차적으로 정서적이고 정신적인 것이다. 상호 간 깊은 이해와 존중, 신뢰와 믿음의 바탕 위에서 한마음(통일)이 되는 것이다. 물론 이는 한 존재가 다른 존재를 포섭하거나 통제하는 것과는 질적인 차이가 있다. 각자의 존재를 독립적 인격체로 존중하되, 상호 수평적인 만남과 소통 속에서 친밀함과 우애심을 나누는 것이다. 이 일차적인 정서적, 정신적 통일이 자연스럽게 이차적 단계로 이어져 육체적으로 표현되는 것이 섹스라는 행위다. 이럴 때의 섹스는 건강한 사랑의 관계를 표현하는 방식이다.

영화 〈펭귄 블룸〉에는 10대 때에 만나 서로 사랑에 빠져 아이들 셋을 낳고 행복하게 살다가 불의의 사고를 겪은 호주 부부 얘기가 나온다. '블룸'이라 불리는 온 가족이 경관이 빼어난 해변으로 여름휴가를 갔다가 엉뚱한 사고로 엄마가 척추를 크게 다쳐 반신불수가 되는 내용이다. 엄마의 트라우마는 너무나 커서 쉽게 치유가 안 된다. 그럼에도 부부의 정서적, 인간적 교류는 계속된다. 물론, "더 이상 엄마 노릇을 할 수 없는" 엄마는 짜증과 분노가 폭발한다. 그래도 아빠는 진실한 사랑으로 인내심과 절제력을 발휘한다. 이웃에 사는 옛 동료 간호사도 도움을 건넨다. 또 아이들은 놀다가 우연히 발견한 새 한

마리(이름은 "펭귄")를 집으로 데려오는데, 서서히 엄마와 친구가 된다. 나아가 바다에서 카야킹을 가르쳐 주는 여인 역시 엄마의 새로운 친구가 된다. 휠체어 신세이지만, 이 모든 존재와 사랑의 마음이 엄마의 트라우마를 서서히 치유한다. 마치 날지 못하던 새가 창공을 훨훨 날아가듯, 엄마 역시 휠체어와 카약을 넘나들며 훨훨 날듯이 삶의 활기를 되찾는다는 얘기다.

흔히 청소년들이 야동이나 포르노에 많이 노출되면 좋지 않다고 하는데, 이는 대체로 맞는 말이다. 진실한 사랑의 마음이 없는 육체적 쾌락 추구는 공허감만 부르기 때문이다. 하지만 그렇다고 해서 청소년들에게 섹스를 금기시하고 통제하려고만 든다면 이 역시 좋지 않다. 오히려 일정 연령이 되면 청소년들도 섹스를 알아야 하고 그 과정이나 결과에 대한 책임 역시 배워야 한다. 다른 모든 경우에도 마찬가지지만, 특히 섹스와 관련해서는 자율성과 책임감을 증진하는 것이 매우 중요하다. 섹스의 쾌감이나 신비로움, 나아가 새로운 생명의 기원과 탄생에 대해 깊이 이해하고 학습하는 것은 우리 삶에 대단히 중요하다. 오히려 공교육에서 이런 부분을 등한시하거나 금기시하다 보니 '어두운' 곳에서 포르노와 야동 중독증이 만연하게 되었다고 본다. 따라서 공교육에서 더 솔직하게, 더 개방적으로 사랑과 성, 섹스와 책임감 등에 대한 학습과 토론을 해 나가야 한다.

누군가 성 중독에 빠지는 것은 당사자만이 아니라 사회 전체로도 위험한 일이다. 건강은 물론 인간관계에 치명타를 가할 것이기 때문이다. 따라서 성 중독이 아니라 섹스를 즐기되 책임성 있는 태도로 즐기는 법을 가르치고 배워야 한다. 동일한 맥락에서 우리네 삶이 섹스로만 이뤄지는 것은 아니라는 점도 배울 필요가 있다. 진정으로 누군가를 좋아한다면 물리적 결합 이전에 정서적 교류가 충분히 이뤄져야 한다는 것도 배워야 한다. 정서적, 인간적 교류가 충분하지 않은 상태에서 육체적, 물리적 결합을 서두른다면 그건 대체로 (성)폭력이다.

반면, 부부 관계인데도 불구하고 정서적, 인간적 교류가 충분하지 않거나, 또 육체적, 물리적 결합도 지속적이지 않으면 상당히 문제다. 오죽하면 '섹스리스sexless 부부'라는 말까지 생겼겠는가? 이런 경우, 정서적, 인간적 교류가 충분한데도 육체적 결합이 잘 안 된다면 차라리 심리 상담이나 병원을 찾으면 문제가 쉽게 해결된다. 그러나 대개는 정서적, 인간적 교류가 충분하지 않기에 육체적, 물리적 결합조차 자연스럽게 이뤄지지 못한다. 이런 면에서 부부 관계라면 결혼식 당시에 들었던 "검은 머리가 파뿌리가 되도록 살아야 한다"라는 도덕적 의무감만 되풀이하며 무의미하게 살 것이 아니라, 부부 각자가 서로의 개성이나 독립적 활동을 존중하면서도 날마다 새로워지려고 노력할 필요가 있다. 그러면서 정서적, 인간적, 문화적, 지적 교류를 충분히 하다 보면 자연스럽게 육체적 결합도 잘 이뤄질 것이다.

나아가 부부나 연인 관계가 아니라면 상호 간에 아무리 정서적, 인간적 교류가 충분하다고 해도 쉽사리 육체적, 물리적 결합으로 나아갈 수는 없다. 그것은 세상의 모든 인간이 관계의 동물이기에, 관계에 대한 책임이 반드시 따르기 때문이다. 이런 경우엔 정서적, 인간적 교류만으로도 상호 간의 우애와 유대는 충분히 확인된다. 이것 역시 진실한 사랑의 한 형태다. 좁은 의미의 섹스가 아니라도 악수나 포옹조차 훌륭한 스킨십이 된다. 마음이 진실하다면 그런 스킨십만으로도 서로 아껴 주고 사랑하는, 건강한 관계를 지속해 나갈 수 있다. 환경 동아리 모임, 학부모 모임, 인문학 모임, 독서 모임 등 각종 소집단 활동 속에서 남녀가 자연스럽게 우정 관계를 지속한다면 매우 바람직하다. 나아가 이런 건강한 관계들이 많아져야 온 사회도 더욱 건강해진다.

성 중독의
실상

2020년 한 해만 해도 세계의 성 착취물 공유 사이트는 그 방문자 인기도가 전 세계 웹사이트에서 10위권 안에 들었다. 이들 사이트에 접속한 사람들은 놀랍게도 '하루'에 평균 1억 명이 넘었다.[2] 이들 사이트의 정확한 이름은 엑스비디오스^{xvideos}와 폰허브^{pornhub}다. 물론 그 외도 xnxx나 xhamste 같은 사이트도 뒤를 이었다. 이 사이트들은 유튜브와 비슷하게 사용자들이 직접 영상을 업로드하는 방식인데, 매년 올라오는 영상물만 600만 개가 넘는다.

좀 다른 차원이긴 하지만 한국에서도 'N번방'이나 '박사방' 사건이 사회적 논란을 크게 일으킨 바 있다. 이들 사이트 역시 성 착취 영상 물을 만들어 폰허브를 통해 거래하였던 것이다. 실제로, 'N번방'의 경우, 주범 중 일인인 신 아무개(가명 '켈리')는 아동·청소년 음란물 9만 개 가운데, 2천여 개를 수천만 원을 받고 팔았다가 검찰에 적발돼 감 옥까지 갔다. 박사방이나 갓갓 등 다른 경우도 이와 비슷하다.

하지만 이런 논란이 벌어지고 성 착취물의 공공연한 유통 등에 대한 사회적 공분이 하늘을 찌르는 와중에도 제2, 제3의 일들이 벌어지고 있다. 일례로, 이에 문제의식을 가진 어느 기자가 온라인 사이트에 회원으로 가입하여 그 실상을 들여다보았는데, 여전히 유사한 일들이 벌어지고 있었다.[3]

그 기자가 카카오톡 오픈 채팅방을 열었다. "저는 초등학교 6학년 여학생이고, 심심하다"라는 제목으로 직접 방을 만들어 봤다. 그런데 불과 한 달 사이에 엄청 많은 사람들이 말을 걸어왔다. 그들의 연령대는 다양했지만, 특히 20대 초반부터 30대까지의 성인 남성들이 눈에 띄었다. 대부분 어디 사느냐, 만날 수 있느냐 하는 질문을 했다. 게다가 다짜고짜 성적인 질문들도 하고, 직접 만나서 여러 가지 궁금증을 풀어 주겠다는 사람도 있었다. 자기에게 직접 전화를 하면 돈을 주겠다거나 사진을 보내 달라고 유혹하는 사람도 많았다.

이런 식으로 온라인에서 다양한 유혹으로 어린아이들이나 청소년을 성 착취하려는 '온라인 그루밍' 시도가 코로나 상황에서 더 많이 벌어지고 있다. 위 기자에 따르면 "코로나19로 등교 수업이 줄고 온라인과 실내 활동이 늘었던 2020년, 온라인 그루밍 피해 상담 건수

중 10대가 전체의 78%에 달한다"라고 했다. 10대 청소년이 범죄에 매우 취약하다는 얘기다.

이 모든 사실들은 무엇을 말하는가? 그것은 국내외를 막론, 또 온라인 오프라인을 막론하고 성 착취 내지 성 착취물이 상상 이상으로 유통되고 있다는 이야기다. 나아가 수억 명에 이르는 '소비자'들이 그런 유통과 거래에 동참하고 있다는 현실은 결국 한국을 포함, 온 세계가 성 중독의 바이러스로부터 자유롭지 못하다는 얘기이기도 하다.

이는 또다시 이런 질문을 던진다. 그것은, 왜 수많은 문제 제기도 있고 온갖 법이나 제도를 만들어도 이토록 끔찍하고 흉측한 일들이 반복되는가다. 근본적으로 그것은 성 중독의 원리 때문이다. 즉, 진실한 사랑이 담기지 않은 육체적 관계나 (성 착취물에 대한) 관음증적인 소비 등은 결국 공허감만 남기기 때문에, 바로 그 공허감을 메우기 위해 곧 또다시 다른 자극적인 것을 찾아 헤매는 것이다. 이런 식으로 동일한 패턴이 반복되면서, 갈수록 그 자극의 강도는 올라간다. 성 착취물 소비에도 중독의 원리가 작동하기 때문이다. 즉, 세상 사람들이 삶의 의미나 가치를 잃고 공허감과 두려움에 시달릴수록 성 중독을 비롯한 각종 중독에 쉽사리 빠지는 것이다.

물론, 이런 성 중독의 바이러스로부터 감염되지 않도록 하기 위한 사회적 대응은 매우 중요하다. 실제로, 'N번방' 사례처럼 주동자를 처벌하여 감옥에 보내는 것도 한 방법이다. 또, 앞서 나온 폰허브 같은 성 착취물 공유 사이트를 폐쇄하기 위한 국제적인 청원 운동도 필요하다. 일례로, 시민단체 '트래피킹허브'가 국제청원 사이트인 체인지(www.change.org)에 올린 '폰허브를 폐쇄하고 인신매매 방조 책임을 묻자'는 제목의 청원에 2021년 1월 말 기준으로 100만 명 이상이 동의했다. 한국의 N번방·박사방 등에 대해서도 텔레그램 성 착취 신고 프로젝트인 '리셋(ReSET)'을 중심으로 청원 참여 운동이 벌어지기도 했다. 게다가 일종의 온라인 암행어사들이 제도적으로 생겨나 '위장 수사'를 하는 것이 필요하다는 제안도 있다. 성 중독을 유발하는 성 착취물 유통을 초기에 잡아내자는 아이디어다.

그런데 이런 노력들도 필요하지만, 그럼에도 이것만으로는 부족하다. 보다 근본적으로, 어린이나 청소년 때부터 사랑과 섹스의 관계에 대한 진실한 배움이 일어나도록 하는 일이 필요하다. 동시에 어른들의 세계, 특히 부부 관계나 친구 관계, 동료 관계 등 모든 인간관계에서 정서적, 인간적, 정신적 유대감이 근본임을 새롭게 학습할 필요가 있다. 그리하여 남녀노소 할 것 없이, 건강하고 유쾌한 만남을 통해 서로 친밀감과 우애를 나눈다면 성 중독을 유발하는 온라인 사이트 같은 곳을 방문할 마음도 생기지 않을 것이다. 혹시 어쩌다 그런 걸 보더라도 별 흥미를 느끼지 못할 것이다. 이미 튼실한 면역력이 그 내면에 생겨났기 때문이다. 요컨대, 자존감, 유대감, 책임감 등에 기반한 진실한 사랑과 우정의 관계를 형성하고 확산하는 일이 근본적인 답이다. 이를 위해서라도 수직적, 일방적, 차별적인 사회구조 대신 수평적, 쌍방적, 평등한 사회구조를 형성하는 일도 필요하다.

더불어 생각해 볼 점

1. 사랑, 섹스, 성 중독의 상호 관계를 어떻게 봐야 할까?

2. 이른바 '잉꼬부부'를 어떻게 설명할 수 있을까?

3. 관계 중독이나 동반 중독에 어떻게 대처해야 바람직할까?

8. ———

1   앤 윌슨 섀프 저, 『중독 사회』, 강수돌 역, 이상북스, 2016 참조.

2   임재우, 성 착취물 사이트, 한 달 34억 명 방문…아마존·넷플릭스보다
    많아, 〈한겨레〉, 2021. 1. 28.

3   심가현, '초6 여자예요' 채팅에 '일단 만나자'는 성인들…막을 법 없는 온
    라인 그루밍, 〈MBN 뉴스〉, 2021. 2. 3.

9부

경제성장 중독

"무한 성장과
이윤을 향한
맹목적 달리기"

경제성장 중독

이제 우리의 시야를 개인에서 사회로 더 넓혀 보자. 가장 대표적인 것이 경제성장 중독증(또는 성장 중독)이다. 한 사회 전체가 그 발전 내지 진보를 경제 성장률이라는 잣대에 강박적으로 의존하고, 갈수록 더 높은 성장을 이뤄야 흡족해하며, 만일 성장이 지체되거나 후퇴하면 불편해서 어쩔 줄 모르는 상태, 이게 곧 경제성장 중독증, 줄여서 성장 중독이라 할 수 있다.

마약 중독이나 일중독 등 개인들이 가진 중독증처럼 집단적 중독증의 하나인 성장 중독증 역시 그 기저엔 두려움이 도사린다. 그것은 가난에 대한 두려움, 약소국에 대한 두려움, 뒤처짐에 대한 두려움이다. 이 두려움은 이미 36년 동안의 일본 제국주의 치하에서 차고 넘칠 만큼 생겨났다. 또, 광복 이후 3년간의 미군정 시기나 1950~1953년의 한국전쟁 시기에도 두려움은 가중되었는데, 그것은 가난이나 약함에 대한 두려움을 넘어, (국가 폭력이나 좌·우 갈등에 대한 두려움과 연결된) 죽음에 대한 두려움, 생이별에 대한 두려움이 주를 이루었다. 동시에, 일제 이후 1970년대까지 한국의 개인들이나 사회 전반을 일관되게 지배한 것은 배고픔에 대한 두려움이었다. 요컨대, 경제 성장 중독증은 한편에서 배고픔에 대한 두려움의 회피 욕망, 그리고 다른 편에선 왜곡된 생명 욕망으로서의 부자 되기(축재) 욕망이 결합되어 탄생했다.

1960년대 이후 박정희식 경제개발과 성장 담론에 대한 전 국민적 지지는 바로 이 배고픔에 대한 집단 두려움을 배경으로 한다. 1961년 당시 '5·16 혁명 공약'의 하나인 "절망과 기아선상에서 허덕이는 민생고를 시급히 해결하고 국가 자주경제재건에 총력을 경주한다"라는 내용에 박수를 치지 않을 사람이 몇 명이나 있었겠는가? 그러나 이미 잘 알려진바, "자주경제재건"을 위한 주된 방향은 재벌과 대기업 위주의 경제, 수출 위주의 경제, 부자나 엘리트 위주의 경제였다. 그 와중에 농민은 체계적으로 몰락했고, (농촌에서 도시로 몰려나온) 노동자들은 저임금, 장시간, 무권리 노동에 심신이 지쳐 가면서도 '국가 발전'과 '경제성장'을 위해 참고 또 참았다. 국가의 이름으로 "선진국으로의 전진"을 위해 허리띠를 졸라매고 또 졸라맸다. 배고픔에 대한 두려움은 전 국민을 성장 중독증으로 몰아넣었고, 이는 자신이 느끼는 비인간적 노동 및 생활 과정을 기꺼이 참고 또 참게 해 주는 '마약' 역할을 했다. 그 와중에 학생들이나 일반 국민들은 "인내는 쓰다, 그러나 그 열매는 달다" 또는 "오늘 할 일을 내일로 미루지 말라"와 같은 격언을 외우고 또 외웠다. 삶의 현실이 주는 고통을 잊고 또 잊기 위해서였다.

그렇게 10년, 20년이 흐르고 어느새 50~60년이 흘렀다. 그러나 1997년 말, "제2의 경술국치일"이라 불리기도 했던 외환위기가 터졌고 IMF 등으로 긴급 구제금융까지 빌렸다. 모든 국민이 나라를 구하기 위해 아기의 돌 반지까지 내다 팔아 '금 모으기 운동'에 동참했고, 재벌과 은행들의 구조조정과 함께 대량실업이 사람들을 전례 없는 '해고의 두려움'에 떨게 했다. 김대중 대통령은 2001년에 "마침내 IMF 빚을 다 갚았다"라며 축배를 들었다. 그리하여 다시금 한국 경제의 성장을 위해 더욱 힘차게 앞으로 나아가자는 전 국민적 다짐이 전국 곳곳에서 일어났다.

1인당 국민소득(GNI) 기준으로 한국은 1960년대 초 약 80달러에서 2020년 약 3만 2천 달러가 됐으니, 60년 만에 400배나 부자가 되었다. 이명박 대통령 시절(2008~2012년)에는 국정 구호가 '747'로 요약됐는데, 그것은 국내 경제 성장률을 7%로 높인다는 것, 1인당 국민소득 4만불 시대를 연다는 것, 그리고 세계 7위권의 선진 대국을 만든다는 것이었다. 즉, 경제성장도 꾸준히 높이고 1인당 국민소득도 4만 달러를 달성, "부자 나라"를 만들겠다는 것이었다. 물론 그 뒤로 10년이 지나도록 '747' 수준은 되지 못했지만, 그래도 3만 2천 달러 정도라면 꽤 "부자 나라"가 된 것만은 부인할 수 없다.

실제로, 한국은행은 2020년 1인당 GNI를 3만 1,000달러로 추정했는데, 이는 3만 2,115달러를 기록한 2019년에 비해 약간 감소하긴 했으나 오히려 이 정도라도 대단한 것으로 평가됐다. 즉, 코로나19의 경제적 충격과 마이너스를 기록한 실질 성장률, 환율 상승, 저물가 등이 복합적으로 작용한 상황에서 나온 결과치고는 '선방'했다는 것이다.

그 결과, 전 세계 차원에서 1인당 GNI 순위는 올라갈 것으로 예측됐다. 2021년 1월 11일 문재인 대통령도 신년사에서 "우리 경제는 지난해 OECD 국가 중 최고의 성장률로 GDP(국내총생산) 규모 세계 10위권 안으로 진입할 전망이며, 1인당 국민소득 또한 처음으로 G7 국가를 넘어설 것으로 예측된다"라고 말했다. 그간 한국의 1인당 GNI는 2016년에 2만 9,330달러였으나 2018년에는 3만 2,730달러를 달성했고, 이어 2019년에도 3만 2,115달러를 기록했다.

한국의 전체 경제 규모 순위도 2019년의 GDP가 1조 6,463억 달러나 되어 세계 순위에서 12위를 달성했다. 국제통화기금이 발표한 세계 경제 전망 보고서는 2020년 한국의 GDP를 1조 5,868억 달러로 추정했고, 세계 GDP 10위를 차지할 것으로 전망한 바 있다. 한국의 경제적 위상이 세계적으로도 높아진 셈이다. 아니나 다를까, 문재인 대통령은 2021년 1월 22일, 영국 보리스 존슨 총리로부터 5개월 뒤 런던에서 열리는 주요 7개국(G7) 정상회의 초청을 재확인하는 친서를 받기도 했다.

그렇다면 이제 대한민국은 세계 10위권에 드는 '선진국'이 된 것인가? 이제 대한민국의 사회 구성원들도 선진국 시민답게 높은 삶의 질을 향유할 수 있을까? 나아가 이 정도면 이제 "허리띠를 더 졸라매야 남부럽지 않게 살 수 있다"라는 식의 선전 구호, 즉 성장 중독증을 드러내는 프로파간다를 더 이상 듣지 않아도 될 것인가?

'신성장 동력' 담론과
안철수 신드롬

2009년 1월 이명박 정부 당시, 어떤 뉴스가 국민들을 일시적으로나마 흥분시켰다. 그것은 수출 산업화 세대나 건설토목 세대를 지나 이제부터는 신재생 에너지와 로봇, 신소재 등 '신성장 동력' 분야의 육성으로 새로운 나라의 경제를 창조한다는 것이다. 이를 위해 2009년부터 2013년까지 최대 3조 원 규모의 신성장 동력 '펀드'가 조성된다고 했다. 당시 정부 구상에 따르면 3대 분야 17개 신성장 동력에 5년간 민관합동으로 100조 원 가까이 투자, 장기적으로 2018년까지 부가가치 창출 규모를 700조 원대까지 늘린다는 목표가 세워졌다. 보다 구체적으로, 3대 분야란, ① 신재생 에너지와 탄소저감 에너지, 발광 다이오드 등 녹색기술 분야, ② 방송통신융합과 로봇응용과 신소재, 나노융합 등 첨단융합 산업, ③ 글로벌 헬스케어와 글로벌 교육서비스, 녹색금융, 콘텐츠 소프트웨어 등 고부가 서비스 산업 등이다. 이 분야들로부터 보다 세부적으로 17개 신성장 동력을 도출하고 집중 지원한다는 것. 당시 정부로서는 대한민국의 미래를 이끌 새로운 경제성장 비전을 제시한 셈이다.

그 구상의 실행을 위해 첫해 2,500억 원을 시작으로 2013년까지 최대 3조 원 규모의 민관합동 펀드를 조성한다는 계획을 세우고, 향후 5년간 7조 3,000억 원을 직접 투자하고 90조 원이 넘는 민간투자를 유도한다는 방침을 세웠다.

물론 이명박 정부가 이른바 '사자방 비리'(4대강 사업, 자원 외교, 방산 비리) 문제를 노정한 사실은 이미 잘 알려졌다. 즉, 촛불혁명과 적폐 청산 과정에서 잘 드러났듯, (특히 자동차 부품 산업인 DAS와 연관된 정경유착이나 부정부패 문제는 별도로 치더라도) 4대강 사업이나 자원 외교, 방산 비리 등 문제들은 아직 제대로 밝혀지진 않았지만 이 역시 결국은 '경제성장'을 위한다는 명목 아래 강행된 일들이다. 이와 더불어 위의 '신성장 동력' 프로젝트 역시 이런저런 새 사업으로 끊임없는 경제성장을 이루겠다는 것으로, 결국 성장 중독증의 일환이다.

흥미로운 것은, 그렇게 "시장과 기술을 리드하는 선도형 전략으로 신성장 동력을 육성해 미래 세계 10위권 경제 대국으로 도약"함으로써 국민경제도 발전시키고 기업들의 수익도 증가시키며 국민들을 위해 고용 창출까지 이룬다는 것이 강조된다는 점이다. 즉, 시장, 기술, 경쟁력, 국민경제, 수익성, 고용 창출 등이 모두 한 덩어리다. 위 신성장 동력 프로젝트 또한 (아무 장애물 없이 잘 추진된다는 전제 아래) 일자리를 향후 10년 동안 약 350만 개나 창출할 예정이이었다. 바로 여기서 '일자리를 만든다'는 말만 나와도 대부분의 국민은 긴가민가하면서도 박수를 친다. 일자리는 곧 돈이니까! 요컨대, 나라는 성장 중독, 개인은 돈 중독과 일중독, 이것이 중독 공화국 대한민국의 실상을 잘 드러낸다.

그러나 "여러분, 이 모두 거짓말인 거 아시죠?"라며 국민들에게 지지를 호소했던 이명박 대통령은 자신의 말 자체가 모두 거짓말이었음이 드러나자 20여 가지 죄목으로 2018년 3월부터 옥살이를 하게 되었다. 그러나 이조차 쉽게 이뤄진 일은 아니다. '깨어난 시민'들의 불굴의 촛불시위, 나아가 검찰과 언론 개혁에 대한 불같은 분노와 요구들, 그리고 수많은 민주진보 진영의 유튜버들이나 팟캐스트 등이 모두 노력해 이룬 총체적 결과이기 때문이다.

한편, 여전히 이명박 정부 때인 2009년 10월, 이런 뉴스도 나왔다. 정부가 임기 말기에 의욕적으로 추진하려던 '생태계 발전형 신성장 동력 10대 프로젝트' (수조 원대의 예산 지원이 동반됨) 선정에 안철수 서울대 융합과학대학원장이 주도적으로 참여했다는 뉴스였다. 이 프로젝트는 특히 중소기업을 중심으로 새로운 미래형 신성장 동력 산업을 육성한다는 것.

여기서 굳이 그 프로젝트의 내용들을 일일이 상론할 필요는 없다. 다만, 소프트 웨어, 줄기세포, 전력용 시스템 반도체, 해상풍력, 물(水) 관련 사업, 박막 태양전지, 디지털 콘텐츠 등이 포함됐다는 점만 알아도 좋겠다. 이 지점에서 굳이 이 얘기를 꺼내는 것은 이른바 '안철수 신드롬' 때문이다.

우선 안철수 교수가 이 10개의 프로젝트 선정 과정에서 청와대 직속의 비공개 위원회에 참여할 정도로 권위나 능력을 인정받았다는 점이 중요하다. "내가 이명박의 아바타입니까?"라고 반문했던, 2017년 대선 후보 토론회를 상기할 때, 오히려 그 발언이 전혀 근거가 없진 않음을 알 수 있다.

그는 사실상 이명박의 아바타 역할을 했다. 어떻게? 일단 상기 비공개 위원회엔 정부·민간위원 10명과 전문위원 30명이 참여해 수조

원의 혈세가 지원될 10대 프로젝트 선정 작업을 했는데, 안 교수는 여기에 단순 참여를 넘어 그 위원회의 위원장까지 맡았다. 당시 위원장은 2명으로, 안철수 교수와 이민화 KAIST 초빙 교수(벤처기업인)였다.

다음으로, 안철수 교수는 이명박 정부에서 2008년부터 '미래기획위원회' 위원으로 일해 왔다. 이 대통령 핵심 참모였던 곽승준 위원장(고려대 교수) 역시 "내가 청와대 국정기획수석을 할 때 미래기획위원으로 영입했다"라고 확인하며 "2009년부터는 호흡을 맞춰서 대·중소기업 동반 성장, 산업 생태계에 대해 논의를 해 왔다"라고 했다.

더 중요한 점은, 안철수 교수가 2011년 무렵 일반 국민들, 특히 청년들 사이에 비상한 인기를 끌었던 사실이다. 일례로, 2011년 11월에 있었던 청주시 청춘콘서트(법륜 스님이 이사장으로 있는 평화재단 주최)엔 안철수 서울대 교수와 박경철 시골 의사가 연사로 참여했는데, 1,500석의 강연장이 불과 몇 분 만에 예약이 완료될 정도였다. 이 청춘콘서트는 전국 30개 도시를 순회하며 열렸는데, 모두 인기 충만이었다. 20대 청춘에서 40대까지 안철수는 인기 절정이었다. 안철수의 강연은 '3%'라는 말도 있었는데, 매년 3천 건 가까운 강연 요청 중 단지 3%(약 80건)에만 응할 수 있을 정도로 바쁘다는 것이었다. 심지어 2012년 대선 국면에서는 민주당의 유력 후보였던 문재인 노무현재단 이사장이 영입하려고 할 정도였다.

그렇다면 어떻게 해서 이른바 '안철수 신드롬'이 생기게 되었을까? 사실 안철수는 의사 출신으로, 이미 컴퓨터 바이러스 백신 프로그램 개발자로서도 유명세를 떨치고 있었다. 한편, 대중들, 특히 20~40대의 젊은 사람들은 살벌한 경쟁 사회에서 살아가는 것 자체가 고달플 뿐만 아니라 생존 자체가 힘들다고 느끼고 있었는데, 안철수는 세계적인 실력을 갖고 있으면서도 젊은 사람들의 고통을 이해하는 듯 보였기에 청춘콘서트 같은 전국적 공개 행사를 통해 일종의 '국민 멘토'로 비쳤다.

따지고 보면 경쟁 사회는 사람들의 두려움과 불안감 위에서 돌아가지만, 실은 경쟁에 더 많은 이들이 동참할수록 더 많은 두려움과 불안감이 증폭되기도 한다. 대학생들의 높은 등록금과 알바생으로서의 힘겨움 또한 가중된다. 온갖 '스펙' 관리를 하며 대학을 졸업해도 취업이 된다는 보장이 없다. 취업을 해도 안정적인 직장이 없다. 인턴이나 비정규직으로 2~3년 일을 해도 정규직이 된다는 보장 역시 없다. '언제 잘릴지 모른다'는 생각이 삶 전체를 사로잡는다. 민주노조조차 일자리를 보장할 순 없다는 인식에 노조원 가입도 꺼린다. 일도 피곤하지만 투쟁은 더 피곤하다. 40대 초반에 직장을 떠나는 이들도 수두룩하다.

바로 이런 상황에서 '안철수' 같은 성공적인 인물은 두려움과 불안으로 힘겨운 20~40대 사람들에게 일종의 꿈이자 멘토 이미지로 떠올랐다. 특히 안철수는 의사라는 '스펙'을 갖추고도 남다른 도전 정신으로 새로운 길을 연 개척자 이미지로 다가왔다. 게다가 '안철수연구소'에 대해 외국 자본이 거액의 인수 자금을 제시했지만 단연코 거부하지 않았던가? 이렇게 '토종' 백신 연구자로서 그는 '의지의 한국인'으로 비치기도 했다. 그는 여기에 만족하지 않고 40대 중반에 회사를 전문경영인에게 맡긴 채 미국 유학길에 올랐다. 의사로부터 IT 산업 기업가로, 그리고 학자로의 부단한 변신은 후세대에게 모험심이나 도전 정신의 표상이 되기에 충분했다. 이런 환상적인 경력을 가진 그가 젊은이나 동시대인들에게 자극과 위로를 동시에 주니 당연히 '국민 멘토'로 떠오를 수밖에! 이런 점에서 안 교수가 이명박의 아바타인지 아닌지 여부는 별로 중요하지 않다. 중요한 점은 그 역시 성장 중독증의 표상이라는 것이다. 나아가 그의 성공담 자체가 대부분의 젊은이들에게 성장 중독증을 당연시하도록 만드는 엔진 역할을 한다는 점이 중요하다.

그런데 흥미롭게도 2016년 가을 이후 촛불혁명으로 2017년 3월 10일 헌법재판소의 "대통령 박근혜를 파면한다"라는 결정이 나기도 전인 2017년 2월, 당시 더불어민주당 문재인 전 대표는 신성장 동력과 관련한 공약을 발표했다. 문재인 정부 역시 성장 중독증으로부터 자유롭지 않다는 이야기다.

이어 그는 '국민성장'(일종의 NGO)이 주최하는 '4차 산업혁명, 새로운 성장의 활주로' 토론회에도 참석했다. 거기서 "정권교체를 한다면 차기 정부에서 대통령 직속 4차 산업혁명위원회를 설치해 기술혁명과 제도혁명을 주도하겠다는 의지를 밝힐 예정"이라고 말했다. 물론, 이러한 4차 산업혁명을 통해 일자리 창출도 하겠다는 것이다. 또 "공공건물 한 채도 그냥 짓지 않고 사물인터넷(IoT)망을 구축한 스마트하우스, 스마트 도로, 스마트 도시를 건설하고 전국 주요 도로 및 주차장에 급속충전기를 설치해 전기차가 지역 경제의 신성장 동력 역할을 할 수 있도록 키울 것"이라 했다.

　이제 이명박 정부에서 문재인 정부에 이르기까지 일관되게 나온 '신성장 동력' 담론과 지금도 10년 전의 '안철수 신드롬'을 부활하려는 일각의 분위기 등에 대해 중독 이론의 관점에서 몇 가지 짚어 보자.

　첫째, 과연 '신성장 동력'이란 무엇인가? 그것은 한국 경제가 과거의 '값싸고 양질의 노동력'에 기초한 패러다임, 즉 장시간, 저임금, 무권리 노동에 기초한 수출지향적 산업화 전략을 버리고 이제는 정보화 내지 4차 산업혁명에 걸맞은 새로운 분야, 고부가 가치 분야에서 질적으로 다른 성장의 토대를 찾겠다는 이야기다. 일단 말만 보면 그럴듯하다. 하지만 과거의 패러다임이건 미래의 패러다임이건 자본이 이윤을 목표로 움직인다는 점에서는 변함이 없다. 그런데 이 이윤 욕망에는 결코 '충분함'이 없다. 오히려 '무한한' 이윤 추구가 자본의 욕망이다. 따라서 자본은 '영원한 불만족'의 상태로 끊임없이 더 많은 이윤을 좇는 경향이 있다. 자본 자체가 중독적 행위자인 셈이다.

　둘째, 이른바 '안철수 신드롬'이란 경쟁 중독 사회가 낳은 트라우마의 한 결과라고 볼 수 있다는 점이다. 실은 경쟁 중독 사회 자체가 이미 역사적으로 식민지나 전쟁, 독재와 빈곤 등이 낳은 집단 트라우마의 결과이긴 하다. 트라우마를 경험한 1세대는 두려움에 사로잡혀 교육을 통해 2세대를 체계적으로 가르친다. 열심히 노력해서 경쟁이라는 게임(학교, 진학, 취업, 승진 등)에서 승리하라고…. 그러나 사회적 생존 게임은 너무나 냉혹해서 아무나 승리하는 건 아니다. 극소수의 승자와 대다수의 패자로 나뉘는, 적대적 게임이다. 이 게임에서 승리한

자 중의 일인이 곧 안철수다. 그 게임에서 별로 승리의 쾌감을 느끼지 못한 이들, 아니 실은 패배의 쓰라림을 거듭 경험하면서 트라우마를 갖게 된 이들은 늘 좌절감이나 절망감, 두려움과 불안감에 짓눌려 산다. 그런 상황에서 등장한 안철수는 일종의 '구원 투수'로 비쳤다. 게다가 특히 청년층 등 상처가 많은 젊은 세대에게 공감과 위로를 해주니, 격한 존경심까지 치솟았을지 모른다. 요컨대, '안철수 신드롬'은 중독 사회를 살아가는 사람들, 특히 그중에서도 승자 아래쪽의 사람들(상대적 패자들)이 경험한 트라우마의 결과로, 그들이 일종의 대리 만족을 찾던 와중에 등장한 구원 투수(일종의 현실적인 구세주)에 대해 보내는 열광이다.

셋째, 2017년 5월, 촛불혁명의 결과 탄생한 문재인 정부 역시 성장 중독증에 대한 근본 성찰이 결여돼 있다. 물론, 이명박근혜 시절의 오류를 바로잡고 지난 100년 가까이 쌓인 적폐 청산을 하겠다는 의지는 강한 편이다. 그러나 시간이 갈수록 극우 내지 보수 야당의 저항 앞에 무기력만 노정하기 일쑤이며 실은 같은 민주당 안에서도 적폐 청산의 의지가 통일된 것 같지 않다. 더욱 큰 문제는 여당인 민주당과 정부 역시 성장 중독증에 빠져 과거와 동일한 '신성장 동력' 타령만 반복한다. 그것은 작금의 한국이 '재벌-국가 복합체'라는 중독 시스템의 틀을 전혀 벗어나지 못하고 있음을 증명한다. 따라서 문재인 정부 내지 민주당이 국민들, 특히 촛불시민들의 지속가능한 지지를 획득하기 위해선 성장 중독증은 물론 '재벌-국가 복합체'라는 중독 시스템의 틀을 혁파하지 않으면 안 된다.

성장 중독증의 이면 –
행정도시 건설, 난개발, 투기

　　　　　　　　　21세기 대한민국엔 '코로나19' 외에 '공산^{후삐}주의'라는 유령이 배회한다.[1] 이는 '투기와 난개발'의 별칭이다. 숲과 나무, 부엽토와 야생동물로 이뤄진 지구의 허파인 산삐을 '난개발과 투기'가 공허^{후삐}한 상품으로 만드니, 이를 '공산^후삐주의' 유령이라 불러야 마땅하다. 안 그래도 기후 위기나 (초)미세먼지, 코로나 바이러스가 전 지구인의 삶을 위협하는데, 투기와 난개발은 또 다른 차원에서 우리 삶의 토대를 파괴한다. '친환경 개발'을 주창하려는 게 아니다. 오히려 '친환경 개발' 또는 '지속가능 발전'이란 환경단체나 시민 운동의 완강한 저항을 순치하기 위한 전략적 수단이기 쉽다. 내가 문제 삼는 것은 '개발'이라는 이름으로 자행되는 우리네 삶의 토대 파괴, 구체적으로 숲이나 농경지 파괴다. 그것도 소규모 파괴가 아니라 대규모이며, 우발적이 아니라 체계적인 파괴다. 세종시 내지 행정중심복합도시(이하 행복도시) 사례를 통해 이 문제를 보다 면밀히 따져 보자.

　　세종시의 기원은 2002년 9월, 노무현 대통령 후보 시절로 볼 수 있다. 그는 민주당 중앙선대위 출범식에서 "한계에 부딪힌 수도권 집중을 억제하고 낙후된 지역 경제 해결을 위해 충청권에 행정수도를 건설하겠다"라는 공약을 발표했다. 그렇게 충청권 민심을 잡아 대통령 되는 데 '재미 좀 봤다.' 2004년과 2005년경 '행정수도 위헌' 논란도 있었지만 결국은 '행복도시'를 추진하기로 정리됐다. 이윽고 2006년 12월 행복도시건설특별법 개정안이 국회를 통과했다. 행복도시의 정식 명칭도 '세종시'로 정해졌다. 마침내 2007년 7월 행복도시 건설의 첫 삽을 뜨는 기공식이 열렸다. 요란한 굴삭기 소음과 함께 마을, 논과 밭들이 개발지로 둔갑했다. 드넓은 장남 들판의 농지·습지(270만㎡)에 살던 멸종위기 2급 금개구리 수천 마리도 수난이었다. 농사짓던 원주민들은 두려움과 불안감에 저항했으나 '국가'가 하는 일을 막긴 어려웠다. 초기의 저항감은 결국 '공정' 보상 운동으로 수렴됐다. 2007년 12월 선거로 이명박 정부가 탄생했고 2009년 3월 말 금강변에 한솔동 '첫마을' 아파트 건설이 시작됐다.

그 뒤 한창 아파트 건설 현장에서 시멘트 먼지가 날리던 2010년 1월, 정운찬 총리가 세종시 수정안을 발표했다. 원안에 비해 중앙행정기능을 없애고 주거 용지 규모도 대폭 줄였다. 대신 과학연구 및 대학, 첨단녹색 산업, 글로벌 기업 유치 등을 강조했다. 세종시를 '정부 기능 및 주거 중심의 행정도시'가 아니라 '기업·교육·과학 중심의 경제도시'로 만들겠다는 구상이었다. 시민 분노와 저항이 거셌고, 수정안이 국회에서 부결되는 등 다시 논란이 컸다. 우여곡절 끝에 결국 2012년 7월 지금의 세종시가 공식 출범했다. 노무현 공약 후 꼬박 10년이었다.

세종시는 광역 및 기초 행정을 동시 수행하는 특별자치시로, 17번째 광역자치단체다. 세종시엔 1개 읍, 9개 면, 9개 행정동이 있고, 금강과 미호천 등 국가하천이 2개나 지나며, 지방하천 43개, 소하천

166개가 있다. 또, 운주산(459m), 국사봉(403m), 오봉산(262m), 전월산(260m), 원수산(251m) 등이 있으며, 고복자연공원(1.95km²)도 있다. 세종시는 과거 충남 연기군 전역과 공주시 장기면 일부, 청주시 청원군 일부가 편입된 465km² 규모(서울시의 3/4 크기)다. 그간 국무총리실을 비롯, 42개 중앙행정기관(외교·국방·법무부 등 5개 부처 제외)과 15개 국책연구기관이 이전을 완료했다. 2021년 8월까지 중소벤처기업부도 입주한다.

올해는 세종시와 행복도시건설청이 기존의 국회분원 설치를 넘어 국회세종의사당, 나아가 '국회타운' 건설까지 내다본다. 국회타운이란 여의도의 국회의사당이나 의원회관, 국회도서관(총 33만㎡)만이 아니라 의원과 직원들을 위한 주거 단지, 각종 편의시설, 외국이나 타 지역 손님을 위한 호텔, 컨벤션 센터, 각종 부대 기관(국회TV, 프레스 센터 등)까지 포함한 복합적 건설 계획이다. 이춘희 세종시장은 최근 언론에서 "박병석 국회의장이 예상한 61.6만㎡보다 3배 이상 넓은 약 200만㎡의 땅이 확보돼 있다"라고 했다. 국회타운은 설계만 2년(147억 원 소요), 공사는 3년으로 총 5년 걸릴 공사다.

이런 식으로, 당초 10만 명으로 출발한 세종시는 현재 인구 35만으로 급성장했다. 2030년까진 50만 도시를 내다본다. 게다가 이미 전국에 10개의 혁신도시가 섰는데 향후 대전·충남 혁신도시도 추가된다. 2019~2020년엔 도시재생사업의 성과를 인정받아 산업박람회에서 2관왕이 됐다. 특히 2020년엔 세계 최초로 스마트 시티 4단계(선도도시) 국제인증도 받았다. 올해부터는 행복도시 건설 3단계로, 국회세종의사당 설치 등 환경 변화를 도시계획에 반영, 시민과 함께 '2040년 세종도시기본계획'을 마련한다. 이렇게 '지속가능한 도시 개발' 구호 아래 진행되는 세종시 사례만 봐도, 과거 박정희 '개발 독재' 시대를 넘어 가히 '민주 개발' 시대가 왔음을 알 수 있다. 그런데 개발 독재건 민주 개발이건, 투기와 난개발 유령을 어찌할 건가? 이 유령을 잡지 못하면 균형 발전이나 지역 경제 활성화는 '말짱 도루묵'이다.

2005년 11월, 행복도시 건설추진위가 행정도시 디자인 국제공모에서 송복섭 교수, 김영준 건축가, 스위스 장피엘 뒤리그 교수, 스페인 안드레스 오르테가 건축가, 이탈리아 피에르 아우렐리 교수 등 5명을 공동 1위로 선정했다. 이들 당선작의 전반적 개념은 '보존과 개발'을 조화함으로써 "세계 최고의 환경도시"를 건설한다는 것이었다.

그러나 시간이 갈수록 수도권 건설자본이 세종시 건설을 장악한다. 세종시 인구 규모 역시 10만에서 30만으로, 다시 50~80만으로 재조정되면서 환경도시 개념은 슬그머니 사라지고 이제는 서울이나 분당처럼 위세 당당한 아파트 도시로 변모했다.

무엇보다 현재 서울시의 3/4 이상 넓이의 막대한 건설부지(465km²)는 다른 말로, 기존 원주민들의 이주(철거), 농경지 및 산림 파괴를 뜻했다. 마치 미국이 원주민(인디언)들을 몰아내고 백인 위주로 만든 나라이듯, 세종시는 '서울'에서 내려온 엘리트들(건설자본 포함)이 원주민을 몰아내고 그들 위주로 만든 도시다. 세종시 부동산계엔 전설 같은 믿음이 있는데, "국가공무원들이 자기들 집값 내려가게 하겠느냐?"라는 것. 이 말만 들어도 투자자들은 안심한다. 일단 아무것이라도 하나 사 두면 '돈'이 되기 때문. 그래서 일부 부동산 간판에는 버젓이 "땅은 거짓말을 않는다"라고 쓰여 있다. 그러나 이 말을 하는 이나 그 말을 믿고 투자(투기)하는 이나 사실상 '영혼'이 파괴된다. 영혼의 파괴는 농경지나 산림 파괴보다 무섭다. (1854년 저 유명한 시애틀 추장의 편지에도 잘 나오듯) 영혼의 파괴야말로 농경지나 산림 파괴를 위한 출발점이니까. 향후 50~80만 명을 위한 도시를 건설한다 하나, 이는 자연의 숲을 없애고 아파트 숲을 만드는 과정, 농경지를 없애고 상업지구를 만드는 과정이다. 이것이 아무리 '친환경'이라 하더라도 마치 '친환경 살충제'처럼 어불성설임을 숨길 순 없다.

2005년 봄, '행정수도' 위헌 논란이 일단락되고 '행정도시' 건설로 가닥이 잡히자 수도권 건설 재벌들이 무더기로 활약하기 시작했다. 실은 2004년 노무현 대통령이 행정수도를 만들겠다고 했을 때부터 '작업'은 은밀히 진행 중이었다. 행정수도가 건설되려면 일단 원주민들을 '밖으로' 이주시켜야 하는데, 이들을 받아 줄 아파트가 필요하다는 계산! 그런데 그 인근에서 가장 도시화한 곳은 조치원으로, 일부를 제외하고는 대부분 단독주택이거나 농경지였다. 이제 건설자본에게는 농경지야말로 '밥'이었다. 생명을 낳는 밥이 아니라 이윤을 낳을 밥!

그런데 당시 연기군 차원에선 국토계획법에 따라 일반주거지역에 대한 종세분화가 이미 완료(2003년 9월)됐다. 향후 도시 개발이 되면, 자연 경관이 수려한 지역은 1종 일반주거지역(5층까지 건축), 그보다 더 높은 건물이 가능한 곳(아파트 건설 가능)은 2종 일반주거지역 등으로 분류하는 것이었다. 그런데 2004년 3월, 건설자본들이 조치원으로 와서 보니 '아직' 늦은 건 아니었다. 농경지들이 넓은데, 1종지로 된 것을 약간의 '작전'만 짜면 2종지로 만들 수 있었다. 충남도 차원에서는 아직 도지사 공식 결정(2005년 3월)이 끝나지 않은 시점이었기 때문이다. 그 '작전'이란 무엇인가?

일단 1종지로 분류된 농경지들을 최대한 많이 확보한다. 다음으로, 은밀히 작전 세력을 모은다. 일부 지주나 건설업자 앞잡이들(행동 꾼들)이다. 이제 이들이 연기군청으로 몰려가 군수에게 계란을 투척하며 "재산권 보호를 위해 1종지를 2종지로 바꿔 달라!"라고 외친다. 몇몇 기자들이 사진을 찍는다. 이제 군수는 담당 공무원을 시켜 도지사에게 건의한다. "기존 종세분화에 민원이 많고 저항이 거세어 다시 작업해야 하니, 이미 올린 서류를 반려해 달라."

있을 수 없는 일이었지만, 충남도청 내 관련 '박사들'(조작의 달인들)과 이미 소통이 된 상태라 일은 수월했다. 이제 남은 것은, 일부 지주와 주민의 이름을 빌려 '허위 민원서'를 만드는 일이었다. 그 내용은 "우리 농경지를 1종지 지정 시 재산권이 침해되니 아파트가 가능한 2종지로 만들라"였다. 물론 그 과정에 군의원들이나 마을 이장들이 공조했다. 그렇게 해서 월하리, 번암리 등지에 수천 세대의 대규모 아파트 단지가 들어서게 된다. 내가 마을 이장까지 맡으며 주민들과 완강히 저항했던 신안리에도 거의 동일한 과정이 벌어져 1천 세대 가까운 아파트 12개 동이 들어섰다(『나부터 마을 혁명』 참조).

요컨대, 전국이 다 그렇듯, 세종시 건설 초기 조치원에 건설된 대규모 아파트 단지는 이런 식으로, 한편으로 농경지(논, 밭, 과수원) 파괴,

다른 편으로 서류 조작과 공무원 매수 등을 기초로 이뤄졌다. 이런 과정이 관련된 자들(농민 포함)의 영혼을 더욱 파괴한다. 일례로, "평당 5만 원 이상이면 농사지을 필요 없다"라는 정서가 바이러스처럼 퍼진다. 그러나 실은 그런 불법·탈법·편법 행위조차 이미 많은 이들이 돈 앞에 영혼이 파괴됐기에 가능한 것이었다.

국무총리실을 비롯한 중앙행정부처들이 들어서는 행정타운 건설, 또 주거용 아파트 단지 건설이 대부분 농경지를 파괴하는 것이었다면, 전원단지 건설은 대부분 강변의 산지나 경관이 좋은 임야를 파괴하는 것이다. 나는 2015년경부터 박창재 세종환경운동연합 사무처장과 함께 세종시 일대의 전원주택 건설 현장을 현지답사차 둘러보았다.

장군면 용암리 산33, 산35 일대 약 9,000m²가 '아뜨라' 전원주택단지 및 1종근린생활시설로 건설 예정이었다. 독신자용 1세대에 20m²씩 총 72세대 건설 계획! 나중엔 25,000m² 규모로 확장됐다. 이미 산은 허물어졌고, 토목공사는 어느 정도 진행됐으나 분위기는 썰렁했다. 이곳저곳 현수막은 붙었으나 찾는 투자자가 없었다. 한마디로, '망한' 분위기가 느껴졌다. 놀랍게도 ○○ 영농법인 이름으로 진행하는 사업이었다. 원래 영농조합법인은 부동산 개발을 해선 안 되는데, 어째서 공무원들이 개발행위를 허가했는지 의문이 일었다(수사를 촉구한다).

놀랍게도 이런 식의 개발 패턴이 세종시 전역에서 발생 중이었다. 장군면 용암리에 이어 산학리, 대교리 등의 산지도 대체로 '버섯 재배

사 건립'을 위한다는 명목으로 개발행위를 허가받은 뒤, 몇 년 지나 전원주택 단지로 되파는 사업! 같은 방식의 산지 파괴는 금남면 원봉리와 도남리 일대에서도, 전동면 송덕리에서도 벌어졌다. 또, 조치원 서창리 고려대 산18-5의 북 카페 'K-프로젝트'나 신안리 산8-12일대 난개발 프로젝트 역시 같은 맥락이었다.

다행히 내가 사는 신안리 산지 난개발은 2016년 6월에 세종환경 운동연합 난개발방지 시민연대(난방연대)를 비롯한 408명이 연대 서명, "신안리를 비롯한 세종시 전역에서 벌어지는 산지 난개발을 막아 달라"라는 민원서를 세종시장 앞으로 제출하는 바람에 적시에 저지됐다.

2020년 9월 중순경이었다. 내가 사는 신안리 서당골 초입에 느닷없이 6미터 폭 도로 확장 공사가 벌어졌다. 골짜기 안에 사는 유일한 거주자인 나도 모르게 뭔가 진행되고 있음이 분명했다. 인터넷을 샅샅이 뒤지니 세종시 건축위원회 이름으로 결정문 같은 게 올라와 있었다. 신안리 533구거 340m를 폭 4m 이상의 "도로(로) 지정"한다는 것!

담당 공무원을 찾아 물었다. 내가 22년째 3m 폭의 농로만으로도 충분히 잘 살고 있는데, 무슨 필요로 "도로 지정"을 하며, 폭도 3m밖에 안 되는데 4m 이상이라니 말도 안 된다, 그 근거를 대라고 따졌다. 알고 보니 서당골 입구의 H씨(개발업자)가 '신안리 436-1 근생'을 신축한다는 것이었다. 근생(근린생활시설)이라 함은 아파트 단지처럼 이용자가 많은 곳에 짓는 식당이나 카페 같은 것인데, 그곳은 H씨 외 '아무도' 살지 않는 곳 아닌가? 느낌이 이상했다.

세상에 비밀은 없는 법! 알고 보니, 서울 소재의 기획부동산 회사 Y가 신안리 산8-12일대 3만m²(약 1만 평)를 또다시 전원단지로 개발하기 위해 그 전초기지로 '436-1 근생'이 필요했고, 이어 439-6에도 근생(사무실)을 짓고자 농지전용까지 진행했다. 모든 물밑 작업을 거쳐 신안리 436-1 근생 허가가 나자마자 그 허가서를 근거로 51명 투자자로부터 분담금(계약금)을 받았다. 평당 160만 원 내외(1인당 약 200평)로 분양하는 '퍼스트팜 세컨드하우스(일단 산을 허물어 농지처럼 만들고, 나중에 집을 짓는)' 사업이었다. 이미 2016년, 408명이 낸 민원서에 시청이 "진입도로, 산지 경사도, 표고 요건 등이 충족되지 않아 사실상 개발 불가"임이 확인된 곳인데, 어찌하여 또다시 이런 개발 계획이 착착 진행되는가? 그래서 나는 전력을 다해 차곡차곡 파기 시작했다.

팔수록 놀라웠다. 신안리 533구거 "도로 지정" 고시까지 한 건축위원회의 회의록을 공개하라고 청구하니 "회의록 부존재"라는 답이 왔다. 또, 신안리 436-1근생 역시 "도로 지정" 회의록 청구에 또 "회의록 부존재"라 한다. 게다가 놀랍게도 대전지방법원 경매 사이트에는 '신안리 436-1' 땅이 '건축허가' 두 달 뒤(2020년 6월) 경매에 올랐고 2021년 2월 16일에 경매 기일이 잡혀 있었다. 2020년 4월 1일 건축허가를 받은 지 2달 만에 경매에 오르다니? 더욱 흥미롭게도 신안리 436-1 근생으로 건축허가가 난 그 땅에 대해 농지전용부담금을 내지 않고 있었다! 그렇다면, 농지전용 절차도 부실한 채 근생 건축허가를 냈다? 현재 수사 중인 경찰이나 검찰이 이 난개발 계획(특히 공무원의 협력)의 전모를 제대로 밝히길 바랄 뿐이다. 이게 세종시 난개발의 현주

소다.

2020년 세종시 땅값 상승률 약 13%, 아파트값 상승률 약 44%는, (초)미세먼지처럼 단연코 전국 1위다. 나는 땅값·집값이 오른다 하면 가슴이 '쿵~' 한다. 세금 얘기가 아니다. 농경지가 '부동산'으로 거래되는 자체도 불경스러운데, 그나마 땅값 폭등은 다른 물가도 올리고, 집 없는 자나 청년들 미래까지 막는다. 반면, 재테크(투기)의 눈으로 보면 세종시는 '엘도라도'다. 인구 80만까지 성장할 도시에선 부동산 상승이 거의 확실하니…. 20년 전 평당 5만 원이던 땅이 지금 100~200만 원이고 아파트는 10년 전 평당 500~700만 원이던 게 지금 1,500~2,500만 원 한다. 투기(투자)자에겐 싼 게 좋지만, 좀 비싸도 차후에 더 오르면 이것도 '돈' 된다.

그 와중에 농토를 경작하던 농민이나 산을 가진 이들은 농사나 숲에 대한 관심보다 땅값에 관심이 간다. 세종시엔 교회 십자가도 많지만 아마 그보다 많은 게 부동산일 것이다. 4차선 길이 나고 산업 단지나 역세권이 개발되고 아파트를 짓는다 하면 모두 눈이 동그래진다. 땀 흘려 일해 작은 보람을 찾던 전통적 '근로 윤리'는 '돈'이 안 된다. 이제는 빚을 내서라도 개발 호재(도로, 철도, 전철, 공단, 신도시 건설 등)를 찾는 게 '돈' 된다. 투기와 난개발 유령이 사람들의 혼을 빼는 원리다.

『땅의 옹호』를 쓴 김종철 선생님도 전국 각지가 "공사를 위한 공사"를 하면서 어머니 대지大地에 대해 "패륜 행위"를 저지른다고 개탄했는데, 따지고 보면 '경제를 위한 경제', '성장을 위한 성장', '도시를 위한 도시', '건설을 위한 건설'이 온 나라를 지배하고 있다. 더 이상

기만적 파괴 현장을 보기 싫어 서둘러 떠나셨을까?

"지금 부동산 재테크로 세종시에 투자하려고 문의하는 분들이 많습니다! 은퇴를 앞둔 분, 고위 공직자, 의사, 교사 등 다양한 직군에서 토지 매입을 위해 폭발적인 문의가 쇄도합니다!" 어느 부동산 광고다. 이런 '땅 투자로 부자 되는 꿀팁'을 보면 나서지 않을 자 있으랴?

이런 식으로 인간 삶의 토대인 농경지는 사라지고 그 자리에 도로, 아파트, 원룸, 상점들이 들어선다. 사람과 사람, 사람과 자연의 살가운 관계 대신 화폐, 상품, 노동, 자본, 시장, 경쟁, 수익이 들어선다. 생명 가치나 사회 가치를 파괴하면서 경제 가치가 판을 친다. 이걸 흔히 '발전' 내지 '개발'이라 착각한다.

그러나 제아무리 "균형 발전"과 "지역 경제 활성화", "지속가능 도시 개발"을 외쳐도 '투기와 난개발' 유령을 잡지 못하면 모두 헛일! 나는 20년 전부터 쉬지 않고 '투기와 난개발' 예방조치 없이 진행되는 개발이란 '돈 잔치'에 불과하다고 역설했다. 그러나 이제는 외칠 힘도 소진됐다. 더 서글픈 것은, 이젠 더 이상 보존할 땅 자체가 별로 없다는 것! 존경하던 노무현 대통령마저 행정도시로 "재미 좀 봤다"라고 했을 정도이니 더 이상 할 말도 없다.

이런 면에서 자본의 상품 관계나 가치 법칙을 비판적으로 성찰하고 그를 넘어 생명 가치를 복원할 집단 의지를 모으지 않으면 우리 미래는 어둡다. '스마트 시티'나 '4차 산업혁명' 같은 걸로 이 어둠을 가릴 순 없다. 초등학생에게 "쌀이 어디서 날까?"라 물었더니 "마트"라 했다는 얘기는 웃기기보다 슬프다. 자본의 가치 법칙 아래 전개되는 개발은 파괴에 다름 아니다. 공산^{共産}주의로 인해 온 세상이 파탄 나기 전에 이런 사회적 성찰이 왕성히 이뤄지면 희망이 생길지 모른 다. 이제는 슬슬 텃밭에 나가 땅을 돌볼 시간이다. 추운 겨울을 이기 고 쫑긋쫑긋 꽃망울을 내미는 매화를 보니 괜스레 눈물이 난다.

'한국판 뉴딜'과
재난 자본주의

문재인 대통령은 2020년 4월 22일 제5차 비상경제회의에서 '한국판 뉴딜'을 선언했다. 코로나 위기 극복과 디지털 경제 구축이 핵심이었다. 기간산업(항공, 해운, 조선 업 등) 위기 대처용 40조 원의 안정기금 조성과 출자(지급) 보증, 또 정 부 주도 50만 고용 창출 등, 기업과 고용을 위한 85조 원 규모다. 이 를 위한 3차 추경과 입법까지 당부했다. 그전 제2차 비상경제회의 에선 100조 원 규모의 비상금융으로 기업 지원도 약속했다. 이번엔 35조 원을 추가, 소상공인과 저신용 기업까지 지원한다. 또, 긴급 고 용 안정 대책 10조 원도 있다. 이어 5월 7일의 '한국판 뉴딜' 구상에선 경제구조 고도화와 지속가능한 일자리 창출을 목표로, 3대 프로젝트 (디지털 인프라 구축, 비대면 산업 육성, 사회간접자본 디지털화)와 10대 중점 과제 (DNAUS)를 추진하는 것으로 압축됐다. 고용 창출 효과가 큰 대규모 국가 산업(디지털, 비대면 중심)으로 코로나 이후를 견인하자는 것이다.

5월 12일 국무회의 비공개 토론 말미에 대통령은 "일시적 일자리 창출로 위기를 넘기자고 하는 것이 아니라 선도형 경제로 바꿔 나가는 지속가능한 토대를 구축하기 위한 것"이라 정리했다. 나아가 5월 13일 청와대는 한국판 뉴딜에 '그린뉴딜' 포함 여부를 검토하라고 관련 4개 부처에 지시했다.

그러나 내가 보기엔 '딜'은 딜인데 '뉴'가 없다. 기업·고용을 위한 돈 잔치만 요란할 뿐, '그린'은 또 무슨! 요컨대, 한국판 뉴딜은 그 선한 의도와는 달리 성장 중독증을 다른 식으로 표현한 것일 뿐이다. 나아가 이는 코로나 같은 상황을 자본이 십분 활용, 새로운 이윤 창출 수단으로 삼는 과정을 '민주' 정부가 적극 돕고 있는 형국이다. 아무리 민주 정부라 하더라도 성장 중독증에 대한 근본 성찰이 결여된다면 '재벌–국가 복합체'의 중독 시스템에서 일종의 동반 중독자 역할을 하기 쉽다.

2019년 12월 이후 약 6개월간 사상 초유의 코로나 사태 속에 "코로나 이전과 이후는 달라져야 한다"라는 아이디어가 공감을 얻는다. 그래서 '포스트 코로나' 담론이 흥한다. 코로나의 충격만큼, 이런 제안은 일견 신선하다. 스스로 통제할 수 없는 압도적 상황 아래 느꼈던 무력감을 넘어설 실마리 같기도 하다. 그러나 과연 무슨 내용과 방향이 '포스트 코로나'에 필요할까? 냉정히 보면, 이런 식의 담론은 1997년 말 'IMF 사태'나 2014년 '세월호 참사' 국면에서도 있었다. 즉, "IMF 이전과 이후는 달라져야 한다", 또 "세월호 이전과 이후는 달라져야 한다"라는 식! 그러나 진정 무엇이 달라졌는가?

돌이켜 보면, 'IMF 이후'에 대한 민중의 열망은 나라 경제가 튼튼해져 민초의 살림살이가 더 이상 불안해지지 않는 것, 민주주의와 복지가 꽃피는 것이었다. 하지만 현실은 자본 개방, 탈규제, 민영화와 노동 유연화로 상징되는 신자유주의 세계화의 착실한 정착이었다. 그것도 김대중·노무현 '민주정부' 아래서! '세월호 이후'는 어떤가? 이에 대한 촛불의 열망은 100년 이상 누적된 적폐를 청산하고 국가권력을 민주화, 인권과 생명을 소중히 여기는 새 사회였다. 그러나 현실은? 문재인 정부의 꾸준한 정착과 선거전 승리 외에 무엇이 바뀌었나? 한편에서는 여전히 가짜 뉴스와 극우 담론이 설치고, 다른 편에서는 자본의 이윤 욕망이 민주정부 깊숙이 내면화內面化했다. 대통령 주도의 '한국판 뉴딜'조차 (비록 막대한 돈을 쏟지만 결국은) 자본의 이윤 욕망에 종속돼 있다.

이렇게 대형 사고(위기)가 터질 때마다 비슷한 담론이 반복되고 결국 우리는 반복적으로 속는다. 그때마다 문제 제기는 옳은 듯한데, 왜 그 결말은 유사한가? 무엇이 잘못되고 어디서 뒤틀리나?

과거 군사 독재 청산에는 '모두' 한마음이었지만 그 독재를 부른 자본資本엔 무감했다. 결국 40년 전 목숨 건 광주항쟁에도 불구, 민주화 이후의 민주주의 역시 자본의 노예가 됐다. 이번 코로나도 '모두' 극복을 원하나, 그 뿌리를 폐廢하지 못하면 '포스트 코로나' 역시 자본의 노예가 된다.

"이 사태가 언제 끝날까? 하루빨리 예전의 '일상(business as usual)'으로 돌아가고 싶다." 이 역시 보통사람들, 즉 민중(생존자)의 열망이다. 수

개월에 걸쳐, 보기에도 흉한 마스크 얼굴, 타자를 잠재적 괴물 취급하는 '사회적 거리두기'를 하면서, 우리는 한편으로 심신이 불쾌하면서도 다른 편으로는 'K-방역'과 대처가 세계의 모범이라 칭송되는 바람에 일종의 사회적 정신분열을 겪었다. 그러나 아무리 칭찬과 주목을 받고 (그간 '헬조선'으로 바닥을 치던) 사회적 자존감이 회복되더라도, 우리 일상이 심하게 구겨진 것만은 부정할 수 없다. 그러니 일상 복귀를 희구하는 것도 이해된다. 그러나 '예전처럼' 만나고, 놀고, 공부하고, 일하고, 만들고, 팔고, 사고, 쓰고 싶다? 그러나 이게 진정 뭘 뜻할까?

여기서 바로 그 '일상'이란 결국 대량생산-대량유통-대량소비-대량폐기를 핵심으로 하는 자본의 이윤 증식과 그에 무비판적으로 동조해 온 우리의 생활 패턴이다. 그리하여 어서 코로나 상황 속 '사회적 거리두기'나 '경제 마비'를 종식하고 또다시 대량생산-대량유통-대량소비-대량폐기의 경제 및 사회로 돌아가자는 것이다. 민주당 정부의 한국판 뉴딜이나 그린뉴딜 같은 담론 역시 바로 이 근간을 그대로 둔 채, '디지털'로 재포장된, 자본의 새 상품이다.

그간 인류 역사는 농사를 시작한 신석기 시대부터 따져도 1만 년이다. 그중 (지금처럼 자연과 인간을 대규모 파괴하는) 자본주의 삶의 양식은 길게 잡아도 600년, 짧게는 300년, 더 짧게는 100년 정도다. 1만 년 중 1% 내지 6%밖에 되지 않는 자본주의의 시간이 수십억 년 된 지구를 회복 불가능하게 훼손했다. 악惡이 된 자본이다. 그러나 자본은 결코 저 혼자 움직이지 못한다. 한편으로 재산을 가진 부르주아들이 (시

장과 국가권력 포함) 자본 운동을 주도하고, 다른 편으로 노동력을 팔아
먹고사는 노동계급이 고용雇用을 통해 자본 운동에 동조하기에 자본
의 시스템이 영속된다.

영국발 산업혁명은 국내 시장의 독점화와 포화를 낳았고 신시장
개척을 위해 아시아, 아프리카, 아메리카 등을 식민지화했다. 외적
팽창과 함께 국내 시장에서도 부단한 상품 혁신과 광고·유행을 통해
돈벌이 공간을 창출했다. 그러나 자본(물질)의 논리는 인간(생명)의 논
리와 전혀 다르다. 외적으로는 전쟁, 내적으로는 공황이 자본을 위기
로 내몬다. 그 위기는 다시 인간과 자연에게 전가轉嫁된다. 자연은 파
괴되고 인간은 생존 경쟁과 분열에 빠진다. 생존자들은 더 강한 자본
과 일체감을 느끼며 동일시한다. 그런 느낌, 생각, 행위가 정치적으
로, 사회적으로 교육·전파되며 내면화內面化된다. 그러나 1997년 아시
아 외환위기나 2008년 글로벌 금융위기처럼 자본 운동에 위기가 오
면 정부와 기업은 '충격 요법'으로 자본의 위기 탈출을 돕는다. 나오
미 클라인은 이를 '재난 자본주의'라 했다.

사실, 이윤 중독 시스템은 위기를 먹고 산다. 자본 자체에서 오는
필연적 위기를 기회 삼아 그간의 사회 진보를 원점으로 돌린다. 기업
과 정부가 늘 위기감을 조장하는 배경이다. 재난 자본주의 테제를 증
명하듯, 최근 코로나 사태를 맞아 각 나라마다 돈을 풀어 자본 운동
에 신선한 피를 공급한다. 한국의 경영자총협회도 위기를 기회로 바
꾸고자 4월 총선 전에 이미 국회에다 40대 입법 건의안을 제출했다.
정부 역시 '빅 데이터' 내지 '원격 의료' 규제 완화 등 재벌의 숙원 사

업을 해결한다. 국민 역시 일의 내용보다 돈만 되면 고용 창출에 환호한다. 현재 우리가 서 있는 지점이 정확히 여기다. 그렇게 우리는 자본과 일상을 같이한다. 한나 아렌트를 원용하면, '악의 일상성'이다. 우리 일상^{日常}이 곧 자본이자 악이니! '포스트 코로나'를 제대로 논하려면 바로 여기서 출발해야 한다.

경쟁과 이윤을 축으로 움직이는 자본^{資本}의 문제를 정직하게 이야기할라치면 대개 두 가지 편견이 따라온다. 첫째, 그럼 사회주의를 하자는 것이냐? 둘째, 그럼 과거(원시)로 가자는 것이냐?

사회주의? 그렇다. 사회주의는 자본주의의 한 대안으로 나온 게 맞다. 자본주의가 개인주의를 근간으로 한다는 점에서 사회주의는 그 안티테제다. 하지만, 러시아와 동유럽에서 실존했던 사회주의 체제는 그 이념적, 도덕적 우위에도 불구하고 관료주의, 일당독재, 엘리트주의, 비밀경찰, 생산력주의, 전체주의 등 문제로 인해 그 사회경제적 지속가능성을 상실했다. 그렇게 1990년 무렵 현실 사회주의가 파산했지만, 그렇다고 (프랜시스 후쿠야마의 '역사의 종말' 테제처럼) 자본주의야말로 사회경제적으로 지속가능하다고 착각하면 곤란하다. 불행한 것은, 후쿠야마만이 아니라, (사회주의에 대한 두려움으로) 우리 대부분이 그리 본다는 것이다. 자본이 뒤에서 웃고 서 있는 것도 모른 채. 따라서 자본주의의 문제를 지적하는 것과 사회주의의 문제를 지적하는 것은 병행돼야 한다. 반성의 기준은 사람과 사람, 사람과 자연의 공존이다. 이는 결코 완성될 수 없는 것(즉, 결과가 아닌 과정)이어서, 우리는 실천 과정에서도 불굴의 성찰자가 돼야 한다.

과거(원시) 회귀? 누구도 과거로 돌아갈 순 없다. 현재를 살면서 미래를 만드는 게 삶(시간, 생명)의 이치다. 따라서 과거로 가자는 말이냐, 라는 문제 제기는 과거의 상처에 대한 두려움을 드러낸다. 과거의 상처란 무엇인가? 수없이 많지만 압축하면 경제적 궁핍과 정치적 억압이다. 그 끝은 죽음이다. 이게 두렵다. 현재(기득권) 상실에의 두려움이기도 하다. 그러나 여태 우리가 공들여 쌓은 '탑'의 정체는? 그것은 자본주도 경제성장(이윤 증식)에 토대, 저항 무마를 위해 조금씩 공정 분배를 해 온 시스템이다. 즉, 파이의 크기(자본)와 파이의 분배(노동)를 추구하는 자본-노동의 공조共助가 여타 희생양(사회적 약자, 제3세계, 자연, 농업, 공공부문, 감정, 인간관계 등)을 부단히 약탈하는 시스템! 이제 '디지털'이 새 무기다. 파이의 원천(파괴)에 주목해야 하는 이유다. 따라서 과거로 회귀가 아니라 미래로 전진이란, 이 약탈 시스템을 극복하고 참된 공존 공생을 추구하는 것이다.

코로나(사스, 신종 플루, 메르스 등) 사태가 결국, 자본의 돈벌이 시스템과 그에 동조한 인간의 일상에 뿌리를 둔 것이라면, 이제 우리는 더이상 그 원리를 무비판적으로 추종하면서도 인간답게 살기를 바랄순 없다. 자본 원리에의 복종이란 마치 독일 속담처럼 '내가 걸터앉은 나뭇가지를 스스로 자르는' 어리석음이기 때문이다. 따라서 탈출구는 (어정쩡한) 민주화가 아니라 (확실한) 탈자본에 있다.

마하트마 간디의 20세기 초 사르보다야Sarvodaya(모두를 위한 향상) 운동에서 나온 명제, "인간의 필요를 위해선 지구 하나로도 충분하지만, 인간의 탐욕을 위해선 지구가 아무리 많아도 모자란다(The earth has enough for everyone's needs, but not everyone's greed)"가 출발점이 될 수 있다. 같은 원리는 19세기 말, 도로시 데이와 함께 초기 가톨릭 노동자 운동의 선구자였던 피터 모린의 명제, "만일 아무도 더 부자가 되려고 하지 않는다면, 모든 사람들이 부자가 될 것이다. 또, 만일 모든 사람들이 가장 가난해지려고 한다면 아무도 가난해지지 않을 것이다 (Everybody would be rich if nobody tried to become richer. And nobody would be poor if everybody tried to be the poorest)"에도 있다. 이 둘을 합치면? '소박한 필요' 충족이 새 사회의 실마리다. 코로나로 인간 활동이 대폭 줄어도 세상은 돌아간다. 오히려 나아질 조짐도 있지 않던가? 이게 힌트다.

만일, 우리가 '포스트 코로나' 시대에 계속 살아남으려면 이런 근본적 통찰이 필요하다. 이 발상의 전환을 개인에서 공동체로, 사회구조로, 나아가 온 세계로 넓혀야 한다. 요컨대, 자본을 지양止揚한 시스템과 새 인간의 탄생, 이것이 답이다. 그 핵심은 결국 사람과 사람, 사람과 자연의 공생(conviviality)이다.

그러나 이 역시 '발상'일 뿐, '현실'이 되려면 어떻게 해야 하나? 나부터 변하되, 더불어 변하고 사회구조가 모두 변해야 한다. 개인적 실천과 사회적 실천, 개인의 변화와 사회의 변화, 일상의 변화와 시스템의 변화가 맞물려야 한다. 이윤이 아니라 필요의 원리로, 경쟁 아닌 연대의 원리로, 소유 아닌 공존의 원리로 가야 한다.

나는 1999년부터 20년 이상 읍 단위 작은 마을에서 산다. 2005년부터 2010년까진 불법 아파트를 저지하고자 마을 이장도 했다. 아침마다 생태 뒷간에 똥오줌을 모아 퇴비로 만든다. 하늘의 비와 해, 땅의 미생물과 흙, 그리고 우리 가족의 똥오줌이 협력해 상추와 풋고추 등을 기른다. 아이들은 그걸 먹으며 비교적 자율적인 인격체로 성장했다. 이제 각자 짝을 찾아 독립해도 좋을 단계다. '나부터' 교육혁명이었다. 우리 집 하수는 빗물과 함께 정화 연못에 모이고 부레옥잠, 고마리, 미나리 등이 정화를 하면 도랑을 따라 내려간다. 처마 아래와 아궁이 옆 물통에는 빗물이 고인다. 이 물을 잘 모았다 필요 시 텃밭과 나무에 뿌린다. 20년 전 심은 나무들은 훌쩍 커서 듬직하다. 이 작은 일상의 실천에서 나는 삶의 기쁨과 함께 깨달음도 얻는다. 텃밭 채소나 열매를 상품화 않으니 적정생산-적정활용-적정순환이 가능해, 대량생산-대량유통-대량소비-대량폐기의 파괴성이 없다. 물론, 이것조차 내게 대학이라는 안정된 수입원이 있어 쉬웠다. 그러나 교수라도 90% 이상은 그리 살지 않는다. 역으로, 실제로 시골서 사는 사람의 90% 이상은 큰 수입 없이도 그렇게 산다. 소득보다 땅과의 교감交感이 일차적이다.

그렇다면, 이런 모델을 온 사회가 같이 실천할 방법은 없을까? 실은, 이 역시 온 사회 구성원들이 이를 얼마나 간절히 원하는가, 하는 문제로 귀결된다. 자본주의가 일차적으로 자산계급에 의해 추동되었지만, 그 지속성이 결국 노동계급에 의해 담지되듯, 자본주의를 지양한 새 사회 역시 먼저 자기해방自己解放한 이들에 의해 선도되되, 그 지속성과 확장성은 결국 전 구성원에 의해 실천돼야 한다. 그러려면 더 이상 파이의 성장이나 분배가 아니라 그 원천源泉에 생사를 거는 개인과 조직, 교육과 언론, 정치와 운동이 활발해야 한다. 그 출발점은 우선 자본의 파괴성에 대한 통찰과 그에 대한 공범共犯 관계로서의 노동에 대한 성찰이다.

불행히도 기존의 정당정치나 선거 방식으론 이런 변화를 이룰 순 없다. 이미 지난 100년 동안의 실험 속에서 그 불가능성이 증명됐다. 그래도 선거 때마다 이게 반복된다. 같은 맥락에서, 아무리 의도가 좋아도 '한국판 뉴딜'이나 '그린뉴딜'조차 답은 아니다. 돈을 풀어 과거 일상 내지 황금기(1980년대 중반부터 1990년대 중반까지의 고도 성장기)로 복귀하게 풀무질하자는 발상, 성공해도 큰일, 실패해도 큰일이다. 성공해서 큰일인 까닭은 기존 대량생산-유통-소비-폐기 시스템을 새로이 반복하기 때문이다. 실패해도 큰일인 것은 적폐 청산은커녕 되레 극우 부활의 기회이기 때문. (지금도 기득권 검찰의 행태를 보라!) 그러니 처음부터 잘못 짚었다. 적폐가 결국은 자본에서 발원했기에, 철저히 자본을 지양하는 기획이 필요하다.

부채 공화국.
빛 아니면 성장 불가. 순 채권국?

"요즘 살림살이 좀 어떠세요?", "살림살이가 좀 나아졌습니까?"라는 말이 국민적 인사말이던 때가 있었다. 서민의 삶을 생각하는 일부 정치가들이 그렇게 인사말을 건네다 보니 나라 전체로 번지기도 했다. 물론, 서민들 입장에서 살림살이가 평안했던 적은 거의 없다. 늘 부족하고 늘 쪼들린다. 게다가 언론은 늘 "나라 경제가 위기"라고 한다. 어쩌다 조금 형편이 좋아진다 싶으면 "과소비하지 말라"라고도 했다. 하지만 그보다 더 자주 들은 말은 "나라 경제가 어렵다, 위기다"라는 이야기였다.

그런데 요즘은 그런 인사조차 나누기가 민망할 정도다. 코로나 상황까지 겹쳐 대다수 형편이 어려운 데다, 해고자나 실직자들 역시 예전처럼 힘차게 투쟁하기도 버겁기 때문이다. 길거리마다 가게들이 썰렁하고 장사 잘 되는 집은 거의 없다. 직장들도 뭔가 푸석푸석하다. 모두 내심 걱정이 태산이고 앞으로 어떻게 될지 불안하다.

물론 그 와중에도 재벌들, 특히 삼성전자는 전례 없는 영업이익을 올렸다는 뉴스가 나오는데, 안 그래도 '코로나 블루'인데 사회경제적 양극화가 숫자로 확인되니 더 우울해진다. 그리고 수차례 밝혀졌지만, 삼성 재벌은 수많은 판검사와 정치가들, 언론인들에게 로비를 하고 뇌물을 주어 '관리'를 한다. 낮의 정치는 대통령이나 국회, 정당들이 하지만, 밤의 정치는 재벌이 한다. 그러니 우리나라가 '삼성 공화국'이라 불리는 것도 무리는 아니다.

한편, 대한민국 국민의 대다수를 이루는 노동자나 농민, 서민들은 늘 아침부터 저녁까지 부지런히 일해 왔고, 행여 잘리기라도 할까 봐 허리띠를 졸라매며 좋은 평가를 받으려고 스스로 닦달해 왔다. 그러나 서민들의 살림살이는 편안한 날이 별로 없고 늘 쪼들린다. 그런데 별로 말은 않지만 나라 전체의 살림살이는 더 쪼들린다.

따라서 차제에 나라 살림살이 규모나 나라 빚이 얼마인지 냉정하게 따져 볼 필요가 있다. 한국 정부의 살림살이, 즉 예산 규모는 1966년 1,200억대에서 1970년 4,000억대로, 1975년 1조대에서 1980년 5조대로, 1990년 22조대에서 1995년 54조대로, 또 2000년 92조대에서 2005년 194조대로, 2010년 292조대에서 2020년 482조대, 그리고 2021년 새해엔 558조대로 기하급수적으로 늘어났다. 물론 나라 전체의 GDP 규모 역시 연 1,500조대를 넘어선 지 제법 오래다.

그런데 더욱 놀라운 것은 박정희, 전두환 독재 시절엔 정부 빚이 미약했던 데 비해 역설적으로 민주화 이후의 시기에 빚이 기하급수적으로 증가했다는 점이다. 예컨대 정부 빚은 1988년 18조대, 1992년 31조대, 1997년 60조대, 2002년 133조대, 2007년 299조대, 2012년 443조대, 2017년 660조대를 기록했고, 2020년엔 815조대로 나타났다. 올해는 정부 부채가 900조대에 이르러 조만간 전체 GDP의 절반 규모가 부채 규모가 될 것으로 전망된다.

이 정도면 대한민국은 한마디로, '빚더미 공화국'이다. 5,000만 국민 중 일하는 인구 약 2,500만 명 이상이 날이면 날마다 열심히 일하며 사는데, 도대체 정부의 예산이 500조대인데, 빚이 800조 이상이라니 이 얼마나 이상한 살림살이 구조인가? 이 정부 부채에다 공기업이나 공공기관 부채를 합한 공공부채는 1,300조에 이르고, 가계부채는 1,500조, 나아가 기업부채는 2,500조에 이른다. 이 모두를 합치면 대한민국의 부채 총액은 5,300조 원에 이른다. 현재 총인구가 약 5,300만 명이니 총부채를 인구로 나누면 1인당 (갓난아이 포함) 부채 규모가 1억 원이다. 이러니 대한민국을 '부채 공화국'이라 하는 것도 잘못된 일이 아니다.

반면, 30대 재벌의 사내 유보금은 950조를 넘어섰다.[2] 나라 전체는 부채 더미에 올랐는데, 30대 재벌은 돈 잔치에 바쁘다. 게다가 영국 시민단체 '조세정의네트워크(TJN)'에 따르면 한국이 1970년대부터 2010년까지 해외 조세피난처로 빼돌린 자산은 중국, 러시아에 이어 3위로, 그 액수는 총 7,790억 달러(약 900조)로 GDP의 70% 규모라고 한다.[3] 또, 2013년 〈뉴스타파〉의 조세피난처 프로젝트에 따르면, 재벌, 고위공무원, 정치인 등 한국인 약 300명이 해외 비밀계좌를 갖고 조세회피를 하고 있음이 포착됐다.[4]

이 수치들만 봐도, 성장 중독증의 나라를 '재벌-국가 복합체'라는 중독 시스템으로 파악하는 것도 무리가 아님을 알 수 있다. 나아가 이 화려한 '재벌-국가 복합체'라는 중독 시스템의 그늘엔 1인당 부채 1억 원이라는, 상상을 초월하는 부채 더미가 보통사람들의 삶을 짓누른다.

도대체 무엇이 문제인가? 이를 간단히 세 가지 측면에서만 살펴보자.

첫째, 너 나 할 것 없이 살림살이 전체가 방만해진 감이 있다. 그것은 많이 일하고 많이 벌어 많이 소비하는 게 잘 사는 것이라는 기본 관념에서 나온다. 물론 그 와중에도 소유나 소비의 양극화는 존재하고 갈수록 그 격차가 벌어지는 것은 사실이다. 하지만 개인, 기업, 단체, 정부 등 나라 살림살이 구조가 전반적으로 방만해진 것, 개인이건 기업 또는 정부이건 일단 빚을 내서라도 남들처럼 소유와 소비를 해야 한다는 강박증에 빠져 있는 것도 사실이다.

둘째, 보다 구조적인 문제로서, 이른바 '민주화' 이후의 시기엔 노동자, 농민, 서민들의 목소리가 커지고 복지 욕구가 증대함에 따라, 또 갈수록 사회경제적 양극화를 해소할 필요성이 커짐에 따라 정부 살림살이에서 수입보다 지출이 더 크게, 더 빨리 늘어났다. 이를 달리 말하면, 아무리 부채가 커진다 하더라도 정치가나 행정가 입장에서는 투쟁하고 요구하는 민중의 외침을 서둘러 잠재울 필요성 때문에 적자 재정을 감수하면서까지 천문학적인 돈을 써 왔다고 할 수 있다.

셋째, 한편, 개인의 살림살이 구조를 생각하면 적자가 쌓일 경우, 수지를 맞추기 위해 꼭 필요하고 긴급한 게 아니라면 과감히 줄이거나 없앤다. 그러나 정부 살림살이 구조는 해가 갈수록 관성의 법칙이 작동하고 가속도 법칙까지 작용하여 한번 예산 항목이 설정되면 쉽사리 줄이거나 없애기 어렵다. 가장 쉬운 일례로, 남북 평화를 앞당겨 국방 예산을 줄이고 그 대신 교육이나 복지 지출을 늘릴 수도 있다. 하지만 국방 예산 자체만 해도 이미 한 해 예산의 10%에 가깝고 해가 갈수록 비중은 줄지 않고 절대액도 증가한다.

넷째, 자영업자나 사업가들이 대다수 그러하듯, 출발점 자체가 부채다. 다수의 투자자로부터 자본금을 모으는 것도, 은행들에서 돈을 빌리는 것도, 심지어 사채업자로부터 대부하는 것도, 모두 빚이다. 빚으로 투자해서 상품을 만들어 팔아 이윤을 남기고 빚도 갚아 나가는 것이 전형적인 자본주의 경제구조다. 물론, 톱클래스에 드는 재벌가는 빚이 별로 없을 수도 있지만, 이런 경우는 차라리 예외에 든다.

대부분은 빚으로 돌아가고, 한쪽 빚을 갚기 위해 다른 빚으로 돌려 막는 식으로 돌아간다. 사업이 다행히 잘되면 그 빚을 잘 갚겠지만, 대부분은 빚 때문에 좌절하고 만다. 설사 성공적으로 빚을 다 갚더라도 다음 단계의 투자를 위해서 또다시 새로운 빚을 진다. 그런 식이다. 이런 면에서 성장 중독증에 빠진 사회, 즉 자본주의 사회경제는 늘 부채 중독을 기반으로 돌아간다고 해도 과언이 아니다. 이는 어떤 면에서 '돈 자체가 빚'이라 하는 명제와 일맥상통한다. 왜냐하면, 내가 가진 돈은 그 돈을 발행한 (한국)은행이 내게 그만큼 빚을 지고 있다는 증서이기 때문이다. 요컨대, 성장 중독증은 부채 중독증과 동전의 양면을 이룬다고 할 수 있다.

최근엔 코로나 상황까지 겹쳐 추가경정예산이다 긴급지원금이다 해서 수조 원씩 투입한다. 물론, 그렇게 긴급 수혈이 되어 정말 어려운 서민들 살림살이가 나아지는 게 보이면 좋겠다. 그러나 '밑 빠진 독에 물 붓기'처럼 아무리 부어도 별로 나아질 기미가 없다면 이는 근본적인 성찰을 요한다.

갈수록 더 많은 돈과 자원을 투입하기만 하고 살림살이 구조 자체에 대한 근본적인 성찰이 없다면, 우리는 당장 풍요를 구가하는 듯 살지 모르나 이후에는 서서히 가라앉는 배처럼 침몰할지 모른다. 개인의 살림살이 구조는 물론 나라 살림살이 구조도 보다 심각하게 들여다볼 때다. 개인, 기업, 나라 전체가 온통 성장 중독에 빠져 빚이 얼마가 되건 무조건 성장을 하고 보자는 식으로 덤비다가는 고생은 고생대로 하고 '헛살기' 쉽다. 차라리 성장 중독이라는 껍데기를 벗고 소박하고도 건강한 나라 살림을 꾸리는 게 행복이 아닐까?

2020년 코로나 팬데믹과
성장 중독증

2020년 6월 10일, OECD가 2020년 세계 경제 전망과 각국의 성장 전망치를 발표했다. OECD는 2020년 경제 전망이 매우 "불확실"하다면서도 2020년 가을에 코로나19 재확산이 없는 경우와 있는 경우로 나눠, 두 개의 시나리오를 제시했다.

코로나19 재확산이 없는 경우 2020년 세계 경제는 -6% 성장(!)하고, OECD 회원국의 평균 실업률은 5.4%에서 9.2%로 상승하는 반면, 재확산이 이루어지는 경우 세계 경제 성장률은 -7.6%, 2021년에는 2.8% 성장(!)이 전망되었고 OECD 회원국들의 실업률은 10%로 상승하고 2021년까지 일자리가 회복될 전망이 거의 없다고 했다. 이를 듣는 우리의 표정은 어두워지고 또다시 두려움이 몰려온다. 이를 각 나라별로 보면, 미국은 코로나 재확산이 없을 때 -7.3%, 재확산 시 -8.5% 성장이고 일본은 각각 -6%, -7.3%, 중국은 -2.8%, -3.7%로 성장률이 예상되었다. 그러면 한국은 어떨까? 2020년 한국 경제는 코로나 재확산이 없을 때 -1.2%, 재확산 시 -2.5% 성장률로 예측되어, OECD 회원국은 물론 세계 49개 주요국 가운데 경제성장 성과가 가장 좋을 것으로 전망되었다. '불행 중 다행'이라는 느낌이 들기도 한다.

그러나 곰곰 생각해 보면, 이런 식의 세계 비교야말로 전 세계적 차원에서의 성장 중독증을 보여 주는 징표이다. 왜냐하면, 국제 경쟁력 비교나 세계 성장률 비교 따위의 진정한 목표는 각 나라 시민들의 삶의 질 향상이라기보다는 각 나라 국민들로 하여금 "다른 나라에 뒤처지지 않게 더욱 열심히 일하라"라는 메시지를 보내며 '딴생각' 말고 모두 경제성장에 매진하도록 독려하는 것이기 때문이다.

이미 나는 『중독 공화국』에서도 '선착순 달리기' 비유를 통해 실감나게 묘사한 바 있지만, 이러한 국제 경쟁 내지 국제 비교 논리는 결국 전 세계 차원의 자본이 전 세계의 국민들을 효과적으로 경쟁시킴으로써 누가 1등을 하는지와는 무관하게 전체를 교묘하게 통제, 지배하는 수단이다. 각 나라 국민들은 이런 국제 비교 논리에 빠지는 순간, 무조건 '우리의 등수를 더 높이기 위해' 날마다 더욱 열심히 일해야 한다고 믿게 되기 때문이다. 따라서 서로 경쟁하는 나라들 사이에 1등부터 꼴찌까지 등수는 바뀔 수 있지만, 전반적으로 경쟁이 계속되는 한 세계자본은 전 세계의 노동력을 효과적으로 통제할 수 있게 된다. 또, 그런 세계 경쟁이 계속되는 한, 각 나라 자본들도 '자국 경쟁력 향상' 또는 '자사 경쟁력 향상'이라는 이름 아래 자국의 노동력을 효과적으로 통제, 지배할 수 있다. 바로 이게 저 무서운, '경쟁은 지배와 동전의 양면'이라는 명제의 핵심 원리다.

이제 보다 명확해졌다. 그것은 코로나19 사태 아래에서도 우리는 코로나19 사태의 근본 뿌리가 무엇인지, 그 근본 원인을 제거하기 위해 어떻게 해야 하는지 등에 대해 진지한 성찰을 하기는커녕 오히려 그 와중에도 타국에게 뒤지지 않는 성장률을 달성하기 위해, 나아가 타국보다 더 높은 성장을 이루기 위해 노력해야 한다는 믿음을 변함없이 간직하고 있다는 점이다. 그 정도로 더 많은 경제성장이라는 무한한 목표에만 초점이 맞춰지는 바람에 우리는 우리의 코앞에서 기후 위기나 지구 온난화, 자원 고갈, 난개발과 투기, 그리고 코로나19 사태 등 우리네 삶을 근본적으로 위협하는 이슈들을 애서 못 본 척하거나 별일 아닌 척하며 하루하루 넘기고 있다. 속으로 '금세 코로나19 같은 것들도 잠잠해지겠지' 또는 '백신만 나오면 모든 게 정상으로 돌아가겠지' 생각하면서 말이다.

그런데 바로 이런 집단 불감증이야말로 성장 중독증을 드러내는 징후에 다름 아니다. 또한 그런 불감증이 마치 정상인 것처럼 수용되는 사회적 분위기로 인해 성장 중독증에 대한 사회적 치유는 부단히 지연된다. 오히려 갈수록 성장률 지표에 더 강박적으로 집착하게 된다.

'마이너스 성장'에 대한
우려를 넘어

아니나 다를까, 전술한 OECD 보도에 각 언론이나 전문가들은 '그마나 한국의 경제성장 후

퇴 폭이 다른 나라들에 비해 작다'라든지 'OECD 회원국 중 가장 낮은 성장률 감소 폭'이라며 안도의 한숨을 쉰다. 이는 일견 틀린 말이 아니다. 하지만 곰곰 생각해 보면 뭔가 허전한 구석이 있다. 좀 더 근본적으로 생각하면, 우리는 코로나19 사태를 경험하며 여전히 아무 것도 깨닫고 있지 못한 게 아닐까 싶다. 왜 그런가?

첫째, 이미 우리 대다수는 경제 성장률이 해마다 높아지는 것이 '정상(normal)'이며, 경제 성장률이 떨어지거나 심지어 '마이너스'가 되면 위기 내지 비정상이라는 프레임에 갇혀 있다. 경제성장에 대한 강고한 믿음이 기본으로 깔려 있기 때문이다. 경제성장 지상주의! 그도 그럴 것이 자본은 이자와 이윤, 배당을 위해 '부단히' 몸집을 불려야 한다. 게다가 성장률이 떨어지면 실업률(고용 불안감)도 오를 것이기에, 노동자를 포함한 일반인들 역시 실업(고용 불안)의 공포에 또다시 두려움을 느낀다. 이런 전 사회적 믿음이 곧 '경제성장 중독증'으로 나타난다.

그러나 생각해 보라. 한 개인이나 나라가 인간답게 잘 산다는 게 무엇인가? 성장을 무한히 해야 하는가, 아니면 먹고살기에 충분한 정도를 달성하는 게 중요한가? (이 정도가 되면, 성장보다는 분배에, 그리고 삶의 질에 눈을 돌려야 하지 않는가?)

사람 키도 20세 전후가 되면 거의 다 자란다. 청소년 시기에 키가 쑥쑥 자랄 땐, 마치 무한히 클 듯 보이나 어느 정도 자라면 더 이상 자라지 않는다. 그다음부터는 키라는 양적 성장보다 건강과 인격이라는 질적 성숙이 중요하다. 나라 경제도 마찬가지다. 처음엔 확장,

확대, 성장하는 것이 지상 목표일 수 있지만, 이제 1인당 국민소득 3~4만 달러라면 더 이상 성장에 목을 매기보다는 질적인 고양, 즉 삶의 질 향상에 신경을 써야 한다.

이런 점에서 OECD의 발표는 물론, 그 발표를 보는 국내 언론이나 전문가들의 시각도 여전히 성장 중독증에 갇힌 셈이다. 실은 일반 국민도 예외가 아니다. 다다익선! 좀 더 근본적으로 보면, 자본 진영은 이런 마이너스 성장이나 경제위기를 민중에 대한 '군기 잡기'의 기회로 적극 활용한다. 민중 내지 시민들은 성장세가 지속되면 잔업과 야근, 과로나 산재에 시달리고, 후퇴세가 지속되면 실업과 불안에 시달린다. 이래도 힘들고 저래도 힘들다. 성장 중독증에 갇힌 환자들(자본과 노동 모두)의 운명이다. 따라서 제대로 인간답게 살려면 이 운명 자체로부터 탈출해야 한다. 그러지 않는 한, 우리는 모두 '시시포스의 노역'만 하다가 삶을 마감한다.

둘째, 바로 이 성장 중독증과 그를 둘러싼 상황들이 '포스트 코로나' 담론의 실질적 활성화나 질적 고양을 가로막는다. 이것은 정치적으로, 마치 극우 보수 정당이 가짜 뉴스와 흑백논리로 분탕질을 하는 바람에 진정한 사회 진보에 대한 담론적 진전이 가로막히고 중도 보수 정도의 민주당이 반사적 이익을 얻는 것과 유사하다. 그 결과 기껏해야 코로나19로 상징되는 재난 상황을 극복한다는 민주당식 프로그램은 시장(교환 가치의 거래)을 활성화하는 '돈 풀기' 정책이나 자본에게 유용한 출구로 비치는 디지털 자본주의만 강화하게 될 '뉴딜'에 그치고 만다.

혼히 "코로나 이전과 이후는 달라져야 한다"라고들 말한다. 옳은 이야기다. 문제는 무엇이 어떻게 달라져야 하는가이다. 나는 과거의 사스나 메르스 등에 이어 지금의 코로나19와 같이 전 세계인의 일상은 물론 사회경제 전반에 영향을 미치는 사태가 결코 일시적인 (또는 우연한) 질병이나 전염병이 아니라 '구조적' 질병이라 확신한다.

그렇다면 여기서 구조란 무엇인가? 그것은 ① 인간(자본)이 경제성장 중독증에 빠져 야생동물의 서식지를 체계적으로 파괴해 온 과정, 나아가 ② 야생동물 등을 음식, 관광, 애완용 등 다양한 모습으로 상품화해 온 과정, 그리고 ③ 인간의 편익과 탐욕을 충족하기 위해 '대량생산-대량유통-대량소비-대량폐기'를 일상화해 온 과정들이다. 이 구조를 주도한 것은 당연히도 무한 이윤을 추구하는 자본인데, 우리 인간은 노동을 매개로 자본에 협력함으로써 임금이라는 보상을 받아 왔다. 즉, 임금이나 이자, 지대나 배당, 연금 등을 매개로 우리 인간은 자본과 공범 관계를 형성하고 있다. '불편한 진실'이지만 부인하기 어려운 현실이다.

바로 이 사태야말로 자연 및 동물을 파괴하면서 동물 속에 있던 바이러스가 인간 몸으로 들어오는 근본 메커니즘이다. 이 사실을 진지하게 인정한다면, 이제 '포스트 코로나' 시대엔 지금까지 유지해 온 공범 관계를 당장 중단해야 한다.

셋째, 그렇다면 어떻게 살아야 하는가? 코로나 이후에 정말 달라져야 한다면 우선은 코로나 사태가 이런 구조적 원인에 기인한다는 사실을 솔직하고도 진지하게 인정(직면)해야 한다. 더 이상 진실을 외면

(회피)해선 안 된다. 다음으로는 가정이나 학교에서 어른과 아이들이 기존의 자본 논리(경쟁과 이윤, 이익과 실리)를 굳게 '내면화'해 온 것을 성찰하면서 하나씩 털어 내기 시작해야 한다. 무엇이 어떻게 뒤틀리게 된 것인지 차분하게 공부하고 깨쳐야 한다. 나아가 스웨덴 청년 그레타 툰베리의 행보가 상징적으로 보여 주듯, '탈자본' 교육이 절실하다.

그리고 이와 동시에 우리의 살림살이 구조 자체를 바꾸어야 한다. 정부는 주거, 토지, 교육, 의료, 노후 문제의 사회 공공성을 드높이는 데 주력하고, 일반 시민들은 자율 자치의 공동체를 창조하는 데 참여하면서 사회경제 문제를 전향적으로 푸는 데 머리를 맞대야 한다. 일상생활에 필요한 물품이나 서비스 생산과 공급은 시장, 공동체, 마을, 협동조합 등에 맡기되, 사회 기간 시설이나 사회 공공성이 강한 분야는 민주적인 정책과 연대로 풀어내야 한다.

시민들도 더 이상 학교 졸업 후 취업하여 소득을 많이 벌고 (무한 성장에 박수를 치며) 집 한 채 잘 사서 시세 차익 남기고 부자 되는 꿈을 꾸어선 곤란하다. 협동조합이건 마을기업이건 다양한 형태의 시도를 해 나가면서, 죽어가는 농업과 농촌을 살리면서도 텃밭 운동도 하고 자립 자급의 역량을 높여야 한다.

음악을 하건 미술을 하건 아이들이 먹고사는 문제를 고민하지 않도록 각 영역별로 구조 전환을 해 나가야 한다. 투기와 거품의 영역을 걷어 내고, 핵 관련 산업, 공해 산업은 폐기하며 사람과 사람, 사람과 자연이 더불어 사는 데 필요한 분야를 살려 나가야 한다.

사실, 누군가 영리한 이가 있다 해도 이 모든 과정과 내용에 대해 완벽한 설계도를 그릴 순 없다. 설사 그게 가능하더라도 안 하는 게 낫다. 마치 현재 기재부가 나라 예산의 설계를 좌우하듯, 사실상 '전문가 독재'를 초래하기 때문이다. 따라서 이 모든 내용을 시민들이 적극 고민하면서 함께 참여하고 지혜롭게 토론하는 가운데 (무한 경쟁과 무한 이윤을 추구하는 '자본'을 넘어) 진정 새 세상을 열어 나가는 것, 바로 그것만이 '포스트 코로나' 시대를 창조하는 일이다. 과연 우리는 진정 그럴 의사가 있는지 차분히 자문하며 안으로 깊어져야 한다. 성찰의 시간이다.

더불어 생각해 볼 점

1. 대한민국을 '성장 중독 공화국'이라 부를 수 있는 근거는 무엇일까?
2. '신성장 동력' 담론을 어떻게 봐야 할까?
3. 개인의 일중독과 나라 전체의 일중독 사회는 어떻게 다를까?

9. ——

1   이하 강수돌, 농촌 난개발 문제—세종시 사례, 〈녹색평론〉, 2021년 3~4월 호.

2   김예나, "30대 재벌 사내유보금 957조 원…환수해 노동자 위해 써야", 〈연합뉴스〉, 2020. 5. 11.

3   송민섭, 검은 돈의 천국 '조세피난처', 〈세계일보〉, 2013. 3. 4.

4   최승호, 뉴스타파·ICIJ '조세피난처 프로젝트' 공동취재 8번째 명단 발표, 〈뉴스타파〉, 2013. 6. 20.

10부

중독 시스템과
그 극복

"사회 깊숙이
박힌
중독의 뿌리,
그 대안은?"

중독 시스템

원래 시스템^{system}이란 일정한 목적을 위해 다양한 구성 요소들이 유기적인 상호작용을 하는 체계로 정의된다. 시스템에는 개방적 시스템과 폐쇄적 시스템이 있다. 개방적 시스템은 해당 체계와 환경 간의 상호 관계가 개방적이기에 정보나 자원, 인간관계 등이 자유롭게 소통하는 시스템이다. 반면, 폐쇄적 시스템은 해당 체계와 환경 사이에 단절이 심해서 정보나 자원, 인간관계 등이 자유롭게 소통하지 못하는 시스템이다.

중독 시스템(addictive system)은 이러한 폐쇄 시스템의 일종으로, 주변 환경과의 관계에서 그 자체로 대단히 고립적이며 일방적이다. 더 중요한 점은 중독 시스템이 스스로 내세우는 목표·사명과 실제로 그 구성원 및 구성 부분들이 활동·작동하는 과정 사이엔 구조적으로 깊은 간극이 있다는 것이다. 게다가 중독 시스템은 스스로 중독적 사고나 행위를 한다고 인정하지 않으며, 오히려 중독 행위 전반을 지극히 정상(normal)인 것으로 간주한다. 중독 시스템은 시스템의 모든 과정에 대해 스스로 잘 통제할 수 있다고 믿는다. 흥미롭게도 중독 시스템은 자율성과 책임성 있는 사고와 행위를 강조하면서도 막상 구성원 중 일부가 그렇게 행위하는 경우, 즉 정직하고도 정의롭게 행동하는 경우, 조직 전체의 발전을 위해 '희생양 만들기'를 하고 그를 통해 '위기'를 모면하려 한다. 그리하여 시스템 안팎을 가리지 않고 누군가 뭔가 문제가 심각하다며 지적과 비판을 하는 경우, 그 심각한 문제의 진상을 파악하기보다 오히려 문제 제기자가 이상하다며 내친다. 심지어 그 신선한 문제 제기자를 교묘히 회유, 중독 시스템 안으로 포섭해 버리기도 한다. '감투 씌우기'가 가장 대표적이다.

한편, 중독 시스템이 '정상적으로' 돌아가기 위해선 동반 중독자들이 필요하다. 이는 앞서 살핀바, 중독 시스템 안팎에서 나오는 (건강한) 비판자들의 이야기를 동반 중독자들이 나서서 변명하거나 방어하기 때문이다. 이런 면에서 중독 시스템과 동반 중독자들은 공생 관계다.

중독 시스템을 이해하는 데는 홀로그램hologram 원리를 이해하는 것이 중요하다.[1] 홀로그램 원리란 마치 '티끌 속에 우주가 있다'는 말처럼 한 개인 안에 조직이 있고 또 그 조직 안에 사회가 있다고 보는 것이다. 물론, 사회 안에 조직이 있고 또 그 안에 개인들이 들어 있다. 하지만 한 개인 안에도 조직이나 사회가 깃들어 있다는 홀로그램식 접근 방법은 중독 시스템을 이해하기 위한 대단히 중요한 방법론이다. 왜냐하면 겉보기에는 사회 속에 조직 있고, 또 조직 안에 개인이 있기에 사회-조직-개인 순으로 영향을 주지만, 막상 한 개인을 자세히 들여다보면, 그 개인 안에 조직도, 사회도 모두 들어 있음을 알 수 있기 때문이다. 즉, 한 개인의 행위를 잘 들여다보면, 이미 조직 내지 사회의 작동 원리까지 파악할 수 있다는 얘기다. 이것은 마치 '한 사람의 죽음은 한 우주의 죽음'이라는 말에 담긴 원리와도 같다. 달리 말해, 어떤 조직 역시 개인 중독자처럼 행위할 수 있고, 더 넓은 사회 역시 중독자처럼 행동할 수 있다는 얘기다.

이런 면에서 그 어떤 개인이나 조직, 나아가 한 사회 전체나 세계 전체 역시 '중독 시스템' 개념으로 파악할 수 있다. 예컨대, 흔히 우리는 일중독을 개인 차원의 중독이라고 파악하지만, 실은 개인의 일중독 역시 '개인이라는 중독 시스템'의 관점에서 살필 수 있다. 여기서 중독 시스템으로서의 개인이란 두뇌와 팔다리가 있고, 간장, 심장, 비장, 폐, 신장 등 온갖 신체 기관들이 유기적으로 협동하여 삶이라는 목표를 향해 달려가는 체계이다. 게다가 한 개인 역시 신체적, 정신적, 사회적, 영성적 존재로서, 그 삶의 다양한 측면들이 상호작용하면서 삶을 영위해 나가는 시스템이라고 볼 수 있다.

이렇게 한 개인조차 중독 시스템이 될 수 있다면, 조직은 두말할 나위가 없다. 보다 구체적으로, 가정, 학교, 종교, 기업, 노동조합, 정부, 국회, 검찰, 법원, 비영리 단체, 시민사회 단체(NGO) 등 여러 조직들도 얼마든지 중독 시스템이 될 수 있다. 만일 이런 조직들이 중독 행위를 한다면 이들 조직은 '중독 조직'으로 불려야 마땅하다. 한 걸음 더 나아가 사회 전체, 또 세계 전체 역시 하나의 중독 시스템이라는 시각으로 분석해 볼 수 있다. 실제로, 세계 전체는 대량생산과 대량소비, 대량폐기의 결합을 추구하고, 또 원자력이나 전쟁에 대해 근본 대안을 모색하지 않은 채 오히려 그를 조장하고 있으며, 나아가 자원 고갈이 코앞에 다가왔는데도 지속적으로 성장 지상주의에 빠져 있다. 한마디로, 전 세계 역시 '중독 시스템'으로 돌아간다. 한 사회도, 전 세계도 중독 시스템으로 파악할 수 있다. 이 경우, 우리는 각기 '중독 사회' 내지 '중독 세계'라는 말을 쓸 수 있다.

요컨대, 중독 문제를 단순히 개인 차원의 일탈 정도로 파악하지 않고 폐쇄적 시스템의 일종인 중독 시스템이라는 창(window)으로 파악하게 되면, 기업이나 노조와 같은 조직은 물론, 개인이나 집단, 나아가 사회 전반이나 전체 세계 역시 중독 시스템으로 이해할 수 있다. 여기서는 가정, 학교, 기업, 검찰 등 주로 조직 수준에서 본 중독 시스템을 보다 자세히 성찰해 보려 한다.

가정이라는 이름의 중독 시스템

원래 가정이란 가족이 모여 사는 공간으로, 한 개인의 출생과 성장, 나아가 결혼과 출산 등 인생의 중요한 계기들이 대부분 이 가정을 출발점으로 해서 나오게 된다. 가정 내지 가족을 시스템이라는 창으로 보면 그 구성 요소는 부모, 자녀, 그리고 이들 간의 상호작용이다. 가정의 핵심은 사랑이다. 오늘날 가정을 이루는 초동 주체는 당연히 부모이기에, 엄마(여성)

와 아빠(남성)라는 존재가 서로 '진실한 사랑'을 나누는 것이 가정 내지 가족의 핵심 구성 인자다.

그렇다면 부모와 자녀 간 관계 역시 진실한 사랑에 기초하는 것이 자연스럽고 바람직하기도 하다. 다른 말로, '조건 없는 사랑 (unconditional love)'이 부모로부터 아이(들)에게로 충분히 흘러야 한다. 물론, 아이의 방긋 웃는 웃음이나 깔깔거림, 그리고 고요히 잠든 평화의 얼굴, 기어 다니다가 걷기 시작할 때의 경이로움, 말을 못하다가 말하기 시작할 때의 놀라움 등은 '조건 없는 사랑'에 대한 최고의 선물이다. 그러나 조건 없는 사랑은 이런 선물이나 보상을 바라고 행하는 건 아니다. 그야말로 '무조건'이다.

대부분의 부모는 (시간이 허락한다면) 아이가 기저귀를 차는 시기까지, 아니면 유치원이나 초등학교에 가기 전까지는 바로 이 '조건 없는 사랑'을 베풀려고 한다. 아이가 세상에서 가장 소중한 보물로 여겨지기 때문이다. 사랑하는 배우자와 아이만 있어도 이 세상 모두를 가진 것 같은 느낌이다. 과연 행복이란 이런 것인가, 하면서 더도 말고 덜도 말고 지금 같아라, 이런 생각에 얼굴에 미소가 번질 것이다.

하지만, 아이가 초등학교에 가기 시작하면, 늦어도 중학교에 가기 시작하면 대부분 '허물어진다.' 무엇이 허물어진다는 말인가? 조건 없는 사랑으로 아이와 좋은 관계를 맺는다는 결심이 허물어진다는 얘기다. 왜 그런가?

그것은 두려움이나 불안감 때문이다. 왜 그런가? 이 세상에서 둘도 없는 우리 아이가 남보다 뒤처지면 큰일이라 생각하기 때문이다.

그것은 이미 부나 모 자신이 살아오면서 경험해 온 바이기도 하고, 현재의 직장이나 지역 사람들과의 관계 속에서 피눈물 나게 겪는 일들이기도 하다. 가장 일차적인 것은 소위 '가방끈'이 얼마나 긴가 하는 것, 그것도 어떤 대학을 나왔나 하는 것, 요즘은 'SKY냐 아니냐', 또는 '인서울인가 아닌가'로 따지기도 한다. 나아가 직장이나 직업이 무엇인가 하는 것도 사회생활에서 '당연히' 그래야 하는 것처럼 서로 묻는다.

물론 이럴 때마다 '반듯하게' 내세울 게 있는 이들은 자랑스럽게 말할 수 있지만, 그렇지 않은 이들은 움츠러든다. 갑자기 열등감, 죄책감, 수치심에 사로잡힌다. 그래서 사람들을 만나기 싫다. 심하면 대인 기피증까지 생긴다. 그러곤 집에 와서는 아이들에게 말한다. "내가 수십 년 살아 봐서 잘 아는데, 공부 열심히 하는 게 너희의 장래를 위해 좋다." 그나마 이 정도는 '부드러운' 버전이다. 좀 '거친' 버전은 "이 녀석아, 이 정도 성적으로는 딱 굶어 죽기 좋으니, 공부를 하고자 한다면 눈이 빠지도록 하고 아예 하지 않으려면 차라리 모두 집어치우고 기술이나 배워라." 이런 식이다. 이에 아이는 눈물을 뚝뚝 흘리며 "앞으로 잘하겠다"라고 맹세한다. 물론, 마음처럼 잘 될지는 미지수다.

대학을 가는 경우라도 대학 선택이나 전공 선택과 관련해서도 갈등이 일어난다. 아이가 좋아하고 관심이 가는 영역은 A인데 부모가 원하는 영역은 B인 경우가 있다. 부모의 기대와 사랑에 보답하는 길은 B를 선택하는 것이지만, 아이는 마음속으로 A를 간절히 원한다.

이 경우 대부분의 아이는 B를 선택한다. 남들 앞에 번지르르 자랑할 수 있는 대학교 이름이나 전공 분야를 선택한 셈이다. 그러나 이 경우는 성공해도 문제이고 실패해도 문제다. 성공하면 부모는 진심으로 좋아하겠지만 아이는 겉으로 만족하는 척하면서도 내심으로는 불만족이다. 특히 전공 분야가 자기가 원했던 게 아니라면 더욱 괴롭다. 그런데 실패하면? 20년 이상 부모는 생고생해 가며 아이의 성공적인 진로를 위해 뒷받침했는데 실패라니? 부모는 일단 좌절감에 빠지고 다음엔 배신감까지 느낀다. 모든 게 허탈해지고 남들 앞에 고개를 들 수 없다. 수치심, 치욕감이 밀려온다. 그러면 아이는? 아이는 당연히 죄책감과 수치심에 휩싸인다. 부모님이 그토록 자기를 사랑해 주었는데, 이 못난 자식이 그 기대를 저버리다니, 불효자식이 되어 버린 자신을 책망하기 쉽다. 이런 식으로 언젠가부터 시작된 '조건 있는 사랑'은 성공해도 문제요, 실패해도 문제다. 처음부터 실패가 예정된 길이었던 셈이다.

중독 이론의 관점에서 이 상황을 다시 보면, 일단 우리 모두는 경쟁에 중독된 사회에 살고 있다는 사실을 직시해야 한다. 여기서 우리의 선택은 불행히도 두 가지 중 하나다. 경쟁 시스템에 적응할 것인가 아니면 경쟁 시스템을 거부할 것인가? 표현이 거칠지만 일단 큰 방향은 적응이냐 거부냐, 이 두 갈래다.

여기서 경쟁에 '적응'한다는 것은 경쟁 원리를 수용하고 그 안에서 성공을 위해 노력한다는 얘기다. 반면, '거부'한다는 것은 객관적으로 이 사회에 경쟁 체제가 존재하는 건 당장 어쩔 수 없지만 최소한

내 마음속에서는 경쟁을 받아들이지 않는다는 얘기다. 물론, 이 경우조차 실제 현실에서는 '어쩔 수 없이' 경쟁이라는 게임에 참여할 때도 있다. 당장 닥친 시험이나 면접을 거부하면 더 이상 아무것도 못 하니까. 그럴 때는 최선을 다하는 게 옳다. 그러나 길게 보아 자신이 진심으로 나아가고자 하는 길(경쟁이 지양된 삶)마저 포기해선 안 된다. 즉, 내가 당장 바꿀 수 없는 코앞의 경쟁 게임엔 불가피하게 참여하더라도 그것의 성패에 목숨을 걸지 않고 장기적으로 올바르다고 생각하는 길을 뚜벅뚜벅 걸어가는 것, 그것도 나랑 생각이 비슷한 사람들끼리 연대하고 소통하면서 함께 나아가는 것, 바로 이것이 현실적인 대안이다.

이런 대안을 생각하며 살아가는 사람이라면 가족 내지 가정을 꾸리더라도 색다르게 꾸릴 수 있을 것이다. 부부 관계는 물론, 부모 자녀 관계 역시 경쟁이나 돈, 일에 중독된 관계가 아니라 진정한 사랑을 나누는 관계, 서로가 서로의 삶을 고양시켜 주는 관계, 함께 있는 그 자체만으로도 기쁨과 행복이 넘치는 관계, 이런 관계를 만들어 갈 수 있다. 우리가 중독 이론을 공부하는 이유도 바로 이런 이치를 깨달아야 비로소 대안의 길이 열리기 때문이다.

학교라는 이름의
중독 시스템

학교라는 시스템은 교사 (교장, 교감 포함)와 학생, 직원들로 이뤄진 배움의 공동체다. 그런데 이 학교가 중독 시스템이 되는 것은 무엇보다 학교가 내세우는 교육 이념 (예, 자율성과 창의성, 배려심)과 실제로 행해지는 교육 현실 사이에 극복하기 어려운 간극과 모순이 생기기 때문이다. 더욱 중요한 것은, 대다수 구성원들은 그러한 간극과 모순이 생기는 줄도 모르고, 오히려 그것을 '정상적인 것'으로 간주한다는 점이다. 나아가 누군가 그런 간극과 모순을 날카롭게 지적하면 "세상 물정을 모르는 사람" 또는 "학교의 명예를 실추시키는 사람" 등과 같이 문제 제기자의 이야기를 진지하게 경청하기보다 오히려 '이상한' 사람으로 낙인을 찍는다. 그리하여 대다수 구성원들은 학교 시스템을 평화롭게 유지, 존속시키기 위해 기꺼이 동반 중독자 역할을 수행한다.

가장 불편한 예를 하나만 들면, 학업 때문에 고민하던 학생이 자살한 경우다. 그것도 학교 옥상이나 화장실에서 자살했다 치자. 이 경우, 제정신을 가진 배움의 공동체라면, 학생의 자살 자체를 확인, 인정함과 동시에 그 원인이나 동기가 무엇인지 진지하게 조사, 토론함으로써 다시는 이런 일이 재발하지 않도록 적극적으로 나설 것이다. 하지만, 대부분의 경우 이렇게 말한다. "학교 밖으로 이 일이 알려져선 안 된다. 학교 명예가 실추되기 때문이다. 그렇게 되면 당연히 학생 여러분들에게도 해롭다." 이런 식이다.

만일 같은 일이 아파트 단지에서 벌어졌다면 어떨까? 이 경우 역시, 아파트 공동체가 제정신이라면 학생의 자살 사실을 확인하고 그 원인 파악이나 진상 조사에 나설 것이다. 그러나 대부분의 경우, 아파트 관리사무소로부터 아니면 입주자대표회의 등으로부터 '함구령'이 떨어진다. 자살 사건에 대해 아무 말도 하지 말라는 것이다. 왜? "아파트값이 떨어지기 때문"이다. 이런 식이다.

물론, 학교 사회는 아파트 단지에 비해 더욱 맑은 정신을 가져야 한다. 그러나 자살 사건과 같은 위기가 닥치면 학교 사회 역시 아파트 단지와 별로 다를 바 없다. 어차피 경쟁 중독 사회 내지 돈 중독 사회에서는 '우리 학교'나 '우리 집'의 평판, 가치, 가격이 높아져야 나 자신에게도 이로울 것이기 때문이다.

한 걸음 더 들어가 보자. 그렇게 해서 학교의 명예를 드높이고, 열심히 공부한 결과는? 대체로 명문대 내지 일류대로 불리는 SKY 대학에 진학하게 된 학생이 많을수록 성공이라 평가된다. 그리고 그다음은? 판검사가 많이 나오고, 정치가도 많이 나오며, 사업가, 의사, 교수, 변호사 등이 많이 나와서 사회 지도층 내지 유력 인사가 많이 나오는 것이 그 학교로서는 대단한 성공이다. 그러나 우스꽝스럽게도 그 훌륭한 엘리트들이 삶의 자율성이나 참된 창의성, 그리고 깊은 배려심을 갖고 사는지에 대해선 잘 묻지 않는다. 설사 거짓말을 하거나 노동 착취를 일삼거나 부정부패를 하더라도 모교에 해마다 장학금을 많이 내고 출신 학교의 이름만 빛낸다면 그 졸업생은 '학교 이름을 빛

낸 저명인사'로 분류된다. 그리하여 '명예의 전당'에 이름이 내걸리기도 할 것이다. 이런 식이다.

게다가 왜 사람들은 SKY 대학에 집착하는가? 결코 아무 이유가 없진 않다. 그것은 SKY 대학을 나와야 이미 '잘나가는' 선배들, 이미 '자리를 잡은' 선배들이 이 잘 끌어 주고 밀어주기 때문이다. 한마디로, 기득권 동맹 집단, 즉 권력 중독 내지 돈 중독 집단의 일원이 되기 위해 SKY 대학을 나오는 게 유리하다는 이야기다. 물론, 이런 학연 외에 지연, 혈연도 중요한 매개가 된다. 그러나 학연이 전혀 없는 상태에서 지연이나 혈연만을 매개로 기득권 동맹에 진입하기란 마치 '낙타가 바늘구멍 통과하기'만큼 어렵다. 갈수록 자본주의 원리를 많이 닮은 능력주의가 온 사회를 더 많이 지배하는 상황에서는 지연이나 혈연보다 학연이 더 큰 힘을 발휘할 수밖에 없다. 그러니 너 나 할 것 없이 모두 SKY 대학에 강박적으로 집착한다.

비교적 최근에 가장 흥미로운 이슈 중 하나는 서울 강남에 설립되려던 '혁신학교'에 대한 사회적 논란이다.[2] 혁신학교란 공교육에서 학생들의 인성과 실력을 동시에 고양하려는 새로운 개념의 학교다. 그러나 일부 학부모나 교사들은 혁신학교가 일류 대학(SKY 포함) 진학에 그다지 좋은 결과를 내지 못한다고 우려한다. 그런 우려 속에 심지어 아파트값이 떨어진다는 얘기도 나온다. (간디학교 등 일부 대안학교는 지난 25년 동안 사랑과 자발성을 강조하며 아예 대학 진학을 염두에 두지 않고 교육을 해 왔다. 만일 이런 대안학교를 강남구에 세우려 했다면 아마 주민들이 '가스통 시위'를 했을지 모르겠다.) 이 모두, 돈 중독, 출세 중독, SKY 중독 탓이다.

그러나 과연 그런 SKY 출신 엘리트들이 나라와 이웃을 위해 진심으로 봉사하던가? 아니면, 자기 자신이나 자기 가족의 이익을 취하기 위해 나라와 이웃을 예사로 배신하면서도 전혀 부끄러운 줄도 모른 척하던가?

기업이라는 이름의
중독 시스템

이미 자본의 이윤 추구 경향을 설명하면서 충분히 말했기에, 굳이 기업이라는 이름의 중독 시스템에 대해 길게 논할 필요는 없겠다. 하지만, 호주의 원주민 부족들이 말하는바, "원래 비즈니스란 사람들이 자신의 힘으로 얻을 수 있는 것보다 더 나은 물건을 손쉽게 얻을 수 있도록 하기 위해 시작된 것인데, 이제는 그것이 일종의 도박이 되어 버렸다. 오늘날 사업의 목표는 다른 그 무엇이 아니라 사업을 계속 유지하는 그 자체일 뿐이다."[3] 이 말은 '사업을 위한 사업', '기업을 위한 기업', '판매를 위한 판매', '상품을 위한 상품', '화폐를 위한 화폐' 등이 곧 자본주의 비즈니스(사업)의 원리임을 상기시킨다. 달리 말해, '돈 놓고 돈 먹는' 게임, '돈이 돈을 버는' 사회가 곧 자본주의다.

일견 매우 쉽고 재미있게 보이는 이 말들은 사실상 자본의 중독적 본질을 정확히 포착해 내고 있다. 그것은 자본이라는 말 자체가 중식, 그것도 스스로 증식하는 가치를 나타내기 때문이다. 여기서 가치란 경제적 가치, 그중에서도 교환 가치(화폐로 표시하면 가격)를 가리킨다. 자본가가 왜 '투자'를 하는가? 투자액보다 더 많은 돈을 벌기 위해서다. 이 더 많은 돈이 곧 이윤이다. 달리 말해, 투자한 가치보다 더 많은 가치를 얻는 것, 이것이 곧 자본주의 비즈니스요, 자본의 본질적 속성이다. 그런데 자본의 가치 증식 욕망은 한계가 없다. 충분함을 모르기 때문이다. 오히려 무한대를 지향한다. 따라서 처음엔 작은 가치 증식에도 기뻐할지 모르지만, 갈수록 더 많은 가치 증식을 욕망한다. 만일 조금이라도 가치 증식이 중단된다면 '멘붕'에 빠진다. 두렵고 불안해서 도무지 견딜 수 없다. 국회의원을 졸라 대고 대통령을 압박해서라도 가치 증식이 순조롭게 되도록 지원해 달라고 한다. 그리하여 쉬지 않고 자본 증식을 하려고 한다. 바로 이것이 자본의 중독적 본질이다. 즉, 자본은 '(가치) 증식 중독증'을 앓고 있다.

자본의 증식 중독증을 개별 조직체 차원에서 잘 보여 주는 것이 곧 기업이다. 기업은 리더와 구성원, 그리고 규율과 위계, 팀워크 등으로 이뤄진 이윤 추구 시스템이다. 기업 시스템은 원래 주변 환경 조건들과 개방적 관계를 이루면서 상호 창의적인 관계를 맺는 것이 정상이지만, 실제로는 '돈'이 되는 환경들과만 폐쇄적 관계를 맺는다. 기업은 자본 증식을 하는 한에서만 존속 가능하다. 그것도 갈수록 더 많은 자본 증식을 해야 한다. 이걸 통상적으로 '발전' 내지 '성장'이라 한다. 한 달이라도 증식이 안 되면 '난리'가 난다. 패닉 상황이 온다. 상하를 가리지 않고 총력 질주하여 자본 증식을 더 많이 하고자 한다. 이 질주에 결코 '충분함'이나 '결승점'은 없다. 한 회기가 지나면 곧 다음 회기가 온다. 갈수록 허리띠를 더 졸라매야 한다. 이것이 기업(자본)의 증식 중독증이다.

여기서는 '중대재해기업처벌법'에 관한 논란을 한 예로 들어 보자. 안타깝게도, 행복하게 살고자 일하러 갔다가 죽어 오는 이가 매일 10명 내외로 쌓이는데, 많은 사람들은 여기에 무관심하거나 '기업 살인법'에 반대한다. 산재 사망은 (정리해고나 상사 갑질과 마찬가지로) 동료나 가족에게도 '노동 트라우마'를 남긴다. 공식 통계상 매일 평균 7~10명씩 산재로 죽는 엄중한 상황에서, 사업주 및 경영자 책임 강화를 핵심으로 하는 '중대재해기업처벌법' 논란이 2020년을 달구었다. 이제 2021년 새해가 밝았다. 동해에 떠오른 태양만큼 우리 현실도 밝은가?

오늘도 내일도 출근은 하는데 죽어서 나오는 노동자가 매일 10명 내외라는 현실은 '총알 없는 전쟁'이다. 무엇을 위한 전쟁인가? 가족을 지키는 것도, 나라를 지키는 것도 아니다. 그것은 이윤을 위한 전쟁이다. 이 전쟁을 막아야 사람이 산다.

그러나 자본을 대표하는 수십 개 단체들은 저항한다. 2020년 1월에 개정된 산업안전법만 해도 규제가 심한데, 1년도 안 되어 중대재해기업처벌법이라니, 헌법상 과잉 규제 금지 원리에도 위배라는 논리다. 설사 새 법이 시행되더라도 50인 미만 사업장은 법 시행을 유예 내지 제외하라 한다. 과연 이 논리는 합당한가?

첫째, 객관적인 상황을 보자. 한국은 1996년 OECD 가입 이후로 산업재해 1등을 뺏긴 적이 없다. 할 게 없어 산업재해에 1등인가? 부끄럽다. 하루 10명 사망이라는 공식 통계도 최악이지만, 실상은 그 2~3배일 것이다. 하루 250명 내외의 부상은 상당수 산재^{産災}보다는 공상^{公傷} 처리된다. '매일' 그렇다. 무섭다. 전쟁터 인근의 적십자 병원보다 심하다. 또, 전체 기업의 99%가 50인 미만 사업장인데, 전 산재의 85%가 여기서 나온다. 그렇다면 중대재해 예방과 처벌의 중점 대상 역시 바로 여기다. '정곡은 찌르지 않고 주변만 건드리는' 우를 반복해선 안 된다. 물론, 근본적으로는 자본의 이윤 경쟁이나 원청 (대)기업에 의한 '위험의 외주화'가 구조적 문제다. 따라서 연대 책임은 기본이다. 동시에, 가장 심각한 영역을 '사각지대'로 방치한다면 그 어떤 법도 무용지물이 되고, 위험의 외주화만 지속된다. '지속가능 경영 (sustainable management)'을 하려면 정곡을 찔러야 한다.

둘째, (중)소기업에 대해 산안법 강화나 중대재해 처벌을 강화하면 '정상적' 기업 경영이 힘들다고 한다. 단기적으론 맞다. 그러나 단기적 비용 절감이 장기적 생존에 불리하다는 경험적 사례는 많다. 이번에 굳이 중대재해기업처벌법을 만들려는 목적도 바로 이 가당찮은 산재의 빈발과 재발을 예방하자는 게 아니던가? 아무리 기업이 힘들다 해도 산재 발생과 생명 상실을 당연시해서야 되겠는가? '한 사람의 죽음은 한 우주의 죽음'이라는 말도 있거니와, 사람이 죽어 나가는 현장을 바꾸자는데, 경영 악화를 근거로 새 법을 막으려는 건 대체 무슨 논리인가? 이 논리 자체가 '비정상'이다. 일찍이 조지아 대학의 아치 캐럴 교수는 기업의 사회적 책임(CSR)을 경제적 책임 〉 법률적 책임 〉윤리적 책임 〉재량적 책임 등으로 위계화했다. 그러나 나는 앞의 두 순서를 바꾸어 법률적 책임 〉경제적 책임… 등으로 따져야 옳다고 본다. 법을 지키지 않고 경제 행위를 하는 건 범죄이니까! 많은 경영학 연구조차, 기업이 사회적 책임을 다할수록 그 구성원들이 자부심을 갖고 헌신한다고 한다. 게다가 선진 각국의 경우, 산재에 대한 책임과 처벌이 강화됨으로써 기업들이 산업안전에 집중하면서 결국 경영도 더욱 안정화했다. 이것은 마치 강한 노조가 존재하는 유럽에서 기업들이 노동자와 노조의 목소리를 많이 반영하면서 선진 경영을 개발, 도입한 것과 같은 이치다. 요컨대, 노조나 법률 등 사회적 압력은 경영에 위협 요인이기도 하지만 장기적으로는 경영 선진화 요인이 된다. 물론 경영 선진화가 된다고 해서 자본의 중독 시스템을 벗어나는 건 아니지만….

셋째, 스탠포드 대학교의 제프리 페퍼 교수는 "사람이 경쟁력"이라는 명제로 유명하다. 세계의 초일류 기업들은 기술력이나 자금력, 시장력 등과 같은 변수보다는 노동력을 가장 핵심적인 경쟁 요소로 삼는다. 이 인적자원관리(HRM) 이론에 따르면, 초일류 기업일수록 인간 노동력에게 고용 안정, 성과 보상, 동기 부여, 참여와 권한 부여, 격차 축소와 평등주의, 장기적 안목 등의 인사 노무 관행을 실시함으로써 경쟁 우위를 점한다. 이 모든 경영 관행의 기초엔 당연히도 산재 예방 및 노동 건강이 있다. 한국에선 초미의 관심사인 중대재해 처벌 이슈가 선진 경영에서는 그저 기본 사항이다. 만일 '비용 부담' 내지 '시기상조' 논리로 중대재해의 축적을 묵인한다면 한국은 영원한 경영 후진국이 된다. 60년 전 1인당 국민소득 100달러 시대의 후진 관행을 과연 4만 달러 시대에도 반복할 것인가, 아니면 지금이라도 과감히 도약(take-off)할 것인가? 이는 단순한 제도 문제가 아니라 삶과 죽음의 문제다.

솔직히 나는, 사람을 '경쟁력의 도구'라 보는 관점조차 못마땅하게 느낀다. 하지만 사람을 중시하지 않는 경영이나 경제는 그 자체로 근본적인 소외다. 원래 '경제(經世濟民)'라는 말 자체가 사람을 살리는 일이니. 이제, 기업에 의한 '제도적 살인'은 그만두고 제발 사람답게 살자. "사람 나고 돈 났지 돈 나고 사람 난 건 아니다"라는 옛말은 이윤·경쟁 논리가 삶을 압살하고 노동 트라우마를 양산하는 오늘날 더욱 유효하다. 한국에서 (불완전하나마) '기업살인법'이 제정된 것은 상당한 역사적 전환점이다. 물론 그것은 여전히 부족하기에 종결된 것이 아니라 이제부터 시작일 뿐이다.

은행이라는 이름의
중독 시스템

은행 역시 기업과 동일하게 증식 중독중에 빠진 시스템이다. 은행은 기업과 마찬가지로 자본, 리더, 구성원, 신탁과 대출 활동 등으로 이뤄진 시스템인데, 그야말로 '돈 놓고 돈 먹는' 조직 원리상 그 자체로 중독 시스템임이 증명된다.

우선 은행은 예금자들에게 일정한 이자를 지불하기 위해서라도 그 예금을 활용(투자)하여 더 많은 이윤을 벌어야 한다. 예금자들이 많아질수록 벌어야 하는 이윤도 그만큼 더 늘어난다. 만일 은행의 돈벌이가 잘 안 되면 패닉이 온다. '난리'가 난다. 일종의 금단증상이다. 시간이 가도 스스로 해결하기 어렵다면 국가에다 SOS를 친다. 이른바 '구제금융'이다. 평소엔 "모든 걸 시장에 맡겨라"라며 민주국가 내지 복지국가의 역할마저 부정하지만, 막상 시장 실패의 결과 패닉이 닥치면, 언제 그랬냐는 듯 속히 '구제금융'을 실시하라고 외친다. 후안무치다. 그러나 중독자(조직 포함)는 부끄러움을 모른다. 이런 식으로 은행은 남의 돈으로 돈벌이 장사를 한다. 갈수록 더 많은 돈을 필요로 하고 갈수록 더 많은 이윤을 추구한다. 비록 기업과 은행은 출발점이 다르지만 (기업은 상품을 팔아서, 은행은 화폐를 팔아서 돈을 버는 조직), 이 점에서 둘 다 같은 원리로 움직인다.

은행 역시 기업과 마찬가지로, 그 이윤 획득의 원천이 무엇인지에 대해선 철저할 정도로 무관심, 무감각, 무책임하다. 즉, 사람을 효과적으로 죽이는 무기 장사를 해서건, 아니면 그런 무기 생산 기업의 주식을 통해서건, 그도 아니면 산지나 전답을 없애고 고층 빌딩을 지어서건, 그 방법이야 무엇이건 일단 돈만 많이 벌면 최고다. '검은돈이건 흰 돈이건 돈이면 다 좋은 것'이 곧 자본주의 논리다. 돈에 중독된 시스템은 그 돈의 색깔이나 명칭에는 지극히 무관심하다. 오로지 더 많은 돈에만 관심이 있기 때문이다.

특히 은행은 사실상 '남의 돈'으로 돈 장사를 한다. 남들이 맡긴 돈의 일부(10%)만 지불준비금으로 남기고 나머지 90%는 돈놀이에 쓴다. 한두 사람이 아니라 수천, 수만 명이 그 은행에 예금한다 치면, 가동 가능한 총액은 천문학적일 것이다. 이런 식으로 은행이 돈을 창조한다. 그 돈으로 땅을 사건, 주식을 사건, 고리대금업을 하건, 수단과 방법을 가리지 않고 돈만 많이 벌면 최선이다. 이런 식으로, 은행은 (남의) 돈으로 이윤을 버는 행위에 강박적으로 의존하고, 갈수록 더 많은 이윤을 추구한다. 나아가 조금이라도 이윤 증식을 중단하면 패닉 (금단증상)이 오기에, 이는 명백한 중독 시스템이다.

그런데 비즈니스에 대한 호주 원주민 부족의 입장처럼 은행에 대해서도 그렇게 본다면 어떨까? 즉, 은행을 원래 삶의 필요를 해결하기 위해 돈을 빌려주거나 돈을 보관해 주는 사업체라 한다면, 오늘날 은행은 '돈 놓고 돈 먹는' 그 자체를 목적으로 한다고 할 수 있다. 일반 기업체는 '화폐-상품-화폐'라는 과정 속에서 상품을 매개로 더 많은 돈을 벌지만, 은행은 '화폐-시간-화폐'라는 과정에서처럼 상품과 같은 매개물 없이 오로지 시간만 흐르면 더 많은 돈을 벌게 되는 중독 시스템이다.

이런 맥락을 이해한다면 우리는 독일 시인 베르톨트 브레히트의 다음과 같은 말도 충분히 공감할 수 있다. "은행을 설립하는 것에 비하면 은행을 터는 게 무슨 대단한 일입니까?"

노동조합이라는 이름의
중독 시스템

원래 노동조합은 노동자들이 자주적으로 단결하여 사회경제적 권익 증진을 도모하는 조직이다. 따라서 노조 시스템은 노조, 리더, 구성원, 규약, 조직 활동 등으로 구성된다. 그런데 노조는 어떻게 해서 중독 시스템이 되는가?

노조는 조합원, 즉 노동자들의 권익 증진을 목표로 한다. 여기서 권익은 고용 안정, 임금 인상, 교육 훈련 참여, 승진 기회, 복지 혜택, 노동시간 단축, 휴가 등으로 표현된다. 그런데, 노조는 가장 근본적으로 노동자를 고용하는 사업주나 그 총체로서의 자본과 대등할 수 없다. 기껏해야 '하위 파트너'일 뿐이다. 자본과 노동이 진실로 대등하다면 그것은 협동조합 또는 노동자 자주관리 기업이다(졸저, 『우진교통 이야기』 참조). 노동자나 노조가 자본의 '하위 파트너'라는 말은 처음부터 자본 의존성을 띤다는 얘기다. 달리 말해, 임금과 고용, 복지와 승진 등과 같은 노동자 권익을 보장받기 위해서라도 노조는 자본에 의존해야 한다. 만일 자본이 해외로 나간다 하면 노조는 권익 보호를 위해 "해외 이전 반대" 구호를 내세우며 투쟁해야 할 것이다. 같은 맥락에서 자본이 인력 구조조정을 한다고 하면 "정리해고 절대 반대"를 외치며 싸울 것이다. 겉보기엔 대등한 투쟁으로 보이지만, 이는 근본적으로 노동이 자본에 의존적임을 보여 주기도 한다.

나아가, '신성장 동력' 논란에서도 나왔지만, 노동자나 노조는 자본이나 국가가 새로운 분야나 새로운 지역에 투자를 늘린다고 하면 대체로 환영하는데, 그것은 '투자가 곧 고용'을 의미하기 때문이다. 게다가 '투자는 곧 발전'을 뜻하는 것으로 수용된다. 일중독, 개발·성장 중독이 돈 중독, 이윤 중독과 만나는 지점이다. 어쩌면 "고용 없는 성장"이라는 문제 제기조차 일중독 사회를 간접적으로 표현한다고 볼 수 있을 것이다. 이 정도로 우리는 자본이 제공하는 일(자리)에 모든 것을 걸고 있다.

또한 노조는 갈수록 더 높은 임금, 더 많은 복지, 더 많은 승진 기회, 더 긴 휴가나 휴식을 요구한다. 물론, 이는 당연한 요구이기도 하다. 그만큼 더 열심히, 더 강도 높게, 더 효율적으로 일을 했기 때문이다. 하지만, 만일 노동조합의 궁극적 목표가 소외된 노동으로부터 '자유'로운 삶 내지 '삶의 질'이 높은 삶이라고 하면, 그토록 당연하게 보이는 요구들조차 그 궁극적 목표에 다가가기보다는 오히려 노동자의 삶을 자본에 더 강하게 얽어매는 매개물로 전락한다. 역설적으로, 더 나은 요구를 쟁취하기 위해서라도 자본(기업)에 더 충성해야 하기 때문이다.

게다가 만일 노조의 요구가 관철되지 않을 때, 즉 임금 인상이 안 되거나 심지어 고용 보장이 안 되어 해고를 당할 때, 노조나 노동자는 '멘붕'에 빠진다(금단증상). 그러니 다들 '패닉' 상태로 투쟁에 나선다. 때론 죽을 각오까지 한다. (자본이 제공하는) 노동과 임금 외는 삶의 기회가 없다고 믿어 왔기에 정리해고 내지 실업이란 이들에게 곧 '죽음'을 뜻한다. 그래서 "해고는 살인이다!"와 같은 구호가 노동 대중에게 광범위한 설득력을 얻는다. 심한 경우, 정리해고를 당한 노동자는 자신의 일자리가 없어짐으로써 곧 자기 정체성이 상실되었기에 그 허무함과 무기력을 견디지 못하고 '자살'까지 감행한다. 물론, 그 엄청난, 자살할 용기가 있다면 그 용기로 대안 모색을 요구하는 투쟁을 가열차게 할 수도 있었겠지만, 이들은 오히려 자살이야말로 최선의 저항이라 생각했을 터다. 자신의 자살이라는 극단적 저항을 통해 제발 동료나 후배들에게는 이런 일이 반복되지 않기를 소망했을 수도 있다. 이런 식으로 한 사람의 인생이나 죽음에는 다양한 결이 있겠다. 하지만, 중독 이론의 관점으로 보면, 그 어느 경우건 노동자의 운명을 전적으로 자본에 의존하는 자체가 자본(고용) 중독증이라 할 수 있다.

꽤 흥미로운 사례 하나가 있다. 그것은 어느 자동차 회사에서 벌어진 일인데, 노조 대의원이 그 라인에서 생산할 물량을 많이 끌어 올수록, 그리하여 더 오래 더 많이 일하게 만들수록, 조합원들로부터 "최고"라는 평가를 받았다는 이야기다. 원래 노조 대의원들은 같은 임금이라면 더 적게 일할수록 좋다는 신념으로 노조 활동을 해 왔다. 그러나 언젠가부터 '노동시간은 곧 돈'으로 통하게 되면서 더 많은 노동시간도 곧 더 많은 돈으로 통하게 되었다. 바로 그 결과, 노조 대의원이 노동시간을 줄이는 걸 조합원들이 칭찬하는 게 아니라 노동시간을 더 길게 만드는 걸 칭찬하게 되었다. 이렇게, 더 많은 돈을 추구하는 노동자들이 많을수록 노조 역시 더 많은 물량, 더 많은 노동량, 더 긴 노동시간을 조합원들의 권익이라 생각하고 그런 방향으로 '투쟁'하게 된다. 이 모두가 중독 시스템으로 변질된 노동조합의 얼굴을 보여 주는 진풍경이다.

종교라는 이름의
중독 시스템

교회이건 절이건 비즈니스처럼 돌아가는 현상들은 종교 역시 중독 시스템이 될 수 있음을 보여 준다. 우선, 종교 기관들이 권위주의적 인물을 리더로 추앙하면서 갈수록 대형 교회(또는 첨탑이 더 높은 교회)나 대형 절을 추구하는 것부터 원래의 소명(사랑과 자비로 온 세상을 구원함)을 잊은 것이다. 다음으로, 권력이나 재물 추구에 중독된 리더와 그 주변 인사들(동반 중독자)이 수많은 신자들을 성찰하게 함으로써 진리나 영성에 이르도록 지원하기보다 구원(천국 내지 서방정토)이라는 미끼 아래 사실상 충성과 복종, 헌신을 강요한다. 가장 대표적인 것이 '고3을 위한 기도회' 같은 것으로, 결국은 종교의 이름으로 사업을 벌이는 것이다. 이는 사람들의 불안감이나 두려움을 비즈니스로 활용하는 자본주의 원리와 닮았다. 심지어 교회나 절도 세속적 명성이나 신자 수나 수입금 규모 등을 교환가치로 환원하여 사고파는 상품으로 전락한 지 오래다.

특히 다수의 목사들은 신도들이나 신도의 자녀들이 세속적인 성공이나 출세를 하는 것에 특별히 기뻐하며, '믿음이 강할수록 성공의 가능성이 높다'는 메시지를 부단히 주입한다. 종교 중독에 빠진 부모들은 하나님의 이름으로 자녀들에게 통제 지향적인 훈육을 한다. 그 훈육은 종종 가혹할 정도인데, 그 방향은 성공과 출세를 통해 구원받기 유리한 자리를 차지해야 한다는 식이다. 실제로, 종교 기관에 내는 기부금은 신자나 후원자의 재산이나 소득에 비례하는 편인데, 더 많은 돈을 낼 수 있는 고소득자들이 구원받을 가능성이 더 높다. 설사 그 고소득자가 평일에는 억압과 착취, 조작과 사기로 돈을 많이 번다고 할지라도, 주말마다 '성실히' 종교 기관에 가서 고액의 헌금을 내면 묵시적으로나마 신적 존재로부터 사죄를 받는다. 돈(교환 가치)이 곧 '면죄부'이니까. 이런 식으로 종교 기관은 자본주의를 배경으로 더욱 발전하면서 또 동시에 그런 행위를 통해 자본주의를 더욱 안정화하는 데 기여한다.

만일 누군가 "이 종교 기관엔 문제가 많다"라고 지적하면 그 종교 기관의 리더나 주변인들(동반 중독자)은 문제 제기자를 "성격이 이상한 사람" 또는 "제정신이 아닌 사람", 심지어 "공산주의자 내지 빨갱이"라고 매도하여 배척한다. 행여 특정 종교 기관의 모순과 문제가 방송국 프로그램이나 고발성 기사로 나갈 예정이라면 수많은 신자들이 그 언론 기관을 마비시킬 정도로 야단법석을 피운다. 이 신자들 역시 종교 중독 상태이기 때문에 고발성 문제 제기를 있는 그대로 이해하거나 성찰하려고 들지도 않는다.

래리 오스본의 『당신의 열심이 위험한 이유』라는 책이 있다. 이는 신앙에 대한 과도한 열정이 결국은 세상과 자신을 모두 위험에 빠뜨린다는 경고다. 특히 한국 교회는 대다수 "예수 천국, 불신 지옥"이라는 섬뜩한 구호처럼 흑백논리 내지 이분법적 사고에 매몰돼 있다.

따지고 보면, 한국의 종교 기관은 1960~1980년대를 걸쳐 최소한 30년 이상 군사 독재와 음으로 양으로 협력해 왔다. 실은, 삶과 죽음을 임의로 결정해 버리는 군사 독재 시절의 비정상성 아래 종교조차 나름의 생존 전략으로 '강자 동일시'를 해 왔다. 탄압과 죽음의 두려움 때문이었다. 그리하여 종교 기관은 독재와 억압의 현실을 묵인하는 대신 독재 권력으로부터 많은 '선물'을 받았는데, 그것이 곧 돈이나 땅이었다. 돈은 교회나 절을 유지, 확장하기 위해 은행으로부터 값싼 이자로 거액을 빌리게 해 주는 것이었고, 땅은 국유지나 공유지를 무상에 가까울 정도로 값싸게 빌려주거나 불하하는 것이었다. 그렇게 해서 오늘날 우리가 아는 여러 대형 교회나 대형 사찰이 번영하게 되었다.

사정이 이러하다 보니, 보수 우익 정권이 탄생할 때마다 이른바 종교계 '지도자들'은 권위주의적 정치 권력자를 찬미하고 지지하는 모습을 온 국민 앞에 드러내곤 했다. 무대 뒤에서 벌어지는 이 중독적 행태를 잘 모르는 국민들은 그저 "아, 우리 목사님이 (또는 우리 스님이) 저렇게 유명 인사라니, 나는 참 행복하고 뿌듯하다"라고 느낄 뿐이었다.

『종교 중독과 기독교 파시즘』을 쓴 박성철 교수 역시 전쟁과 독재라는 한국 사회의 집단 트라우마가 결국은 종교 중독을 배태하게 되었다고 강조한다. 특히, 2018년경 전광훈 목사와 태극기 부대 증후군, 나아가 2020년 코로나 팬데믹 상황에서 극보수 교회들이 드러낸 반사회적 행태들에 대해 "광신이라는 말로는 그런 현상을 설명할 수 없어 종교 중독이라는 개념을 선택할 수밖에 없다"라고 말한 바 있다.

그러나 모든 중독 현상이 그러하듯, 종교 중독에 빠진 이들은 스스로 중독인지 모르거나 누군가 지적하더라도 한사코 부인한다. 특히 교회 시스템의 여러 구성 요소들, 보다 구체적으로 각종 의례와 행사, 이벤트, 자기 목사님이나 자기 교회에 대한 과도한 집착, 그 결과인 다른 종교 기관에 대한 멸시나 비하 등이 모두 종교 중독의 구체적 모습들이다.

역사적으로 기독교 근본주의(Christian fundamentalism)란 19세기 말에서 20세기 초에 유럽에서 일어난 '자유주의' 신학에 대한 반동으로, 특히 1920년대에 와서 활성화한 영미권 중심의 개신교 내 신학 사조의 하나다. 이는 스스로 "정통"이라 자부하지만, 실은 성경에 대한 경직된 해석(문자 중심주의), 자의적 판단, 이분법적 사고, '다른' 해석 가능성에 대한 원천적 배제 등에 매몰된 편협성만 드러낸다. 기독교 근본주의의 5가지 핵심 주장은, ① 성격의 무오류성, ② 예수의 동정녀 탄생과 절대적 신성성, ③ 예수의 인간 원죄 대속성, ④ 예수의 육체적 부활성, ⑤ 예수 왕국의 재림성 등으로 요약된다. 특히 미국 등에서 정치적인 기독교 우파와 연관되어 매카시즘 내지 반공주의를 노골적으로 표방한다. 여기서 말하는 '근본주의'란 종교를 넘어 지역적 고유 문화와 관습, 인간의 기본 존엄성 같은 근본적 사안에 대해 가장 올바른 답을 제시한다는 의미다.

영화 〈다우트〉에는 1960년대 미국 가톨릭학교 이야기가 나오는데, 그 교장인 수녀 알로이시스는 일종의 기독교 근본주의 입장을 잘 보여 준다. 그는 철의 여인이자, 공포와 징벌의 힘을 굳세게 믿고 있다. 학교가 정한 규율을 학생들에게 철저히 준수하도록 강제하고, 수업 시간에 '딴짓'하는 아이들을 결코 이해·용서하지 못한다. 권위주의 종교와 교육의 전형을 보여 주는 셈이다. 알로이시스 수녀는 자신의 신념과 가치관이 절대적이고 완벽하다고 생각한다. 그러나 그 확신이 지나쳐 오히려 (여전히 흑백 차별이 심하던 시절에 흑인 학생까지 보듬으며 친절과 공감으로 지도하는) 플린 신부를 확실한 근거도 없이 의심하면서 추방하려고 한다. 알로이시스 수녀는 일종의 종교 중독자의 말로를 잘 보여 주는데, 자신의 철저한 신앙심과 확신에 찬 교육관을 맹신하는 바람에 오히려 자가당착에 빠지고 만다. 종교 중독을 전형적으로 보여 주는 기독교 근본주의가 이 영화에서도 비교적 잘 묘사된 셈이다.

한국 교회는 이러한 기독교 근본주의에다 한국전쟁과 군사 독재 아래 권위주의를 수용(강자 동일시)하면서 더욱 편협하게 변했다. 그 결과 교회의 사유화 및 세습화, 담임목사의 독재, 성폭력, 공금 횡령, 구원과 축복의 상품화, 정교(정치와 종교) 유착 및 폭력화 등 오늘날 우리가 목격하는 온갖 불의와 비리가 발생하게 되었다. 최근 교회 세습 문제로 사회적 이목을 집중시켰던 명성교회 사례를 보라.[4] 이 경우, 세습 당사자들도 문제지만, 그를 묵인하는 신도들이나 심지어 법정에서 판단을 유보한 일, 이 모든 현상은 중독 행위들이다.

종교 중독을 촉진하는 또 다른 원인은 아마도 죽음에 대한 두려움에 있을 것이다. 종교 기관은 죽음 역시 두려워하지 말라 한다. 믿음을 통해 천국에 가거나 서방정토에 이를 수 있다고 강조하기 때문이다. 이를 위해선 열성 신도가 되어야 한다. 그렇게 돈도 잘 내고 모임에도 열심히 참여하는 열성 신도가 된다. 나아가 누군가 "그 종교에 문제가 많다"라고 하면 이렇게 대답한다. "우리 교회(또는 절)의 경우는 별 문제가 없는데, 극소수의 경우들이 잘못을 저질러 '우물 안 미꾸라지 꼴'이 되어 전체를 욕 먹이는 것이다." 이런 식이다.

이런 식으로 중독 시스템이 되어 버린 종교는 살아서는 성공과 출세의 욕망에, 죽어서는 천국이라는 구원을 받으려는 욕망에 사로잡혀 수많은 대중들에게 그런 욕망을 더욱 확산하고 있다. 한편으로 자본주의적 성공과 출세로부터 뒤처지는 두려움, 다른 편으로는 죽음에 대한 두려움을 건강하게 극복하지 않으면 이런 병리적 중독 시스템은 좀체 허물어지지 않을 것이다.

따라서 자본주의의 성공과 출세, 그를 위한 경쟁 체제의 모순을 냉철하게 드러내고 탈경쟁, 탈자본의 새로운 패러다임을 여는 것, 그리고 사람의 죽음조차 보다 넓고 긴 우주적 생명 현상(생로병사, 흥망성쇠, 춘하추동)의 일부로 자연스럽게 받아들이는 새 패러다임을 여는 것이 우리 모두의 과제이자 전 사회적 과제로 등장한다.

검찰이라는 이름의 중독 시스템

2018년 1월 말경 JTBC 뉴스룸이었다. 서지현 검사(사법연수원 33기)가 8년 전에 자신이 상급자로부터 성폭력을 당했다고 공개적으로 고백했다. 미국 헐리우드에서 시작된 '미투(Me too) 운동'이 한국 사회에서도 시작되는 순간이었다. "성폭력 피해자분들께 '결코 당신의 잘못이 아니다'라는 것을 얘기해 주고 싶어서 나왔습니다. 제가 그것을 깨닫는 데 8년이 걸렸습니다."

사태의 핵심은 크게 두 가지다. 하나는 A 전 검사장(20기)이 2010년 10월 한 장례식장에서 자신의 엉덩이를 만지는 등 성추행을 했다는 것, 둘째는 2015년 8월, 당시 검찰 인사 실무를 총괄하는 법무부 검찰국장이던 A가 검찰 인사에 부당 개입을 해 불이익을 준 것(수원지검 여주지청에서 창원지검 통영지청으로 발령)이다. 이는 2010년의 성추행 사건을 덮고자 의도적으로 일어난 인사 발령이었다. 그는 서 검사를 추행한 사실이 검찰 내부에 알려지는 게 두려워 권한을 남용한 셈이다. 그는 동시에 저 유명한 '돈 봉투 사건'의 주인공이기도 했는데, 2017년 4월, A 검찰국장은 서울 서초동의 한 음식점에서 검찰 특별수사본부 간부 6명과 검찰국 1, 2 과장에게 돈 봉투를 건넨 사건으로 곤욕을 치렀다. 이 일로 그는 검찰복을 벗어야 했다.

서 검사에 따르면, "처음 검사가 됐을 때는 단 하루도 성희롱을 당하지 않은 날이 없었다"라고 한다. 또 "회식 자리에서는 거의 100%

이뤄진다고 봐야 한다"라고 하여 말이 아닌 검찰 기강을 짐작케 했다. 서 검사는 이어 "일반적인 점심 식사 자리, 차 마시는 자리에서조차 거의 일상적으로 있었다"라며 "제가 할 수 있는 유일한 방법은 참는 것이었다"라고 솔직히 말했다. 동시에 "견딜 수 없었던 것은 가해자가 자중하고 반성하기는커녕 인사 보복을 했던 것이다"라며 "입바른 소리를 하면 법무부와 검찰은 '정치하려고 한다'는 프레임으로 묶는다"라고 폭로했다.

일반적으로, 검찰은 법원과 함께 사회 정의와 진실을 밝히는 최후의 보루 아닌가? 그런 조직에서 성폭력이라니, 어불성설이었다. 그러나 서 검사의 폭로는 그 어불성설이 수시로, 그것도 구조적으로, 반복적으로 발생하고 있음을 만천하에 알렸다. 나아가 그 폭로 이후 검찰 조직은 사과와 진상 규명은커녕 오히려 '조직적으로' 부당한 대응을 하면서 서 검사를 '이상한 사람'으로 낙인찍어 배제하려고 진력했다.

더욱 놀라운 것은, 가해자 A 검사의 주변 인물들이 동반 중독자가 되어 고발자인 서 검사를 비난함과 동시에 가해자인 A 검사를 옹호, 방어해 주었다는 사실이다. 심지어 서 검사와 개인적으로 친하던 검사들조차 서 검사의 폭로에 적극적으로 연대하기보다 혹시라도 불똥이 자기에게 튈까 봐 서 검사를 멀리했다.

임은정 검사(30기) 역시 "초임 때 한두 달 만에 술자리에서 부장이 제 입술에 뽀뽀를 한다거나 부산에서도 볼 뽀뽀를 했다. 솔직히 그때는 참았다"라고 폭로했다. 그리고 이를 통해 검찰 조직의 전반적 성 감수성이 지극히 낮고 심지어 내부 고발자를 기피하는 문화까지 존재한다고 비판했다. 이런 분위기 속에서는 임 검사 말처럼 "살아남기 위해 수위를 조절해야 했다." 권위주의와 통제만능주의에 압도당하는 검찰 조직 내에서 저항이나 비판은 곧 배척과 죽음을 의미했기 때문이다. 그러나 서 검사 폭로 이후에도 검찰 조직은 아직까지 강고하며 비록 '윗사람' 몇 명이 옷을 벗고 나갔지만 여전히 과거 정권의 입맛에 맞게 일한 간부들이 수두룩한 실정이다. 이 모든 사실 및 과정들은 한국 검찰이 중독 시스템임을 생생하게 입증한다.

검사라는 지위는 일반인의 입장에서는 조심스럽고 무서운 대상이다. 그러나 검찰 조직 내에서 상사들은 위계질서 속에서 생기는 권력을 갖고 있기에 후임들을 대할 때 무서워 하거나 조심스러워할 이유가 없다. 특히 동일한 검사라도 남성 상사는 여성 후배에게 더 만만하게 대할 수 있다. 물론, 모두 그렇지는 않으나 그럴 가능성이 높다. 서 검사 역시 고백하기 8년 전, 비교적 경력이 짧은 초보 시절에 '여성'이라는 이유로 성추행 피해자가 되었다. 그러나 검찰 조직은 오랫동안 가해자에 대한 정당한 처벌은커녕 문제 제기를 하는 피해자에게 부당한 처우까지 하며 제대로 된 해결을 할 의지나 역량을 보여주지 못했다. 서 검사의 '미투'는 '#미투운동'을 매개로 들불처럼 번졌고 서 검사의 용기에 공감한 여성들은 '#위드유'로 연대했다.

특히 검사마저 신뢰하지 못하는 사법 시스템에 대한 분노와 절망에 휩싸인 여성들은 광장으로 나갔다. 광장에서 여성들은 피해 경험을 나누고, 서로가 서로에게 용기가 되어 가부장적이고 폭력적인 우리 사회의 변화를 요구했다. "더 이상 참을 수 없다", "성차별 성폭력

끝장내자", "되돌아 갈 수 없다"라는 광장의 외침은 '미투 운동'이 끝나지 않을 것임을, 또 이미 새로운 시대가 시작됐음을 알려 주었다. 서 검사의 폭로는 검찰 조직의 울타리를 넘어 전체 한국 사회를 상대로 성평등 사회를 향한 근본적 개혁 요구로 발전했다.

또한, 미미하나마 검찰 조직 내부에도 변화가 왔다. 서 검사의 폭로 후 꾸려진 법무부 내의 '성희롱·성범죄 대책위원회'는 법무·검찰 내 성차별 실태조사를 실시하고 성평등정책 전담 부서 설치와 성평등 조직문화 제고를 위한 대책들을 권고하기도 했다.

그러나 검찰 내부에서 일어난 변화를 상쇄하고도 남을 일이 더 많이 일어났다. 그것은 서 검사의 폭로에 수많은 음해와 '2차 가해' 행위들이 벌어졌기 때문이다.

물론, 검찰 조직 내에는 성폭력 문제만이 아니라 정치적 성향이나 이해관계에 따라 불리한 건 덮어 주고 유리한 건 먼지 하나라도 털어 내려고 하는 중독 행위들이 흔하다. 일례로, 2018년 5월에는 안미현(41기) 검사가 검찰 상부의 승인도 받지 않고 기자회견을 했는데, 그 내용은 강원랜드 채용 비리(공기업인 강원랜드 취업 관련, 주로 보수 성향의 국회의원 청탁으로 발생한 채용 비리 사건) 관련 수사단 외압 의혹 건이었다. 그 직후 안 검사는 검찰 윤리위원회에 회부되었는데, 인사상 불이익 처분을 받았다. 수사단에 외압을 가한 자들을 찾아내 처벌해야 마땅한데, 오히려 그 외압을 폭로한 안 검사를 징계하다니, 과연 이런 검찰을 믿어도 되는 것인가? 검찰에 대한 신뢰도를 검찰 스스로 떨어뜨리는 꼴이다.

또 다른 최근의 예들로는, 이른바 '조국 사태' 외에도 김학의 법무 차관과 건설업자의 성 접대 이야기, 그리고 김봉현 스타모빌리티 회 장이 검사 3명에게 룸살롱 접대를 한 일 등 무수한 사례들이 있다. 이 미 〈내부자들〉이나 〈더 킹〉 같은 영화들에서 상세히 묘사된바, 이 모든 사건들은 돈 중독, 알코올 중독, 권력 중독, 성 중독에 빠진 자들 이 겉으로는 법과 정의를 내세우면서도 무대 뒤에서는 각종 중독 행 위를 예사로 하고 있음을 보여 준다. 나아가 서 검사의 폭로와 그 이 후의 대응에서 나타난 제도화된 무책임에서 잘 드러났듯, 대한민국 검찰 조직이야말로 오늘날 가장 전형적인 중독 시스템의 하나임을 잘 알 수 있다.

사실은 같은 논리로 법원 역시 중독 시스템으로 파악할 수 있다. 법과 양심의 최후의 보루인 법원에서조차 법과 양심에 따른 판결이 아니라 판사 개인이나 집단의 정치적 입장과 이해관계에 따라 모순 적인 판결이 나오기 일쑤인 것이다. 일례로, 법원은 윤석열 검찰총장 의 판사 사찰 사실이 확인되었음에도 이를 '통상적인 소통 과정' 정도 로 치부한 채 결국 무혐의 결정을 내리고 말았다. 반면, 김은경 전 환 경부 장관이 장관 임명 직후 이명박근혜 당시에 환경 관련 업무를 책 임지던 인사들을 새 정부의 정책 추진에 알맞은 인물들로 교체한 일 에 대해서는 "블랙리스트 사건"으로 문제 삼아 심지어 법정 구속까지 시켜 버렸다. 정경심 교수(조국 전 법무 장관의 부인)에 대한 유죄 판결과 달리 나경원 의원에 대한 각종 의혹들에 대해선 무죄 판결이 내려졌 다. 이에 대해 많은 사람들은 '유전무죄, 무전유죄' 공식을 넘어 '보수

무죄, 진보유죄'라는 공식까지 나왔다고 한탄했다. 또, 더 오래전 노동자와 민중이 잘 사는 세상을 위해 노동 운동을 했던 노회찬에 대해 2년 6개월씩이나 징역을 선고한 법원은 무려 수십억, 아니 수백억 원의 뇌물을 제공한 이재용 삼성전자 부회장에게도 불과 2년 6개월의 솜방망이 처벌을 내렸다. 물론, 이런 일은 그야말로 '빙산의 일각'일 뿐이다. 이 모든 사실은 대한민국 법원조차 권력 중독, 돈 중독, 그리고 경제성장 중독에 걸린, 일종의 중독 시스템임을 생생히 증명한다.

중독 시스템의
극복

중독 시스템의 극복은 개인 중독의 극복보다 훨씬 힘들다. 그것이 집합적 과정이기 때문이다. 개인차도 있고 각기 의견도 다르다. 객관적 상황보다 주체 간의 합의가 더 힘든 법이다. 그럼에도 중독 시스템의 극복 없이 개인 중독의 치유는 불가능함을 알아야 한다. 힘들어도 가야 하는 길이다.

첫 단계: 용기 있는 고백! 이 치명적 중독 시스템을 깨는 출발점은 우리 자신의 용기와 고백이다. 영화 〈드라이빙 미스 데이지〉에 나오는 마틴 루터 킹 목사의 연설처럼 "변화의 시대에 가장 슬픈 비극은 나쁜 사람들의 폭력과 독설이 아니라 선한 사람들의 소름 끼치는 침묵과 무관심"이라는 말을 기억할 필요가 있다. 따라서 우리 자신이

생각하는 '평범한 삶'이라는 것도 그 자체가 이미 중독 시스템이 필요로 하는 중독 과정의 일부가 되는 일임을 자각하고 성찰할 필요가 있다. 그래야 침묵과 무관심의 감옥으로부터 탈출하여 진정한 자유인이 될 수 있다. 마치 영화 〈쇼생크 탈출〉의 기본 메시지처럼 "두려움은 당신을 옥에 가두고, 희망은 당신을 자유롭게 하리라." 용기 있는 고백과 치유에 대한 희망이 건강한 변화의 출발점인 까닭이다.

둘째 단계: 솔직한 마음을 여는 연대! 그다음 단계는 이렇게 '나부터' 고백하는 사람들끼리 모여야 한다. 둘러앉아 스스로 체험한 것, 스스로 느끼는 것, 스스로 생각한 것들을 솔직하게 나눠야 한다. 일종의 '공동 자율 치유' 모임을 곳곳에 만들어야 한다. 이것이 곧 연대다. 각자가 가진 중독증, 예컨대, 스마트폰 중독이나 일중독, 쇼핑 중독 같은 것들을 허심탄회하게 실토해야 한다. 그리고 진심으로 건강한 삶을 원하노라고 표현하기 시작해야 한다. 마음속에 느끼던 그 모든 것들을 자유롭게 드러내는 것, 그리하여 중독이라는 것이 결코 나 혼자만의 고민이나 고통이 아니라 우리 모두가 겪고 있는 공동의 문제라는 것을 확인할 필요가 있다.

셋째 단계: 중독 시스템에 대한 공동의 자각! 이렇게 개별적인 중독에 대해 각자가 그리고 서로 간에 확인하는 과정이 이뤄지면, 자연스럽게 우리 모두를 둘러싼 중독 시스템에 대한 이야기로 상승할 필요가 있다. 앞서 살핀, 가정, 학교, 종교, 군대, 직장, 검찰, 언론 등 우리 삶에 지속적인 영향을 미치는 사회구조들이 곧 중독 시스템으로 기능함을 통찰력 있게 확인해야 한다. 이 모든 중독 시스템을 건강 시

스템으로 근본 혁신하지 않으면 또다시 우리는 과거로 퇴행한다. 나아가 이 중독 시스템 전반을 쇄신할 때 비로소 우리 각자가 빠진 개별적 중독들(예, 알코올 중독, 일중독, 재물 중독 등) 역시 극복이 가능해진다.

넷째 단계: 중독의 근원인 집단 트라우마와 두려움을 직시하기! 그러나 중독의 치유는 결코 말이나 논리로 되는 게 아니다. 그것은 중독의 뿌리 깊은 추동력이 우리 마음속 깊이 자리 잡은 두려움이기 때문이다. 이는 결코 논리적 차원이 아니라 정서적, 심층 심리적 차원이다. 사실, 우리가 느끼는 두려움은 거의 무의식에 가깝다. 따라서 우리가 본능적으로 느끼는 두려움이 무엇에 대한 두려움인지, 이 무의식적 두려움의 기원이 무엇인지, 그와 연결된 개인적, 집단적 트라우마가 무엇인지에 대해 차곡차곡 따져 나가야 한다. 이런 식으로 치유를 희망하는 우리 모두가 '공동 자율 치유 모임'이라는 소그룹 차원에서 문제의식을 공유하는 과정은 그 자체가 각자 내면의 깊은 두려움을 현저히 줄여 줄 것이다. 직시와 연대야말로 두려움에 대한 특효약이기 때문이다.

다섯째 단계: 집단 트라우마와 두려움을 초래한 폭력의 구조를 해체하기! 이 책을 일관되게 관통하는 논리는 폭력이 트라우마와 두려움을 낳고 이 두려움을 회피하기 위한 방편으로 온갖 중독이 발생한다는 것이었다. 따라서 우리의 일상생활이나 사회구조 전반에서 폭력의 역사나 폭력의 관계들을 근원적으로 청산할 필요가 있다. 따지고 보면, 폭력은 가정과 학교, 종교와 사법 등 모든 시스템 속에 상존한다. 그것은 구체적으로 수직적이고 일방적인 관계, 권위적이고 차

별적인 관계들 속에 구현된다. 이 모든 폭력의 관계를 철저히 청산하고, 그 대안으로 수평적이고 공감적인 관계, 민주적이고 평등한 관계들을 만들어 나가야 한다. 물론, 그 구체적인 내용과 과정을 어떻게 만들지에 대해선 부단히 소통하고 토론해야 한다. (수직 계열화한) 사다리형 질서 대신 (둘러앉아 소통하는) 원탁형 질서가 우리의 대안이다. 마치 원탁형 밥상에 둘러앉아 모든 참여자들이 각자의 중독은 물론 중독 시스템 전반을 극복하기 위해 진지하고도 즐거운 향연(symposium)을 펼치듯 그렇게 꾸준히 나아갈 일이다.

더불어 생각해 볼 점

1. 대한민국을 '중독 시스템'이라 한다면 어떤 면에서 그러할까?
2. 내가 경험한 중독 시스템에는 어떤 것이 있을까?
3. 온 사회에 퍼진 상품/화폐 중독을 극복하는 방법은 무엇일까?

10. ─────

1   앤 윌슨 섀프 저, 『중독 사회』, 강수돌 역, 이상북스, 2016 참조.

2   윤창수, 강남 혁신학교 논란 되풀이, 경원중 반대 강동고 철회, 〈서울신
     문〉, 2020. 12. 3 참고.

3   말로 모건 저, 『무탄트 메시지』, 류시화 역, 정신세계사, 2003, 157~
     158쪽.

4   천수연, "명성교회 김하나 목사 직무정지 가처분 기각", 〈노컷뉴스〉,
     2021. 3. 11.

'중독 공화국' 벗어나기

〈트루먼 쇼〉라는 영화가 있다. 한편에서는 '24시간 전방위 감시 사회'를 고발하기도 하면서, 다른 편에서는 그런 사회에서 '평범하게' 보험 회사 직원으로 살아가는 트루먼 같은 사람의 '주체성'을 다룬 작품이다. 24시간 전방위 감시 사회는 이미 올더스 헉슬리의 『멋진 신세계』 내지 조지 오웰의 『1984』에서 고발되기도 했다. 그러나 트루먼은 TV 방송국이 높은 시청률과 돈벌이(광고)를 위해 만든 감시·통제 대상에만 머물지 않고, '쇼'를 기획하고 진행하는 자의 의도를 벗어나기도 한다. 사람이 가진 자유의지 및 각성의 힘, 주체적 행위 능력을 잘 보여 준 셈! 특히, 그는 죽은 아버지를 우연히 길에서 본 뒤, '쇼' 같은 현실을 '의심'하기 시작한다. 물에 대한 트라우마 역시 만들어진 것이었다. 결국 트루먼은 자신의 일상 전반이 거짓과 통제에 기초한 '쇼'임을 알게 되고, 어렵사리 '출구'를 찾아 '쇼'로부터 빠져나간다. 그리고 진정으로 사랑하는 사람(실비아)도 만난다. (시청자들 역시 '트루먼 쇼'가 주는 쾌락과 도파민에 중독된 상태였다.) 한편, 실비아는 '쇼'를 만드는 방송국 스태프진(동반 중독자)으로 가명이 로렌이지만 트루먼을 좋아하게 되면서 "이 모든 건 가짜 쇼"라고 폭로한다. 실비아의 용기 있는 폭로는 트루먼에게 진실을 알게 한 전환점이었다. 요컨대, 진실한 사랑과 연대, 트루먼과 실비아의 유기적 주체성이 '쇼'로부터의 탈출과 새 삶의 희망을 가능케 했다.

사랑과 연대가 강박 내지 중독으로부터의 탈출에 특효약임은 〈강박이 똑똑!〉이라는, 프랑스 연극(!)을 각색한 스페인 영화에서도 잘 나타난다. 강박증 대잔치를 보여 주는 이 영화엔 계산 강박, 수집 강박, 확인 강박, 외설 강박, 반복 강박, 대칭 강박, 결벽 강박 등, 두려움에 기인한 강박 환자 6명이 등장한다. 6명 모두 정신과 의사(팔로메로 박사)와 상담차 모였지만 아무리 기다려도 의사는 오지 않는다. 결국 자기들 병을 스스로 고치겠다는 결심을 한 환자들이 치유의 공동 주체가 된다. 즉, 환자들끼리 상호 친밀감 내지 공감에 기초한 대화와 격려, 용기와 창의성이 발현된 실험을 통해 집단 치유를 시작한다. 그런데 알고 보니, 외설 강박과 뚜렛 증후군(틱 장애)까지 앓는 환자 페데리코가 곧 정신과 의사(팔로메로 박사)였고, 이 의사가 창안한 새로운 치유 개념이 환자들 자신이 만들어 가는, '공동 자율 치유'였다.

이 영화는 단지 흥미로운 오락물이라기보다는 이 책 『중독 공화국』에서 제시된 모든 중독 유형과 심지어 중독 시스템에 대한 근본적인 해법을 암시하기도 한다. 즉, 중독으로부터 자유롭지 않은 모든 당사자들이 스스로 중독에 대한 문제의식을 갖고 일종의 '공동 자율 치유' 과정에 참여할 때 비로소 전망이 생긴다는 얘기다.

"어차피 인생은 쇼!(또는 연극!)"라는 말이 있다. 흔히 '현실' 또는 '일상(생활)'이라 불리는 우리네 삶은 트루먼이나 페데리코의 경우처럼 드라마틱하진 않지만 대체로 '쇼'라 할 수 있다. 우리 현실이 대체로 '쇼'인 까닭은 대개가 (세계, 국가, 조직, 지역, 개인 등 그 차원을 가리지 않고) 중독 시스템 안에서 이뤄지는 중독 과정으로 구성되기 때문이다.

〈트루먼 쇼〉에서의 대형 세트장은 사실상 이 중독 시스템을 상징한다. 일례로, 우리는 서로 진실한 사랑을 지속적으로 나누고 싶어 짝을 만나 결혼을 하고 가정도 이루지만, 진실한 사랑은 딱 거기까지다. 물론, 일상생활에서도 진실한 사랑은 부분적으로 유지되나, 그보다 더 많은 비중이 중독 과정들로 채워진다.

예를 들어 보자. 사람과 사람 사이에 정말 솔직한 얘기를 나누기 위해 종종 '술'을 마셔야 하는 것, 서로 사랑을 나누기 위해 '야한' 그림이나 영화를 보는 것, 서로 성적 매력을 발산하기 위해 화장을 하거나 향수를 뿌리는 것, 남들에게 '좀 있어' 보이기 위해 옷이나 차를 명품으로 사는 것, 같은 이치로 '명품' 아파트에 살려고 하는 것, 아이를 낳고 키우면서도 가능한 한 '돋보이게' 만들려고 에너지를 쓰는 것, 아이를 '명문' 학교에 보내 부모의 체면을 세우려 하는 것, 자연으로 캠핑을 가더라도 남들에게 가능한 한 '있어 보이고자' 애를 쓰는 것, 아이가 커서 취업을 해도 '그럴듯한' 직장에 취업하기를 선호하는 것 등이다. 이 모두 어떤 면에서는 '쇼'이고, 이 책의 관점에서는 중독 시스템에서 규범처럼 벌어지는 중독 과정들이다. 마치 〈트루먼 쇼〉에서 가족, 이웃, 친구, 회사 등이 하나부터 열까지 모두 '쇼'였던 것처럼.

이 중독 시스템 속에서는 만약 누군가 우울하고 혼란스러우며 괴롭다면 '약'을 권한다. 마치 올더스 헉슬리의 『멋진 신세계』에서 '소마'라는 약이 공급되듯이. "혼란에 빠뜨리는 무의미한 시간의 터널이 입을 벌린다면 항상 소마가 대기하고 있는 거야. 유쾌한 소마가 있지. 주말에는 반 그램, 휴일에는 1그램, 호사스러운 동방으로 여행하고 싶으면 2그램, 달나라의 영원한 암흑 속에서 잠자고 싶으면 3그램." 이런 식이다. 마약에 중독되어 온전한 정신을 되찾기도 힘들다. 마치 우리가 아침부터 저녁까지 온갖 광고와 선전을 매개로 상품과 화폐라는 마약에 갇혀 지내듯이. 그리고 매일 8시간 이상 학교 공부나 직장 노동이라는 마약 속에 심취해 지내듯이. 그 과정이 끝나면 아이들은 게임으로, 어른들은 알코올이나 섹스, 주식이나 부동산, 스마트폰이나 쇼핑이라는 이름의 마약으로 빠져든다. 이런 면에서 우리는 거의 예외 없이 24시간 내내 중독의 그물망에 갇혀 지낸다.

『중독 공화국』을 낱낱이 해부하는 긴 논의를 통해 확인된 것은, 이 모든 중독 행위의 근본에 두려움이 깔려 있다는 점이다. 또한, 그 두려움의 원천은 사람이 역사적으로나 사회적으로 경험하게 된 폭력과 그로 인한 트라우마다. 오늘의 중독 문제를 제대로 알기 위해서라도, 그리하여 미래의 삶을 건강하게 재구성하기 위해서라도, 우리는 과거나 현재의 트라우마를 알아야 한다. 그래야 온갖 중독 형태들이 사회구조나 기득권층에 의해 위로부터 강요된 면만이 아니라 우리 자신에 의해 자발적으로 내면화한 면까지 제대로 포착할 수 있다. '과거에 갇힌 사람은 현재를 제대로 살지 못한다'는 말도 있듯이[*], 과거를 알아야 현재와 미래도 새롭게 열린다.

이런 면에서 폭력적 경험과 트라우마, 그리고 두려움은 거의 하나의 팀[team]처럼 작동한다고 본다. 전쟁이나 폭행 등 폭력적 경험을 당한 사람치고 트라우마나 두려움에 시달리지 않은 사람이 거의 없다. 물론, 그 트라우마나 두려움에 어떻게 대응하는가에 따라 치유 가능성도 달라진다. 하지만 제대로 치유되기 위해선 두려움을 직시하면서도 인간적 유대감을 회복하는 등 건강한 집단적 해법 과정을 밟아야 한다.

그러나 대부분의 경우, 우리는 그 트라우마가 주는 고통과 두려움을 직시하는 게 아니라 오히려 적극 회피하려 노력한다. 즉, "(아픈) 기억을 지워 버려라, (얼른) 잊어버려라"라는 식으로 대응하기 일쑤다. 이렇게 고통과 두려움을 떨쳐 버리기 위해 사람들은 쉽게 중독물이나 중독 과정에 의존한다. 바로 이것이 물질 중독이나 과정 중독이 일어나는 배경이다. 중독을 통해 우리는 자신의 느낌, 기분, 감정, 분위기 등을 통제하려 한다. 아니, 중독은 우리의 느낌이나 감정을 그

---

[*] 너울, 『꽃을 던지고 싶다: 아동 성폭력 피해자로 산다는 것』, 르네상스, 2013 참고. 이 책은 수차례 성폭력을 경험한 아동 여성의 트라우마와 두려움, 그 적응·극복의 어려움에 관한 이야기를 한다.

대로 느끼지 못하게 한다. 느끼지 못함으로써 느끼는 것, 바로 이것이 중독의 본질이다. 따라서 이는 다른 말로, 삶에 대한 책임 회피라 할 수 있다. 구체적으로 이는 책임, 비용, 위험 등의 외주화로 나타난다.[•]

그래서 이와 거의 동시에, 우리는 현실 속에서 잘 살아남는 법을 배운다. 현실 적응적 태도가 가장 대표적이다. 현실 적응을 위해선 현실이 다소 이상하더라도 참아야 한다. 인간적, 제도적, 조직적, 이념적 폭력이 일어나더라도 참거나 피하고 잊어야 한다. "내가 약하니 어쩔 수 없지"라는 식의 반응이 곧 현실 적응이다.

그리고 적응한다는 것은 주어진 사회 시스템 안에서 더 높은 곳을 향해 달리는 것이다. "나도 저 높은 곳에 올라 비로소 내가 원하는 대로 살아 보자." 이런 식이다. 결국, 이 모든 사태는 '강자 동일시' 내지 '시스템 동일시'로 귀결된다. 그래야 내가 겪은 트라우마와 두려움이 모두 해소될 것 같다. 하지만 이는 착각이다.

보다 구체적으로, 현실의 고통이나 두려움, 공허함과 무기력 등을 잊기 위해선 술이나 마약류가 큰 도움이 된다고 착각한다. 알코올 중독, 마약 중독, 성 중독, 쇼핑 중독, 스마트폰 중독, 운동(헬스) 중독 등이 발생하는 원리다. 나아가 생존 전략으로서의 현실 적응과 강자 동일시, 시스템 동일시는 일중독, 돈 중독, 권력 중독, 경제성장 중독을

[•]   Stephan Lessenich, *Neben uns die Sintflut*, München: Piper Verlag, 2018 참조.

부른다.

문제는 이러한 중독이 자본주의 중독 시스템의 존속과 유지를 위한 필수물이 되었다는 점이다. 그것은 한편으로, 사람들이 중독에 빠질수록 (특히 일중독, 쇼핑 중독, 스마트폰 중독, 운동 중독 등) 자본주의 상품 및 화폐 시스템이 더 잘 돌아가도록 도와주기 때문이다. 그리고 다른 편으론, 사람들이 알코올 중독이나 마약, 성 중독 등에 빠질수록 자본주의 중독 시스템의 문제를 알아차리지 못하거나 알아차리더라도 제대로 행위를 할 수 없게 되기 때문이다. 따라서 자본주의는 중독을 조장할 뿐 아니라 바로 중독의 토대 위에서 발전한다.

이제 우리의 결론은 명확해졌다. 그 실천 지향적 결론을 다섯 가지로 요약하면 다음과 같다. 결코 쉽지 않은 내용이지만, 힘들다고 외면해서도, 불가능하다고 포기해서도 안 된다. '범 잡으러 호랑이 굴로 가듯' 그런 '현실 직시現實 直視' 내지 '정면 대응正面 對應'의 자세로 임해야 한다.

첫째, 온갖 형태의 중독을 뿌리 뽑지 못하면 자본주의 상품 사회와 그로 인한 삶의 소외를 지양할 수 없다. 따라서 자본주의 지양을 위해서라도 모든 형태의 중독을 직시하고 치유, 극복하기 위한 실천을 해야 한다. 역으로, 자본주의 상품·화폐·노동 범주의 지양 없이 온갖 형태의 중독을 치유, 극복할 수 없다. 따라서 온갖 형태의 중독을 치유, 극복하기 위해서라도 자본주의 상품·화폐·노동 범주의 지양을 위한 공부와 토론이 필요하다. 이 말은, 오늘날 유행처럼 번진 개별적인 심리 상담은 단기적인 위로를 줄지언정 결코 사회적 중독의 근원적 극복에는 별 도움이 되지 않는다는 얘기이기도 하다. 게다가 중독의 극복이나 자본주의의 지양은 결코 공부나 토론으로 충분하지 않다. 공부나 토론은 이성과 논리에 호소하는 차원이지만, 이미 우리 내면의 느낌이나 생각, 감정과 태도 등이 자본과 중독을 뼛속 깊이, 마음 깊이 수용하고 있는 상태이기 때문이다. 바로 이 부분들을 정직하게 대면하는 것이 참된 변화의 출발점이다. 예컨대, '느낌의 정치학' 같은 실천이 필요하다. 자신의 깊은 내면에서 일어나는 느낌을 결코 속이지 않고 정직하게 반응하는 일상적 실천, 그것이 곧 '느낌의 정치학'이다.

둘째, 나아가 중독의 치유나 극복은 결코 '나 홀로' 과정이 되어선 의미가 없다. 그것은 어느 한 개인이 특정 물질이나 과정에 중독되어 있다 하더라도 앞서 살핀바, 동반 중독, 관계 중독, 조직 중독 등의 메커니즘으로 인하여 그 한 개인의 중독 과정에 잠정적으로 '모두' 연루·연결·관여되기 때문이다. 따라서 모든 개인적 중독은 동시에 집단 중독이기도 하다. 결국, 한 개인이 제대로 치유되기 위해서라도, 앞의 〈강박이 똑똑!〉이라는 영화에서처럼, 집단 전체가 같은 문제의식을 공유해야 한다. 진실한 사랑과 연대는 두려움을 지양하고 즐거움을 고양하기에, 인간성과 건강성을 동시 회복하기 위한 필요조건이다.

셋째, 중독의 뿌리가 인간적, 제도적, 조직적, 이념적 폭력이라면, 코앞의 중독 치유 및 극복을 위한 노력을 하면서도, 중장기적으로는 그 다양한 폭력을 원천적으로 막아 내는 사회적 노력을 해야 한다.

따라서 인간적, 제도적, 조직적, 이념적 폭력을 원천 예방하기 위한 효과적 방법이 무엇인지 개방적이고도 심층적인 토론을 해 나가야 한다. 물론, 폭력적 현실은 종합적, 포괄적, 전방위적이기에 전 사회적 문제의식이 고양돼야 한다. 경찰이나 검찰, 법원의 정의로운 역할은 기본이며, 특히, 학계, 언론계, 종교계, 문화예술계의 지혜로운 역할이 중요하다.

넷째, 가족, 교육, 취업, 결혼, 출산, 육아, 종교 등 우리의 일상과 관련해 깊이 있는 사회적 성찰이 필요하다. 왜냐하면 앞서 살핀 대로 이 모든 과정은 가족, 학교, 기업, 은행, 정부, 검찰 등이 중독 시스템으로 작동하는 사회 안에서 일어나고 있기 때문이다. 달리 말해, 개인과 조직을 아우르는 다양한 시스템들 자체가 이미 중독자처럼 행위하고 있기 때문에 그 속에 적응하여 살고 있는 개인들 역시 중독 메커니즘에서 자유로울 수 없다. 따라서 우리의 일상생활과 연결된 그 모든 사회 조직들이 중독 시스템으로부터 벗어나기 위한 집단적 노력을 경주해야 한다. 이른바 '구조 개혁' 내지 '적폐 청산'이란 바로 이런 중독 시스템들을 건강한 시스템으로 근본 혁신하는 것이다.

다섯째, 나라 전체 차원이건 세계 전체 차원이건 '부국강병' 논리나 '선진국' 내지 '강대국' 논리가 지배적인 담론이 된 현실을 바꿔야 한다. 왜냐하면 부국강병 논리나 선진국·강대국 논리는 각 나라의 구성원(시민, 국민, 평민, 대중)들로 하여금 경쟁력 향상을 위한다는 이름 아래 일중독과 성장 중독에 빠지게 만들기 때문이다. 나아가 일중독은 그로 인한 스트레스 해소를 위해서라는 명분 아래 알코올 중독, 마약 중독, 쇼핑(명품) 중독, 성 중독 등을 부르기 쉽다. 동시에 부국강병 논리나 선진 강대국 논리는 나라 전체를 경제성장 중독 내지 돈 중독, 권력 중독에 빠지게 만든다. 따라서 이 다양한 중독으로부터 해방되기 위해서라도 먼저 부국강병 논리나 선진국·강대국 논리로부터 해방되어야 한다.

그러나 이 책이 '중독 공화국' 대한민국의 모든 중독 문제를 다 해결하는 매뉴얼이 될 순 없다. 다만, 이 책을 통해 현재 우리가 어떤 삶을 살고 있는지, 진정으로 내가 내 삶의 주인공인지 아니면 중독 시스템이 필요에 따라 만들어 낸, '가짜' 삶을 살고 있는지, 다시 말해 트루먼과 같은 '쇼'를 하며 사는 건 아닌지 진지하게 성찰하는 계기가 되길 소망한다.

특히, 경쟁과 성과를 중시하는 자본주의 삶의 구조 안에서 존재 자체가 존중받지 못하고 억울하게 살아가는 모든 이들에게 이 책을 빌려 "그것은 결코 당신 잘못이 아니다" 또 "당신은 결코 혼자가 아니다"라는 말을 해 주고 싶다. 나아가 "당신의 아픔은 우주의 아픔이다." 동시에 동의보감의 가르침처럼, '불통즉통 통즉불통不通卽痛 通卽不痛'이다. 세상과 소통을 못 하면 심신이 아프게 되고, 세상과 소통이 잘되면 심신이 아프지 않게 됨을 뜻한다.

그러나 그 모든 것에 단지 '내 탓이 아니오'라고 하는 것은 해결책이 아니다. 현실 회피나 책임 전가는 답이 아니다. 중독 치유의 기본인 '12단계 요법'에서 그 첫 단계가 "나는 중독 앞에 무력하다. 내 삶을 통제할 수 없다"라고 하는, 중독에 대한 고백(인정, 시인)이 아니었던가? 오히려 바로 이런 태도가 삶에 대한 책임감이다. 그래야 비로소 치유가 시작되기 때문이다. 게다가 한 개인의 중독은 결코 그 자신만의 문제가 아니다. 아무리 사소한 중독도 늘 사회적인 차원을 띤다. 이제 우리는 자본주의 중독 시스템을 주목해야 하고, 그것이 낳는 온갖 중독 형태들을 하나씩 공부할 필요가 있다.

이 끈질긴 중독 시스템 아래에서 만일 우리가 '아무것도 모르는 순진한' 상태라면 우리는 단지 피해자, 희생자로만 머물지 않고 공범자, 공격자로 돌변하기 쉽다. 자기 삶을 제대로 살기 위해서라도 우리는 중독 시스템이라는 '보이지 않는 감옥'에서 빠져 나와 생존자, 나아가 '적극적 행위자' 내지 '상호 구원자'로 살아가야 한다.

따라서 중독이나 집착, 강박에 빠진 사람을 보면 그의 현재 행동을 나무랄 일이 아니라 그 속에 깃든 상처(트라우마)를 읽어야 한다. 그 상처를 보듬어야 한다. 아니, 서로가 서로의 상처를 보듬어야 한다. 상호 공감相互 共感, 바로 이것이 연대(solidarity)의 출발이자, 미래의 희망(hope)이다. 이것이 더불어 사는 길이다.

한 번밖에 없는 소중한 인생, 당신만의 특별한 삶을 위하여! 그리하여, 더불어 행복하게 살고 싶은 우리 모두를 위하여!! 평온하면서도 생기 넘치는 세상을 위하여!!! 이 교양서를 당신에게 바친다.